Andrea Barabino
Nicoletta Marini

GLI ANNI IN TASCA

Mito ed Epica

Antologia

per la scuola secondaria di primo grado

SOCIETÀ EDITRICE INTERNAZIONALE - TORINO

07451
07452

Coordinamento editoriale: Lia Ferrara
Progetto editoriale: Anna Maria Longobardi
Redazione: Giuliana Bertolo
Coordinamento tecnico: Michele Pomponio
Progetto grafico: Rubber Band e Piergiuseppe Anselmo
Impaginazione: Rubber Band
Disegni: Rubber Band
Coordinamento multimediale: Nicola Prinetti
Redazione multimediale: Roberta Ricca
Copertina: Piergiuseppe Anselmo
Illustrazione di copertina: Sonia Maria Luce Possentini

www.seieditrice.com

Prima edizione: 2014

Ristampa
1 2 3 4 5 6 7 8 9

2014 2015 2016 2017 2018

Stampa: Vincenzo Bona - Torino

Indice

LEGENDA CONTRIBUTI MULTIMEDIALI

Quando nel testo compaiono questi simboli, devi aspettarti nella versione digitale:

- **mappe e percorsi con espansioni**
- **immagini e gallerie fotografiche**
- **esercizi scaricabili** (da compilare, salvare, stampare, spedire via e-mail)

I miti di creazione

INDICE

L'ira degli dèi 

Gli eroi 

I poemi omerici

L'epica latina: l'Eneide

INDICE

Il poema epico-cavalleresco

Le parole sottolineate nel testo rimandano all'*Indice delle voci di glossario* di pag. 266.
Puoi trovare la loro definizione alla pagina riportata in neretto nell'*Indice* o, nel libro digitale, cliccando sull'approfondimento.

il mito

La nascita del mito

Qual è l'origine del mondo e dei corpi celesti? Quando e in che modo sono comparsi sulla terra gli animali e gli esseri umani? Chi ha inventato l'agricoltura? A chi si deve l'origine del fuoco?
I popoli dell'antichità si ponevano moltissime domande sul mondo in cui vivevano ma, a differenza degli uomini moderni che possono servirsi della filosofia e della scienza per indagare gli aspetti più nascosti della realtà, i loro strumenti di conoscenza erano limitati e le cause di molti fenomeni naturali sfuggivano alla loro possibilità di comprensione.
Il mito (dal greco *mythos* che originariamente significa *narrazione*) nasce dalla necessità di **trovare risposte** ai numerosi interrogativi riguardanti il mistero dell'origine dell'universo, della vita umana e delle istituzioni sociali: Platone, un filosofo greco vissuto nel V secolo a.C., definisce il mito come un "racconto intorno a dèi, eroi e discese nell'aldilà", ossia un insieme di **storie in grado di spiegare l'ignoto** attraverso l'intervento delle divinità e le imprese di uomini eccezionali.

Le caratteristiche

Le vicende raccontate nei miti si svolgono sempre in un tempo lontano e imprecisato, che precede l'inizio della storia vera e propria, e in luoghi rappresentati in modo vago e generico: anche quando vengono descritti ambienti naturali come mari, monti e pianure, le loro caratteristiche rimangono piuttosto indefinite.
Allo stesso modo lontani dalla realtà appaiono i protagonisti dei miti, che sono divinità, eroi e uomini; essi sono capaci di compiere azioni straordinarie, fuori dal comune, sulla spinta di forti emozioni.

Brahma, il dio della creazione dalle quattro teste, rappresentato sul suo mezzo di trasporto: un'oca. Miniatura indiana del XVIII secolo (Museo di Simla, Himachal Pradesh).

Osservati dal nostro punto di vista di uomini moderni, i miti non sono altro che racconti fantastici, ma gli antichi li consideravano una sorta di **storia sacra** in cui ognuno poteva trovare risposte adeguate e attendibili per capire e interpretare in modo corretto la volontà degli dèi.

La funzione sociale

I miti assumono un'importante funzione sociale poiché attraverso di essi i popoli tramandano alle generazioni successive conoscenze, credenze e valori collettivi.
La prima funzione del mito è quella di **istruire**, fornendo spiegazioni sull'origine degli dèi, del mondo e dell'uomo; in secondo luogo, il mito vuole **educare** perché indica come agire nei confronti delle creature soprannaturali e nelle diverse circostanze dell'esistenza: agli insegnamenti del mito viene attribuita grande credibilità perché queste storie hanno come protagonisti figure eccezionali che l'uomo non può certo mettere in discussione.
Anche a noi i miti trasmettono molti insegnamenti, perché riflettendo su di essi possiamo ricostruire aspetti dell'organizzazione sociale, della cultura e della religiosità dei popoli antichi.

La trasmissione

I miti costituiscono un tassello fondamentale del patrimonio culturale di un popolo, ma, essendo molto antichi e nati prima dell'invenzione della scrittura, essi venivano in origine **trasmessi oralmente** di padre in figlio. Per questa ragione, nel passaggio da una generazione all'altra, è comprensibile che nascessero versioni differenti della stessa storia, che il trascorrere degli anni a volte modificava in modo notevole. In alcuni casi, perciò, abbiamo versioni dello stesso mito molto differenti tra loro. Ancora oggi, i miti vengono tramandati oralmente presso alcune popolazioni dell'Africa e dell'Asia che, a causa del loro isolamento geografico, non fanno uso di scrittura: in questo caso i loro racconti tradizionali sono giunti fino a noi attraverso le trascrizioni fatte da esploratori, geografi ed etnologi (*studiosi di cultura e tradizioni popolari*).

Un papiro che contiene il *Libro dei morti*: vi è raffigurato il defunto condotto davanti a Osiride e la pesa dell'anima.

Marte, Venere ed Eros, particolare di affresco della Casa di Marco Lucrezio Frontone (Pompei).

Invece, le civiltà che hanno imparato a servirsi della scrittura in tempi molto antichi - ad esempio gli Egizi, gli antichi abitanti di Mesopotamia, Iran, India e Cina ecc. - ben presto hanno **codificato** i loro miti, cioè li hanno fissati in una forma scritta che non poteva essere cambiata ma solo interpretata: i miti di questi popoli sono giunti fino a noi nella forma letteraria del **poema**, la cui composizione spesso è attribuita a personaggi con caratteristiche sacre, come i sacerdoti.

La mitologia greca e latina

A differenza di quanto accadeva presso molti popoli del passato, nella Grecia antica non esistono sacerdoti, per cui il compito di fissare, tramandare e interpretare le storie sacre viene affidato ai **poeti**, i cui versi divengono ben presto il più importante canale di trasmissione e rielaborazione dei miti, che vengono considerati "memoria del passato" poiché narrano le origini del mondo o di una stirpe e gli eventi lontani nel tempo che hanno determinato la fondazione di città e santuari.
Per molti secoli la cultura greca, e successivamente quella romana, hanno scelto i miti come **argomento di componimenti artistici e letterari** di vario genere, garantendo in questo modo l'immortalità a queste antichissime storie.

i miti di creazione

Per le società primitive e antiche il mito è una **storia vera** che è avvenuta agli inizi del tempo e che serve da modello per i comportamenti umani: esso rivela agli uomini le strutture del reale e i molteplici modi d'essere nel mondo.

rid. e adatt. da M. Eliade, *Miti, Sogni e Misteri*, Rusconi

La **cosmogonia** (che letteralmente significa “generazione del cosmo”) è costituita da un insieme di miti di creazione che hanno come tema la nascita dell’universo, la formazione della Terra e dei pianeti e la comparsa delle prime creature viventi; ogni cosmogonia cerca anche di spiegare il particolare ruolo dell’essere umano nel mondo e il suo speciale rapporto con gli dèi e la natura.

Tutti i popoli antichi hanno elaborato cosmogonie nelle quali, indipendentemente dal luogo e dal momento in cui sono state create, è possibile individuare numerosi elementi ricorrenti.

Il primo aspetto comune a molti miti di creazione è l’idea che l’universo sia nato a opera di un’entità soprannaturale che, partendo dal Nulla o da una situazione di Caos indistinto, ha differenziato e dato ordine alla materia.

Un secondo elemento che accomuna le diverse cosmogonie è la convinzione che le specie create siano nate con caratteristiche definite rimaste inalterate nel tempo: mentre noi sappiamo che ogni forma vivente - uomo compreso - ha assunto la forma attuale attraverso un lunghissimo processo di adattamento all’ambiente, per gli uomini dell’antichità piante, animali ed esseri umani avevano sin dall’origine l’aspetto con cui le conosciamo oggi.

Un’altra peculiarità di molti miti di creazione è la convinzione che esista un rapporto privilegiato tra l’uomo e la divinità, la cui prova sarebbe il fatto che, a differenza delle altre creature, l’uomo è l’unico essere vivente che assomigli al Creatore o per aspetto fisico o per intelletto o per capacità di dominare il mondo in cui vive.

L'area della Mesopotamia

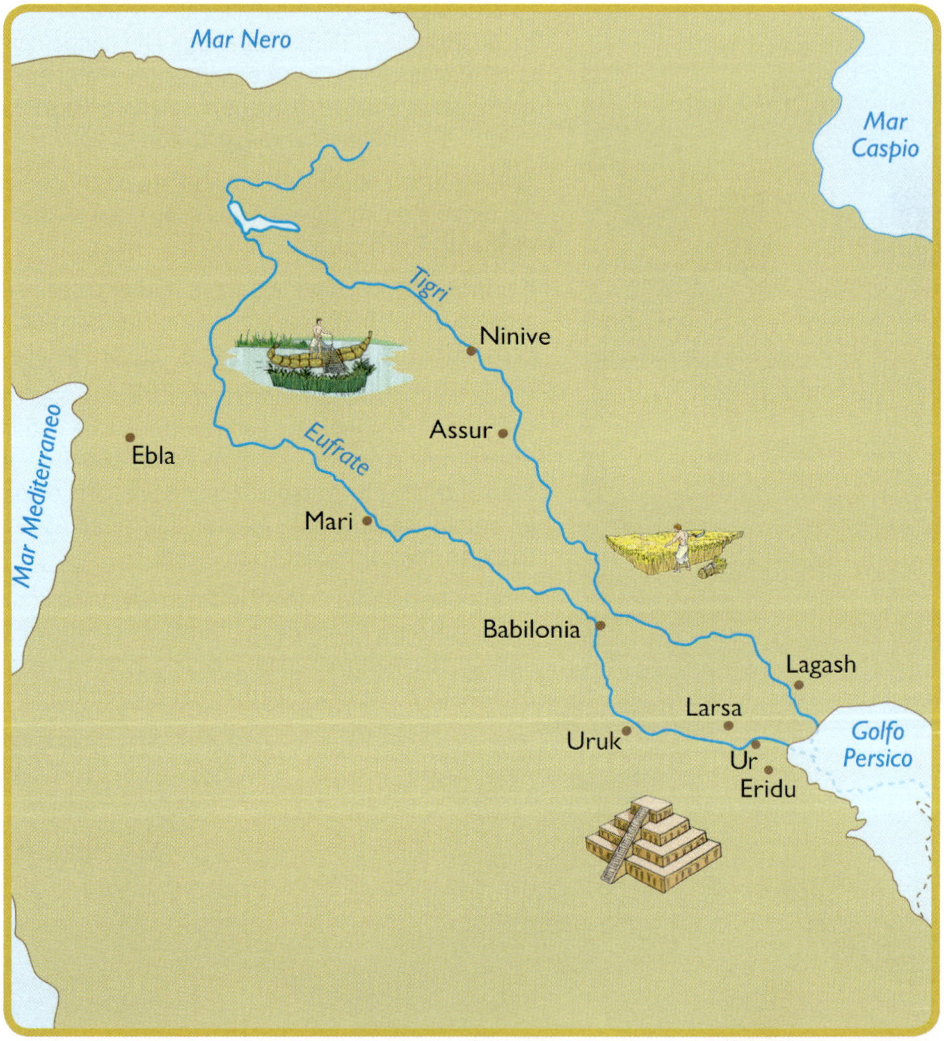

Le principali città della Mesopotamia.

I popoli della Mesopotamia

La Mesopotamia è un fertile territorio, situato nei pressi dei fiumi Tigri ed Eufrate, che corrisponde all'attuale Iraq: a partire dal III millennio a.C. viene abitato da popolazioni sedentarie, come i Sumeri, gli Accadi, i Babilonesi, gli Assiri, che costruiscono villaggi e città e danno origine a civiltà fiorenti ed evolute.

I **Sumeri** sono tra i primi popoli a inventare un sistema di scrittura, che viene chiamata ***cuneiforme*** perché è costituita da segni simili a cunei, come dei piccoli triangoli incisi in orizzontale, verticale e diagonale sull'argilla umida.

I **Babilonesi** prendono il nome dalla città di Babilonia, la più potente città della Mesopotamia meridionale. A loro si devono **invenzioni e scoperte** determinanti per la storia dell'umanità, tra cui il calcolo dell'orbita del sole, la divisione dell'anno in dodici mesi lunari, la misurazione degli angoli, la divisione del cerchio in gradi e il primo codice di leggi scritte (*Codice di Hammurabi*).

La ricostruzione della porta di Ishtar, all'entrata di Babilonia (Berlino, Vorderasiatisches Museum).

Gli **Assiri** sono un popolo guerriero dall'efficientissimo apparato militare: tra l'VIII e il VII secolo a.C. sottomettono tutto il territorio della Mesopotamia e creano un **impero di vastissime dimensioni** che giunge a minacciare nazioni potenti come l'Egitto. I sovrani assiri dedicano particolare cura all'immagine della loro potenza politica e militare, incoraggiando la composizione di raccolte storiche e la trascrizione delle antiche opere del passato in grado di celebrare la grandezza della civiltà mesopotamica.

Il *Poema della Creazione*

Alla civiltà babilonese appartiene il poema *Enuma Elis*, ossia il *Poema della Creazione*, uno dei più interessanti testi letterari dell'antichità, che nella seconda metà dell'Ottocento è stato ritrovato nella città di Kuyungik, il luogo dove anticamente sorgeva la capitale dell'impero assiro Ninive: nel VII secolo a.C., infatti, il colto e raffinato Assurbanipal, l'ultimo re degli Assiri, aveva fatto trascrivere e classificare su tavolette d'argilla tutti i più importanti testi sumeri e babilonesi.

Il *Poema della Creazione*, di autore anonimo e composto probabilmente tra il 1800 e il 1500 a.C., racconta la nascita dell'universo e contemporaneamente celebra l'affermarsi della supremazia del dio babilonese Marduk sulle numerose altre divinità che costituiscono il mondo soprannaturale dei popoli mesopotamici.

Ritratto di Assurbanipal (668-627), bassorilievo della Caccia ai Leoni scoperto nel Palazzo reale Nord di Ninive (Londra, British Museum).

I servi degli dèi

Come la maggior parte dei miti antichi che spiegano l'origine del mondo, anche quello narrato dal *Poema della Creazione* si basa su un cruento conflitto tra gli dèi: in questo caso il vincitore è il dio Marduk, che dopo aver sconfitto e imprigionato le divinità ribelli, organizza l'intero universo secondo un ordine prestabilito, concludendo la sua opera con la creazione dell'uomo.
Nel racconto che ti proponiamo, più che come vittorioso guerriero Marduk viene celebrato come colui che ha cancellato il caos primordiale, dando a ciascuna divinità un ruolo preciso e attribuendo all'umanità un compito chiaro e definitivo, quello di vivere obbedendo e servendo gli dèi.

Quando Anshar ed Ea[1] e tutti i loro compagni videro ciò che Marduk aveva compiuto[2], felici e sollevati avanzarono premurosamente verso di lui, offrendogli doni e tributi. Ma Marduk non si indugiò[3] a riceverli, ché già altri compiti lo chiamavano, poiché la fine di Tiamat altro non era per lui che il principio del suo ordine nuovo[4]. Prese la carcassa della sua nemica abbattuta, la divise in due come un'ostrica e, sollevatane in alto una metà, ne formò[5] il firmamento celeste. Quindi misurò con i passi, in lunghezza e larghezza, le acque che si stendevano sotto il firmamento, e con l'altra metà del corpo di Tiamat fece alle acque una copertura, e quella copertura costituì le fondamenta della terra. Quindi pose Anu nel regno sopra il firmamento, ed Enlil[6] nel regno tra il firmamento e la terra, ed Ea nelle acque che scorrevano sotto la terra. Così Anu divenne il re del cielo, Enlil il re dell'aria ed Ea il re degli abissi. Poi Marduk assegnò a tutti gli altri dèi i loro posti e creò lumi che splendessero nel cielo – il sole, la luna e le stelle.
Regolò il tempo e le stagioni dei loro moti, fissò il corso degli astri, e aperse a oriente una porta donde[7] il sole potesse uscire all'alba, e una porta a occidente, dove il sole potesse ritirarsi alla sera.
Ma, ecco, quando tutto fu ordinato, gli dèi si raccolsero intorno a Marduk e ruppero in aspri lamenti. «Signore Marduk,» gridarono «tu ci hai assegnato le nostre incombenze, hai affidato un compito a ciascuno di noi. Ma non hai dato a nessuno l'incarico di servirci e di sostentarci[8]

1 Anshar ed Ea: Anshar è lo spirito di "*tutto ciò che sta di sotto*", Ea, il più astuto, intelligente e saggio di tutti gli dèi, è suo discendente e padre di Marduk.

2 ciò che Marduk aveva compiuto: Marduk, il re degli dèi, ha definitivamente sconfitto Tiamat, la potentissima divinità femminile delle acque oceaniche (vedi *Scheda* La guerra di Marduk a pag. 10).

3 non si indugiò: non perse tempo.

4 del suo ordine nuovo: della nuova organizzazione che intende dare all'universo.

5 ne formò: formò con essa.

6 Anu ... Enlil: Anu ed Enlil formano con Ea la triade da cui è nato l'universo; Anu corrisponde al Cielo, Enlil è il dio dell'atmosfera.

7 donde: da cui.

8 sostentarci: nutrirci, mantenerci.

mentre noi eseguiremo il nostro compito. Chi dunque accudirà alla nostra casa, chi penserà a prepararci il cibo?»
Quando Marduk ebbe inteso queste parole, cadde in profonda meditazione. Poi, d'improvviso il suo volto si illuminò. «Ora so» disse tra sé «ciò che debbo fare. Prenderò sangue e ossa e ne formerò un piccolo fantoccio. Il suo nome sarà *Uomo*. *Uomo* servirà gli dèi, accudirà ai loro bisogni, mentre essi eseguiranno i loro compiti!»
Ma quando fece parte del suo piano[9] ad Ea, quel saggio e astuto dio seppe immediatamente trovarne uno migliore. «Perché» domandò «nuovo sangue e nuove ossa? Prendile da uno dei ribelli[10].»
Così Marduk diede ordine che i ribelli incatenati fossero condotti dinanzi a lui e li interrogò e comandò loro di dichiarare il vero e di dire chi di essi fosse stato il maggiore colpevole, perché quello egli avrebbe messo a morte. Ora i ribelli erano stati soltanto semplici soldati nell'esercito di Tiamat, né vedevano ragione alcuna perché uno di essi dovesse scontare le colpe della guerra. «Il maggiore colpevole» risposero concordemente «è stato Kingu[11]. Egli è stato il nostro capo e il nostro comandante, egli ha ideato il piano di guerra e lo ha diretto!»
E Kingu, dunque, venne tratto fuori dalla prigione e consegnato nelle mani di Ea. Ed Ea gli tagliò la testa, gli aperse le vene, e con le sue ossa e il sangue formò un fantoccio al quale venne dato il nome di Uomo, per servire gli dèi e accudire ad essi.
Allora, gli dèi soddisfatti si affollarono intorno a Marduk. «Signore Marduk,» gridarono «tu hai reso più facile il nostro compito e hai alleggerito le nostre fatiche, e noi vorremmo mostrarti la nostra gratitudine costruendoti un santuario sulla terra, dove anche tu possa riposare lontano dalle tue fatiche. Ogni anno noi ci recheremo a questo santuario e ti renderemo omaggio e canteremo le tue lodi.»
Per due anni interi dunque essi lavorarono e si affaticarono con mattoni e con calce e al terzo anno la città di Babilonia fu innalzata e, sovrastante ad essa, era il palazzo di Esagila, il santuario di Marduk.
Quando la costruzione fu ultimata, tutti gli dèi si riunirono e vi celebrarono una festa, mentre Marduk, seduto in mezzo a loro, riceveva il loro omaggio, promulgava leggi e annun-

9 fece parte del suo piano: comunicò il suo progetto.

10 da uno dei ribelli: gli dèi alleati di Tiamat.

11 Kingu: è il figlio di Tiamat, che sposa dopo la morte del padre Apsu (vedi *Scheda* La guerra di Marduk a pag. 10).

12 annunciava le sorti: prevedeva il destino.

13 ogni primo giorno dell'anno: il 21 marzo, inizio della primavera. Per le antiche società agricole il risveglio della natura segna l'inizio del nuovo anno.

ciava le sorti[12] e il futuro del mondo intero. E, preso il Grande Arco con il quale aveva sconfitto i suoi nemici, lo appese alla volta del cielo, affinché tutti lo potessero vedere.
E così è fino ad oggi. L'uomo è il servitore degli dèi; e ogni primo giorno dell'anno[13], gli dèi si recano al santuario di Marduk a Babilonia, per rendergli omaggio, e là egli annuncia le sorti e il futuro del mondo. E l'Arco è appeso alla volta del cielo, affinché tutti possano vederlo.

da T.H. Gaster, *Le più antiche storie del mondo*, trad. di N. Coppini, Einaudi

scheda

La guerra di Marduk

Secondo la mitologia mesopotamica, prima della creazione del mondo esistevano solo tre esseri divini: Apsu, l'Abisso, cui appartenevano le acque dolci, sua moglie Tiamat, l'Oceano, che dominava su quelle salate e il loro primo figlio Mummu, lo Scroscio, che aveva il potere di agitare e percorrere entrambe.
Da queste divinità nacquero numerosi discendenti tra cui Marduk, al quale il padre Ea donò un corpo maestoso e imponente, quattro occhi, quattro orecchie e una bocca da cui uscivano terribili fiamme.
Dopo la morte di Apsu, il comportamento violento e prepotente di Marduk suscitò la collera di alcuni dèi che chiesero a Tiamat di fermarlo; altre divinità si schierarono dalla parte di Marduk, eleggendolo loro signore, e tra i due gruppi si scatenò una ferocissima guerra. Munito di arco e frecce, Marduk fabbricò una rete per imprigionare gli avversari e scatenò venti furiosi per facilitare la corsa del suo cocchio: al suo apparire gli dèi nemici si ritirarono spaventati e solo Tiamat rimase ad affrontarlo. Quando la dèa dell'Oceano spalancò le sue fauci per divorare Marduk, egli la imprigionò nella rete e ordinò al vento di soffiare per tenerle chiusa la bocca, poi la colpì con una freccia che le trapassò la gola e, spinta dal vento, raggiunse il suo cuore uccidendola: da questo momento Marduk divenne il signore incontrastato degli dèi e cominciò a riorganizzare il mondo.
Questo mito rappresenta in modo simbolico il momento in cui la civiltà babilonese giunge a sottomettere e controllare i molti popoli mesopotamici ostili amalgamandoli rapidamente ed efficacemente e assicurando loro pace e tranquillità: Marduk, infatti, diventa una divinità nazionale (cioè comune a tutti i popoli della Mesopotamia) proprio quando la città di Babilonia impone definitivamente il proprio dominio sui territori circostanti.

Rilievo raffigurante Marduk con le sembianze di sovrano e guerriero.

competenze alla prova

LEGGO E...

... COMPRENDO

1 Il creatore del cielo e della terra è:

- [ ] Anshar
- [x] Marduk
- [ ] Ea
- [ ] Tiamat

2 L'uomo viene creato da:

- [ ] Anshar
- [x] Marduk
- [ ] Ea
- [ ] Tiamat

3 Da che cosa hanno origine il cielo e la terra?

4 Da quali elementi, invece, nasce il primo uomo?

5 In che modo Marduk crea il movimento del sole nel cielo?

6 Completa la frase:

la creazione di Babilonia dura Tre anni .... ed è opera .... che in questo modo vogliono ....

... RICAVO DAL TESTO

7 La civiltà mesopotamica attribuisce una grande importanza allo studio delle stelle e dei loro movimenti. Anche un passo di questo mito ce lo fa comprendere. Quale?

8 Se confrontata con quella degli dèi, l'immagine dell'uomo che si ricava da questo mito è positiva o negativa? Motiva la tua risposta.

... ANALIZZO E INTERPRETO

9 Le affermazioni seguenti propongono alcune interpretazioni del significato nascosto di questo mito: leggile e indica se, secondo te, sono vere V o false F.

- Il mito lascia intendere che la città di Babilonia è superiore alle altre perché è stata fondata dagli dèi. V [ ] F [x]
- Il mito afferma che gli dèi sono pigri e scansafatiche. V [x] F [ ]
- Secondo il mito, uccidere qualcuno è lecito solo se c'è un valido motivo. V [ ] F [x]
- Il mito sostiene che gli uomini devono eseguire la volontà degli dèi. V [x] F [ ]
- Il mito afferma che gli uomini sono inferiori agli dèi. V [x] F [ ]
- Il mito lascia intendere che l'unica attività in cui gli dèi riescono bene è costruire città. V [ ] F [x]

10 Secondo te, che cosa indica il fatto che alla fine l'arco di Marduk è appeso in cielo?

- [ ] Che i popoli mesopotamici vivono solo di caccia
- [ ] Che gli animali devono temere i cacciatori
- [ ] Che l'arco è il simbolo della luna
- [x] Che l'arco è il simbolo del nuovo ordine imposto da Marduk

ORA SCRIVO IO

11 Scrivi una breve descrizione di Marduk, usando all'interno di essa le seguenti parole o espressioni:

violento - infaticabile - creatore - saggio - attento con gli dèi a lui sottoposti - venerato - primo giorno dell'anno

C'È STILE E STILE

12 Nel brano è usata una similitudine per spiegare come Marduk divide in due il corpo di Tiamat. Sottolineala nel testo.

ANALIZZO L'IMMAGINE

13 Quali delle caratteristiche di Marduk segnalate nella *Scheda* La guerra di Marduk (pag. 10) ritrovi in questa rappresentazione, raffigurante il combattimento tra Marduk e Tiamat?

Gli Ebrei

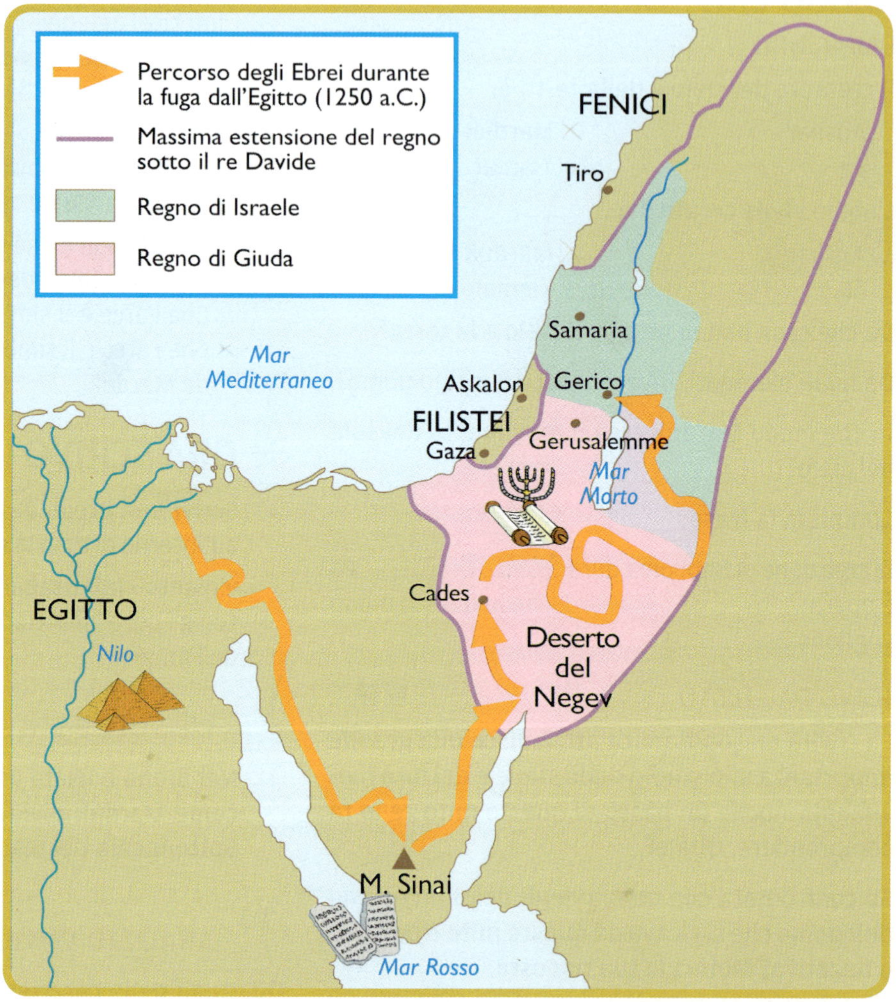

Il territorio degli Ebrei.

Il popolo ebreo

Intorno al 1800 a.C., gli Ebrei, una popolazione di pastori nomadi di origine semitica guidata dal patriarca (*capo tribù*) Abramo, si sposta dal nord della Mesopotamia nella regione dell'attuale Palestina.

Dopo alcuni secoli una tremenda carestia costringe questo popolo a migrare verso l'Egitto, dove vengono accolti; progressivamente privati di molte libertà, intorno al 1250 a.C. gli Ebrei fuggono dall'Egitto e, sotto la guida di Mosè, raggiungono nuovamente la Palestina, la **terra promessa** loro da Dio, dove fondano il regno di Giuda e Israele.

A causa della loro posizione, questi territori subiscono continui attacchi da popolazioni nemiche: sconfitti dai Babilonesi, nel VI secolo a.C. gli Ebrei vengono deportati in massa a Babilonia, dove rimangono in condizioni di schiavitù per circa cinquant'anni, e in seguito vengono sottomessi dai Romani che, per punire la loro ribellione, nel 70 d.C. distruggono la città di Gerusalemme: inizia così la dispersione (**diaspora**) del popolo ebreo in tutta l'Europa.

Deportazione degli ebrei a Babilonia, da un manoscritto gotico del XIII secolo.

La Bibbia

Gli Ebrei sono il primo **popolo monoteista** (*che adora un solo Dio*) dell'antichità: il loro Dio è **Yahweh** e la fonte principale della loro storia è costituita dalla **Bibbia** (dal greco *biblìa* che significa *libri*), un testo che essi considerano ispirato direttamente da Dio e che per questo motivo chiamano anche *Sacra Scrittura*.

La Bibbia è costituita da un insieme di libri in prosa e in versi scritti nel corso di quasi mille anni da autori differenti in lingua ebraica con piccole parti in aramaico, un'antica lingua parlata in Giudea e in alcune altre zone dell'attuale Medio Oriente.

La prima parte della Bibbia - chiamata **Antico Testamento** - inizia dalla creazione del mondo e narra la storia del popolo ebraico, di cui sottolinea la speciale **alleanza con Dio**, che lo guida e lo protegge costantemente; l'Antico Testamento contiene inoltre le leggi e le regole di comportamento sociale che questo popolo è tenuto a rispettare.

La seconda parte della Bibbia viene definita **Nuovo Testamento** e comprende i Vangeli, gli Atti degli Apostoli, le Lettere e l'Apocalisse; essa si basa sulla figura di Gesù Cristo e sulla diffusione del suo messaggio di salvezza (*buona novella*) che istituisce una **nuova alleanza** tra Dio e l'intera umanità.

Mentre gli Ebrei considerano libro sacro solo l'Antico Testamento, per i cristiani entrambe le parti della Bibbia sono **parola di Dio**.

Grande rotolo del Libro di Isaia risalente al 100 a.C. circa, ritrovato nel sito archeologico di Qumran, sulle rive del Mar Morto (Gerusalemme, The Israel Museum).

Dio crea il mondo

La *Bibbia* si apre con la *Genesi* (dal greco *gènesis* che vuol dire *nascita, origine*), il racconto della creazione dell'universo: partendo da un ammasso indistinto e confuso di materia, Dio crea prima il cielo e la terra, poi gli elementi naturali e gli animali, infine l'uomo (maschio e femmina).
Questo mito, che è uno dei più importanti della cultura occidentale, attribuisce l'origine del mondo e dell'uomo a un atto di volontà di Dio; in esso, a differenza di quanto accade in analoghi racconti presenti in altre culture, viene riservato un posto privilegiato al genere umano che, essendo stato fatto a immagine e somiglianza del creatore, può dominare tutte le creature viventi.

• Le varie fasi della creazione divina vengono scandite dalla ripetizione della stessa formula. Sottolinea nel testo queste espressioni.

In principio Dio creò il cielo e la terra. La terra era informe e deserta e le tenebre ricoprivano l'abisso e lo spirito di Dio aleggiava sulle acque.
Dio disse: «Sia la luce!». E la luce fu. Dio vide che la luce era cosa buona e Dio separò la luce dalle tenebre. Dio chiamò la luce giorno, mentre chiamò le tenebre notte. E fu sera e fu mattina: giorno primo.
Dio disse: «Sia un firmamento[1] in mezzo alle acque per separare le acque dalle acque». Dio fece il firmamento e separò le acque che sono sotto il firmamento[2] dalle acque che sono sopra il firmamento[3]. E così avvenne. Dio chiamò il firmamento cielo. E fu sera e fu mattina: secondo giorno.
Dio disse: «Le acque che sono sotto il cielo si raccolgano in un unico luogo e appaia l'asciutto». E così avvenne. Dio chiamò l'asciutto terra, mentre chiamò la massa delle acque mare. Dio vide che era cosa buona.
Dio disse: «La terra produca germogli, erbe che producono seme e alberi da frutto, che fanno sulla terra frutto con il seme, ciascuno secondo la propria specie[4]». E così avvenne. E la terra produsse germogli, erbe che producono seme, ciascuna secondo la propria specie, e alberi che fanno ciascuno frutto con il seme, secondo la propria specie. Dio vide che era cosa buona. E fu sera e fu mattina: terzo giorno.
Dio disse: «Ci siano fonti di luce nel firmamento del cielo, per separare il giorno dalla notte; siano segni per le feste, per i giorni e per gli anni e siano fonti di luce nel firmamento del cielo per illuminare la terra». E così avvenne. E Dio fece le due fonti di luce grandi: la fonte di luce maggiore per governare il giorno e la fonte di luce minore per regolare la notte, e le stelle. Dio le pose nel firmamento del cielo per illuminare la terra e per governare il giorno e la notte e per sepa-

1 firmamento: il cielo, la volta celeste.

2 le acque che sono sotto il firmamento: i mari e i fiumi.

3 acque che sono sopra il firmamento: la pioggia e le altre precipitazioni.

4 ciascuno secondo la propria specie: con le proprie caratteristiche specifiche.

rare la luce dalle tenebre. Dio vide che era cosa buona. E fu sera e fu mattina: quarto giorno.
Dio disse: «Le acque brulichino[5] di esseri viventi e uccelli volino sopra la terra, davanti al firmamento del cielo». Dio creò i grandi mostri marini e tutti gli esseri viventi che guizzano e brulicano nelle acque, secondo la loro specie, e tutti gli uccelli alati, secondo la loro specie. Dio vide che era cosa buona. Dio li benedisse[6]: «Siate fecondi e moltiplicatevi e riempite le acque dei mari; gli uccelli si moltiplichino sulla terra». E fu sera e fu mattina: quinto giorno.
Dio disse: «La terra produca esseri viventi secondo la loro specie: bestiame, rettili e animali selvatici, secondo la loro specie». E così avvenne. Dio fece gli animali selvatici, secondo la loro specie, il bestiame, secondo la propria specie, e tutti i rettili del suolo, secondo la loro specie. Dio vide che era cosa buona.
Dio disse: «Facciamo l'uomo a nostra immagine, secondo la nostra somiglianza: domini sui pesci del mare e sugli uccelli del cielo, sul bestiame, su tutti gli animali selvatici e su tutti i rettili che strisciano sulla terra».
E Dio creò l'uomo a sua immagine;
a immagine di Dio lo creò:
maschio e femmina li creò[7].
Dio li benedisse e disse loro:
«Siate fecondi e moltiplicatevi,
riempite la terra e soggiogatela[8],
dominate sui pesci del mare e sugli uccelli del cielo
e su ogni essere vivente che striscia sulla terra».

Gerardo Suzàn,
La Creazione, 1993.

5 brulichino: siano popolate.

6 li benedisse: diede loro la sua protezione.

7 E Dio creò l'uomo a sua immagine; a immagine di Dio lo creò: maschio e femmina li creò: il genere umano (*l'uomo*) viene creato da Dio a sua immagine e solo successivamente Dio interviene per differenziare i sessi (*maschio e femmina li creò*).

8 soggiogatela: dominatela, sottomettetela.

Dio disse: «Ecco, io vi do ogni erba che produce seme e che è su tutta la terra, e ogni albero fruttifero che produce seme: saranno il vostro cibo. A tutti gli animali selvatici, a tutti gli uccelli del cielo e a tutti gli esseri che strisciano sulla terra e nei quali è alito di vita, io do in cibo ogni erba verde». E così avvenne. Dio vide quanto aveva fatto, ed ecco, era cosa molto buona. E fu sera e fu mattina: sesto giorno.
Così furono portati a compimento[9] il cielo e la terra e tutte le loro schiere. Dio, nel settimo giorno, portò a compimento il lavoro che aveva fatto e cessò nel settimo giorno da ogni suo lavoro che aveva fatto. Dio benedisse il settimo giorno e lo consacrò[10], perché in esso aveva cessato da ogni lavoro che egli aveva fatto creando.

Genesi 1,1-31; 2,1-4, in *La Sacra Bibbia*, CEI-UELCI

9 a compimento: a termine.

10 lo consacrò: lo rese sacro.

scheda

I tempi della creazione

Il libro della *Genesi* costituisce la parte iniziale della Bibbia e in passato è stato spesso interpretato in modo letterale, in base al principio secondo cui un testo sacro non può essere messo in discussione: nel XVII secolo, partendo dalle indicazioni contenute nella Bibbia, l'arcivescovo inglese James Ussher cercò di calcolare la data della creazione dell'universo giungendo alla conclusione, del tutto infondata, che essa era avvenuta il 23 ottobre 4004 a.C. a mezzogiorno in punto!
Oggi la geologia, la biologia e molte altre scienze sono concordi nell'affermare che il processo di formazione dell'universo è durato diversi milioni di anni e che le specie viventi come le conosciamo noi – uomo compreso – sono frutto di un processo evolutivo altrettanto lungo.
Il libro della *Genesi* va quindi interpretato in senso mitico e simbolico: esso parla agli uomini del suo tempo con un linguaggio a loro comprensibile, spiegando il mistero dell'origine della vita come la conseguenza di un atto creativo di Dio.

La Genesi fino alla Creazione dell'uomo e degli Angeli, miniatura.

competenze alla prova

LEGGO E...

... COMPRENDO

1 **In quanti giorni Dio realizza la sua creazione?**

2 **Qual è il primo elemento creato da Dio dopo il cielo e la terra?**

- [ ] L'uomo
- [x] La luce
- [ ] Gli animali
- [ ] Le piante

3 **In quale giorno vengono create le specie animali?**

... RICAVO DAL TESTO

4 **Colloca in successione cronologica le azioni compiute da Dio nel corso della creazione.**

- [2] Separa la pioggia dai mari
- [4] Crea il sole e la luna
- [3] Fa nascere la vegetazione
- [1] Distingue il giorno dalla notte

5 **Le parole che Dio rivolge ai primi uomini ci fanno capire che essi:**

- [ ] sono carnivori
- [ ] sono erbivori
- [x] sono onnivori
- [ ] rischiano di morire di fame

... ANALIZZO E INTERPRETO

6 **Perché gli uomini vengono creati dopo gli animali?**

- [ ] Sono meno necessari alla terra delle altre creature viventi
- [x] Sono il culmine della creazione divina
- [ ] Sono i più lontani da Dio
- [ ] Sono i più difficili da "costruire"

7 **A differenza di altri popoli antichi, gli Ebrei dedicavano al riposo un giorno alla settimana, per la precisione il sabato. Quale elemento del racconto della *Genesi* può essere collegato a questa usanza?**

8 **Che cosa è rimasto di questa usanza nel mondo attuale?**

ORA SCRIVO IO

9 **Elenca brevemente, giorno per giorno, gli elementi creati da Dio.**

UN MONDO DI PAROLE

10 **Completa:**

- Dio chiama *il firmamento* CIELO;
- Dio chiama *l'asciutto* TERRA;
- Dio chiama *la massa delle acque* MARE .

11 **Come sono definite da Dio, nel loro insieme, il sole, la luna e le stelle?**

12 **Sostituisci le seguenti espressioni con sinonimi o con altre equivalenti.**

- In principio ➲ ....
- Informe ➲ ....
- Creò ➲ ....
- Avvenne ➲ ....

ANALIZZO L'IMMAGINE

13 **A quale momento della creazione si riferisce l'immagine qui riprodotta, tratta dagli affreschi della Cappella Sistina dipinti da Michelangelo?**

Il mondo greco

Il territorio
della Grecia antica.

La civiltà greca

Guerriero, scultura in avorio
proveniente da Micene.

A partire dal II millennio a.C. nell'area della Grecia centrale e del Peloponneso si sviluppa la **civiltà micenea**, che domina questi territori fino al 1250 a.C. circa, fondando numerose città fortificate e indipendenti tra cui Argo, Micene e Tirinto.

Il misterioso crollo della potenza micenea segna per la penisola greca l'inizio di un lungo periodo dalle caratteristiche poco conosciute a causa della mancanza di documenti scritti, ma a partire dall'VIII secolo a.C. si assiste a una **rinascita della civiltà**: torna a essere usata la scrittura, rifioriscono le arti e molti villaggi si ampliano progressivamente fino a costituire delle ***pòleis***, ossia città autonome dotate di leggi e ordinamenti propri, ma accomunate dalla stessa lingua, dalla stessa cultura e dalla stessa religione.

La scarsa fertilità del suolo e la modesta presenza di acqua, dovuta alla scarsa piovosità del clima in Grecia, spinge gli abitanti delle *pòleis* a sviluppare molto la navigazione e a fondare numerose colonie sulle coste del mar Mediterraneo: in questo modo l'evoluta cultura greca - che raggiunge il suo apice ad Atene nel V secolo a.C. - si diffonde ben oltre i suoi confini geografici naturali, influenzando profondamente i popoli con cui entra in contatto.

La trasmissione del patrimonio mitico

Nella mitologia della Grecia antica confluiscono molte tradizioni provenienti dalla Mesopotamia, dalla Palestina e, soprattutto, dalla precedente civiltà micenea, come dimostrano i numerosi miti ambientati nelle città di Micene, Tebe e Argo.
Come la maggior parte dei popoli antichi, anche i Greci sono **politeisti**. I loro dèi vivono sul monte Olimpo: ciascuna divinità è la protettrice di un aspetto specifico della realtà (guerra, amore, agricoltura ecc.). Pur godendo di eterna giovinezza, gli dèi hanno caratteristiche fisiche e psicologiche (difetti compresi) simili a quelle degli uomini, nelle cui vicende si intromettono di frequente.
Nella religione greca non esistono sacerdoti e tocca ai singoli individui e alle *pòleis* mantenere buoni rapporti con le divinità mediante la celebrazione di riti, le offerte e i sacrifici; ai poeti, invece, spetta il compito di svelare la realtà divina del mondo attraverso la diffusione di racconti mitici: con il passare dei secoli, i poeti cominciano a fissare in forma scritta il ricchissimo patrimonio mitologico del popolo greco, in precedenza tramandato solo oralmente.
La più antica opera di argomento mitologico giunta fino a noi è la *Teogonia* - parola greca che significa *Nascita degli dèi* -, un poema di oltre mille versi scritto da Esiodo nell'VIII secolo a.C.
La *Teogonia* racconta l'origine dell'universo a partire dal Caos originario fino al momento in cui Zeus diviene il signore degli dèi, e presenta in modo dettagliato tutte le divinità greche.

Apollo, seduto nel tempio a lui dedicato.

La rivincita dei deboli

Per gli dèi dell'Olimpo la creazione del mondo è un innocuo passatempo che ha lo scopo di rendere meno noiosa la loro vita, ma Zeus, che rappresenta l'ordine e la giustizia, decide che ogni creatura deve essere autosufficiente e in grado di sopravvivere, affidando allo sciocco e imprudente gigante Epimèteo il compito di distribuire capacità e abilità. Le avventate decisioni di Epimèteo mettono l'umanità in una condizione di svantaggio, e solo l'intervento del fratello Promèteo riesce a riequilibrare la situazione, dando addirittura all'uomo una posizione di superiorità sulle altre specie.
Attraverso questo mito il popolo greco spiega come l'iniziale debolezza e la mancanza di mezzi siano state le cause dell'eccezionale sviluppo degli esseri umani, perché essi hanno dovuto elaborare strategie di sopravvivenza più complesse: a differenza degli animali, infatti, gli uomini non si sono limitati a utilizzare le risorse della natura, ma hanno imparato a modificare l'ambiente a proprio vantaggio, assumendo un ruolo dominante sulla terra.

Testa bronzea di Zeus rinvenuta nell'area archeologica di Olimpia, VI secolo a.C.

Sull'Olimpo, in un palazzo di nuvole, abitavano gli dèi, e fra loro il più grande di tutti, Zeus. Vivevano in uno stato di eterna felicità, nutrendosi di nettare e ambrosia[1]. I giorni seguivano ai giorni, gli anni agli anni, in una perfetta serenità. Ma accadde quel che doveva accadere: gli dèi finirono per annoiarsi.
Allora Zeus, il signore di tutti gli dèi, chiese a suo figlio Efesto[2], il dio fabbro, di plasmare qualche creatura per distrarli. Efesto si grattò la testa, poi condusse gli dèi nella sua fucina[3]. E lì, con un po' di terra, d'acqua e di fuoco, mostrò loro come procedere per modellare e realizzare esseri di carne e ossa.
Gli dèi si divertirono un mondo: fecero creature con le pinne, altre con le zampe o con le ali. Plasmarono persino degli esseri somiglianti a loro in tutto e per tutto, e questa fu la razza degli uomini.
Zeus vi infuse la vita con il suo soffio divino, si sfregò le mani: quelle creature sarebbero davvero un gran bello spettacolo!
Ma affinché i membri di quella piccola comunità potessero vivere insieme senza troppi problemi occorreva dare a ciascuno qualità diverse. A quell'epoca, sulle vette dell'Olimpo vivevano due giganti

1 nettare e ambrosia: la bevanda (*nettare*) e il cibo (*ambrosia*) degli dèi.
2 Efesto: dio del fuoco, figlio di Zeus e di Era.
3 fucina: il luogo dove il dio forgia le armi degli dèi.

gemelli ai quali Zeus era molto affezionato, Promèteo ed Epimèteo[4], e fu appunto a loro che il signore degli dèi chiese di distribuire le qualità.
I gemelli non si assomigliavano un granché: tanto Promèteo era riflessivo e previdente, quanto Epimèteo era impulsivo e dissennato[5].
Senza farsi troppe domande, Epimèteo cominciò subito a distribuire agli animali i mezzi necessari per sopravvivere: a qualcuno zanne o corna, ad altri un becco, ad altri ancora un carapace[6] per difendersi o peli per proteggersi dal freddo e dalla pioggia Epimèteo svuotava allegramente il grande sacco delle qualità e dei mezzi di sopravvivenza che Zeus gli aveva affidato, e spandeva il suo contenuto a piene mani. Giunto al fondo, aveva un sorriso rapito[7]. Ma il sorriso si tramutò in una smorfia non appena si accorse che aveva dimenticato gli uomini. Se ne stavano lì, gli uomini: soli, nudi e tremanti, senza difesa alcuna; proprio loro, che erano stati concepiti a immagine e somiglianza degli dèi! Che offesa per le divinità dell'Olimpo...
Allora Promèteo fece del suo meglio per rimediare all'imperdonabile leggerezza del fratello. Insegnò agli uomini a stare in posizione eretta, e ciò conferì loro un portamento fiero. Poi, con il tacito[8] consenso di Zeus, rubò dal carro del Sole una fiaccola accesa e la consegnò agli uomini.
Grazie al fuoco, gli uomini avrebbero potuto dominare per sempre gli animali selvaggi e, benché privi di zanne, di artigli e di corna, sarebbero stati gli unici veri signori del creato.

da M. Piquemal, *Fiabe mitologiche di eroi e di mostri*, Einaudi

4 Promèteo ed Epimèteo: sono due giganti gemelli, figli del titano Giapeto e della ninfa dell'Oceano Asia, i cui nomi corrispondono alle loro caratteristiche: Promèteo significa infatti *il previdente, colui che sa prima*, mentre Epimèteo vuol dire *colui che riflette in ritardo.*

5 dissennato: sciocco, senza cervello.

6 carapace: guscio che protegge crostacei e tartarughe.

7 rapito: soddisfatto.

8 tacito: silenzioso.

scheda

Zeus, il signore degli dèi

Zeus è la massima divinità della religione greca e, secondo la mitologia, appartiene alla seconda generazione di divinità: è l'ultimo figlio del titano Crono, che aveva l'abitudine di divorare i figli appena nati perché un oracolo gli aveva predetto che un figlio l'avrebbe spodestato. La madre Rea riesce però a salvarlo nascondendolo in una grotta dell'isola di Creta e dando a Crono una pietra avvolta in fasce, al posto del figlio.
Divenuto adulto, Zeus libera i suoi fratelli e con il loro aiuto sconfigge e uccide Crono, diventando così il sovrano degli dèi e degli uomini.

competenze alla prova

LEGGO E...

... COMPRENDO

1 **Perché gli dèi decidono di popolare la terra di creature viventi?**
- ☐ Si sentono soli
- ☐ Hanno bisogno di servitori
- ☐ Si annoiano
- ☐ Vogliono che qualcuno celebri cerimonie in loro onore

2 **Con quali materiali vengono plasmate le prime creature?**
- ☐ Sangue
- ☐ Ossa
- ☐ Terra
- ☐ Paglia
- ☐ Legno
- ☐ Fango
- ☐ Acqua
- ☐ Fuoco
- ☐ Aria
- ☐ Pietre

3 **Quale errore commette Epimèteo?**

4 **Da che cosa dipende l'iniziale debolezza degli esseri umani?**

5 **In che modo Promèteo compensa lo svantaggio dell'umanità?**

... RICAVO DAL TESTO

6 **In che cosa sono uguali Promèteo ed Epimèteo? In che cosa, invece, sono molto diversi?**

7 **Qual è la caratteristica comune a tutte le qualità che Epimèteo distribuisce agli animali?**

... ANALIZZO E INTERPRETO

8 **Rifletti sull'elenco di *doni* che Epimèteo distribuisce alle creature plasmate dagli dèi poi, seguendo l'esempio, completa lo schema:**
- zanne: elefante;
- becco ➲ ....;
- corna ➲ ....;
- peli ➲ ....;
- carapace ➲ ....

ORA SCRIVO IO

9 **Questo mito attribuisce all'uomo una posizione dominante sulle altre creature: in quale altro testo presente in questo capitolo l'uomo viene considerato più importante del resto dei viventi? Che cosa hanno in comune i due racconti?**

10 **Che cosa pensi di questa idea? Credi anche tu che l'uomo sia più importante delle altre creature viventi o pensi che tutte le forme di vita abbiano la stessa importanza? Motiva la tua risposta con esempi tratti dalla tua esperienza e dall'attualità.**

11 **Il racconto sostiene che il dono del fuoco permette agli uomini di respingere gli animali feroci e quindi di sopravvivere con più facilità: si tratta di un'affermazione fantasiosa oppure quest'idea corrisponde a una precisa verità storica?**

Gli Inuit

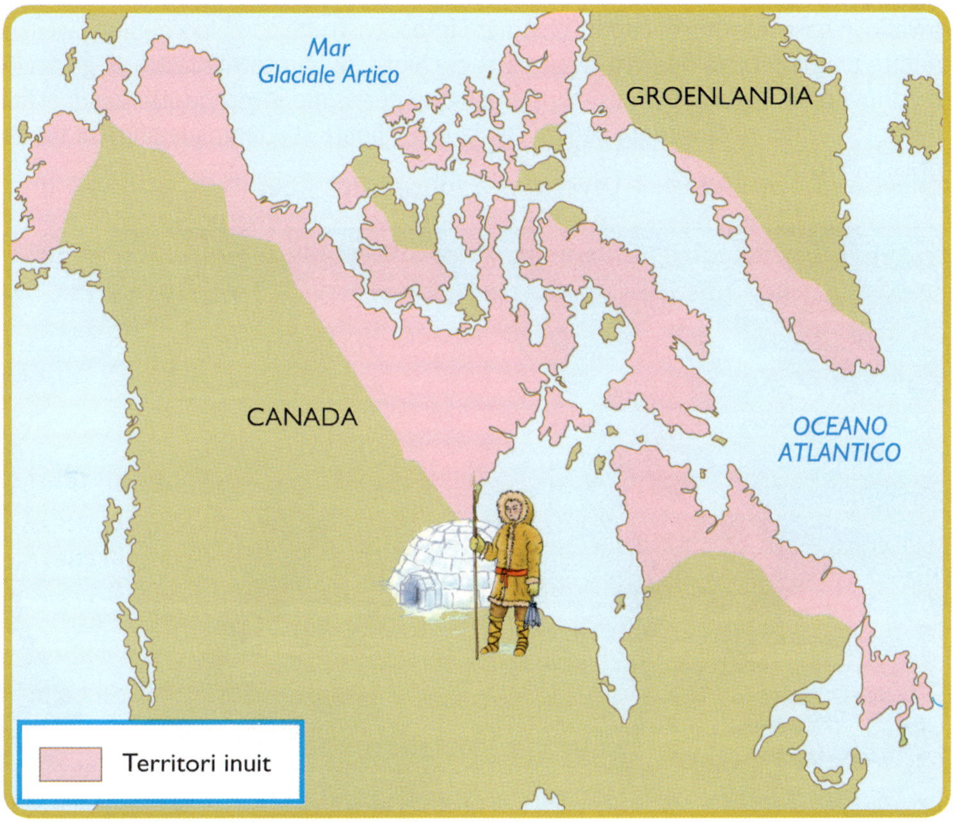

Il territorio degli Inuit.

Il popolo inuit

Gli abitanti originari delle coste artiche e subartiche dell'America settentrionale, del Canada, della Groenlandia (Danimarca) e della punta nord orientale della Siberia si chiamano *Inuit*, termine che nella loro lingua significa semplicemente *il popolo*, ma sono conosciuti soprattutto con il nome di **Eschimesi**.

Nel corso dei millenni gli Eschimesi hanno effettuato numerose migrazioni dalle gelide distese siberiane e ancora oggi condividono tratti somatici e abitudini di vita con le diverse popolazioni della tundra artica.

Un Inuit.

Oggi gli Inuit sono circa 150 000 e occupano un territorio il cui suolo rimane ghiacciato per tutto l'anno, tranne che durante la breve stagione estiva; per sopravvivere essi si dedicano prevalentemente alla caccia e alla pesca.
Attualmente gli Inuit vivono in villaggi prefabbricati, ma fino a quarant'anni fa abitavano in case a forma di cupola chiamate **igloo**, costruite con blocchi di ghiaccio e dotate di una piccola finestra rivolta a sud, chiusa da una sottile lastra di ghiaccio o da una pelle di foca. Per resistere al lungo e durissimo inverno tutte le superfici dell'igloo erano ricoperte da pelli di renna e riscaldate con lampade alimentate da grasso di foca.

Sciamano con il *runebomme*, il tamburo sacro.

La trasmissione del patrimonio mitico

Per secoli la cultura tradizionale degli Inuit è stata tramandata oralmente, perché essi non conoscevano la scrittura: molti dei loro miti ci sono noti perché sono stati trascritti da viaggiatori ed esploratori affascinati dalla semplicità e dall'ospitalità di questo popolo.
Secondo la mitologia inuit, all'inizio dei tempi il mondo era ricoperto da una grande massa di acqua; quando questa si asciugò il *Grande Corvo* creò gli oceani e le terre emerse e posò su di essi la rigida cupola del cielo dove vivevano *Malina*, la divinità femminile del Sole, *Aningat*, la divinità maschile della Luna, e le *stelle*.
Per il popolo degli Inuit, sole, luna e stelle costituiscono le divinità principali in quanto offrono agli uomini la possibilità di orientarsi nella sconfinata e indifferenziata distesa di ghiaccio in cui abitano.
I movimenti degli dèi-astri influenzano tutte le attività della vita degli Inuit, dalla caccia alla pesca, ma solo lo **sciamano** (uomo dotato di poteri magici) conosce il modo per entrare in contatto con loro.

Lo stomaco degli uomini

Questo mito di creazione esprime un'idea piuttosto insolita: mentre la tradizione ebraica considera l'umanità fatta a immagine e somiglianza di Dio, e la mitologia greca ritiene l'uomo superiore agli altri animali per ingegno e capacità di dominare il mondo, il primo Inuit non solo appare debole e affamato ma si comporta in modo davvero stupido, in quanto non riesce a capire come utilizzare i doni che il dio Corvo, suo creatore, gli offre.
La sorprendente conclusione del racconto lascia però intravedere un'insperata e positiva soluzione: non tutto è perduto per il genere umano, poiché la capacità di pensare e progettare, di cui gli uomini sono privi, appartiene alle donne.

Con un battito d'ali, il dio Corvo creò gli oceani. Con un altro battito d'ali, creò il mondo. Il dio Corvo aveva le fattezze[1] di un uomo e al contempo[2] di un corvo. Con un colpo di becco cambiava immediatamente sembianze, in uccello o in uomo. Era prodigioso vederlo trasformarsi a quel modo: sembrava estraesse dalle sue piume una maschera di pelle, e dalla sua pelle una maschera di piume.

Uno strano frutto

Il mondo che aveva creato era di un nero profondo, simile al piumaggio della taccola[3]. Il dio Corvo aveva fatto le montagne e le valli, i picchi e le distese ghiacciate, dove soffiavano venti sferzanti. Nella terra aveva seminato baccelli di pisello.
Nel giro di cinque giorni, uno di quei baccelli di pisello si aprì e comparve un uomo. Aveva le guance secche, lo stomaco annodato dalla fame e le vertigini. Bevve l'acqua di una pozzanghera e si sentì meglio.
Il dio Corvo non assistette alla nascita del primo uomo: in quel momento, stava volando sul mondo. Si librava[4] al di sopra delle terre: delle terre aride, delle terre umide, delle terre verdi, delle terre ocra[5], delle terre che circondavano le acque, sopra i grandi deserti, sopra le colline, le pianure, i laghi e le montagne, sopra i mari circondati dalle terre, sopra gli oceani così vasti da nascondere le rive che si trovano al di là delle curve azzurre delle acque.

1 **le fattezze**: l'aspetto.
2 **al contempo**: allo stesso tempo.
3 **taccola**: uccello simile a un corvo, con il piumaggio nero e la parte inferiore della testa grigia.
4 **Si librava**: volava.
5 **ocra**: di colore giallo-rossastro.

Quando il dio Corvo vide qualcosa muoversi là sotto, scese in picchiata sulla terra. Si trovò allora becco a naso con l'uomo.

La prima chiacchierata

Il Corvo e l'uomo restarono a lungo in silenzio a fissarsi. Non facevano nessun gesto, si guardavano e basta. L'uomo fissava con i suoi occhi verdi il Corvo, il Corvo fissava con i suoi occhi neri l'uomo. Il dio Corvo parlò per primo:
– Chi sei dunque? Da dove vieni?
Alla prima domanda del dio Corvo, l'uomo non trovò risposta. Ma rispose alla seconda:
– Provengo da quel baccello di pisello, – disse puntando un dito in direzione del luogo in cui si trovava il baccello di pisello aperto.
Il Corvo fissava l'uomo e il baccello di pisello che si stava seccando al sole, e i suoi occhi correvano dall'uno all'altro, dall'uomo al baccello di pisello, dal baccello di pisello all'uomo. Era incredibile che quell'uomo affermasse di venire da un baccello di pisello. Ma visto che il dio Corvo aveva creato i baccelli di pisello, non aveva dubbi che questi potessero anche contenere degli esseri umani.
L'uomo gli sembrava simpatico. Si torceva le dita delle mani, si sistemava e risistemava i capelli, abbassava gli occhi sui piedi nudi. Il Corvo lo intimidiva: parlava, faceva domande e fissava lui e il baccello di pisello. Le guance dell'uomo si imporporarono[6].
– Hai fame? – gli chiese allora il dio Corvo.
– Certo! – rispose l'uomo. – Ho bevuto solo un po' di quell'acqua.
Puntò il dito in direzione di una piccola pozzanghera.
– Aspettami qui! – disse il dio Corvo.
E volò via.

Un piccolo dono

L'uomo attese per quattro giorni. Quando il dio Corvo ritornò, teneva nel becco due fragole e due more. Le appoggiò delicatamente ai piedi dell'uomo.
– Sono per te, – disse il dio Corvo. – Ora riempiranno la Terra e sarà sufficiente che tu le raccolga.
L'uomo mangiò in un sol boccone le due fragole e le due more. Poi sorrise. I suoi denti erano diventati del colore dei frutti, ma le sue guance erano ancora molto pallide: due fragole e due more non sono sufficienti a nutrire un uomo. Il dio Corvo doveva trovare qualcosa per riempirgli lo stomaco. Salutò l'uomo e gli promise di tornare al più presto.

6 si imporporarono: divennero rosse. Nei confronti della divinità l'uomo si mostra timido e impacciato.

Animali in pericolo

Al riparo dalla vista dell'uomo, il dio Corvo si trasformò in uomo con un colpo di becco. Poi prese dell'argilla e plasmò due grosse pecore, donò loro vita e le pecore cominciarono a brucare l'erba. Il dio Corvo diede vita allo stesso modo a centina di pecore.
L'uomo le vide brucare sulle colline, e non riusciva a distogliere lo sguardo. Il suo stomaco si contorceva dalla fame. Si avvicinò più che poté, tremando, al gregge e saltò sulla prima bestia che gli passò vicino. Affondò il viso nella lana e le morse il collo e i garretti[7].
Affinché l'uomo non mangiasse tutte le pecore in una volta sola, il dio Corvo decise allora di trasferirle in montagna.
Creò in seguito i pesci, gli uccelli e le altre bestie, e con un battito d'ali donò loro vita. Poi mise ognuna di quelle creature al riparo, al sicuro dalla fame dell'uomo. Mise i pesci nell'acqua e gli uccelli in cielo perché riposassero sui rami degli alberi, troppo alti per le brame[8] dell'uomo.

I primi cacciatori

Da altri baccelli di pisello nacquero nuovi uomini, e tutti avevano la stessa aria stravolta e affamata. Erano pallidi e appena usciti dal terreno correvano in tutte le direzioni alla ricerca di cibo: saltavano in aria, le braccia tese verso gli uccelli, si immergevano nei fiumi quando vedevano il riflesso argenteo di un banco di pesci scintillare sotto i loro occhi, correvano al limite dei precipizi delle montagne, a caccia di pecore.
Per calmare l'ardore degli uomini, il dio Corvo creò l'orso bruno. Con un solo colpo di zampa l'orso bruno poteva uccidere dieci uomini affamati. Allora l'uomo conobbe la paura e cominciò a riflettere. Divenne cacciatore.

7 garretti: parte posteriore delle zampe vicina ai calcagni.

8 brame: desideri.

Quei primi cacciatori erano lenti, pesanti, violenti. I loro riflessi erano goffi. Invece di addomesticare le bestie, le cacciavano. Invece di costruire recinti, fabbricavano armi con pietre legate con lo spago in cima ai bastoni. Le giornate degli uomini erano fatte di lunghi combattimenti contro le bestie. I loro stomaci erano perennemente contesi tra la paura e la fame.

Finalmente una soluzione

Finché da un baccello di pisello uscì la prima donna e formulò finalmente un pensiero assennato[9].

da Reiss-Tjoyas, *Il mondo prima del mondo*, Einaudi

9 un pensiero assennato: il mito finisce qui, senza rivelarci quale pensiero assennato abbia formulato la donna: probabilmente non vuole alludere a un pensiero particolare, ma intende attribuire alla donna la capacità di orientare il proprio comportamento sulla base della riflessione razionale, laddove, fino a quel momento, l'uomo aveva agito solo sulla base di istinti (paura e fame).

competenze alla prova

LEGGO E...

... COMPRENDO

1. **In che modo il dio Corvo crea il mondo e gli oceani?**
2. **Da dove ha origine, invece, l'uomo?**
3. **In quale momento l'uomo compare sulla terra?**
   - ☐ Prima degli oceani e degli animali
   - ☐ Prima degli animali e dopo gli oceani
   - ☐ Contemporaneamente alle montagne e agli animali
   - ☐ Dopo che tutto il resto è già stato creato
4. **Quale sentimento spinge l'uomo a iniziare a riflettere?**

... RICAVO DAL TESTO

5. **Quali sono le prime sensazioni fisiche provate dall'uomo? Sono positive o negative?**
6. **Nei confronti dell'uomo, il dio Corvo si preoccupa solo di rendergli la vita comoda?**

... ANALIZZO E INTERPRETO

7. **Che cosa significa il fatto che il dio Corvo non sia presente alla nascita del primo uomo e che successivamente lo osservi con un certo stupore?**
   - ☐ L'uomo è nato per errore
   - ☐ Il dio Corvo considera l'uomo la più sciocca tra le sue creature
   - ☐ Il dio Corvo considera l'uomo migliore delle altre creature ma non vuole che si inorgoglisca
   - ☐ Per il dio Corvo tutte le cose create hanno la stessa importanza
8. **Quali sono i comportamenti dell'uomo che ci fanno capire che è in imbarazzo di fronte al dio Corvo?**
9. **La nascita della donna è considerata nel brano:**
   - ☐ senza nessun giudizio positivo o negativo
   - ☐ in modo in parte positivo, in parte negativo
   - ☐ in modo molto negativo
   - ☐ in modo molto positivo

ORA SCRIVO IO

10. **Prova a continuare la storia. Scegli tu la traccia (o le tracce) che preferisci e costruisci un finale.**
    - La donna consiglia di piantare i semi nella terra e aspettare che crescano, in modo da avere frutta e verdura in abbondanza.
    - La donna consiglia di costruire recinti per gli animali e allevarli in modo da avere latte e carne in abbondanza.

scheda

Il matriarcato

I primi uomini che hanno popolato la terra sono stati raccoglitori di frutti e bacche e cacciatori di bestie selvatiche, e solo successivamente l'umanità ha imparato a coltivare la terra e ad allevare animali. Questo mito ci ricorda le difficoltà delle prime tappe dell'evoluzione umana, quando l'uomo, spinto dal bisogno di cibo ma ancora incapace di seminare e allevare, faceva uso della forza per sopravvivere, non sempre ottenendo risultati soddisfacenti.

Il racconto può essere compreso più a fondo se consideriamo che anticamente gli Inuit avevano una struttura sociale in cui le donne avevano una posizione dominante nell'organizzazione della vita del villaggio e prendevano le decisioni più importanti (matriarcato): questo mito di creazione interpreta la supremazia delle donne come una conseguenza dell'incapacità degli uomini di badare a se stessi e di agire in modo razionale.

- La donna consiglia di cercare altri popoli che abbiano maggiore disponibilità di cibo.
- Altro (scegli tu come continuare).

11 Seguendo lo schema fornito dai titoli delle sequenze, riassumi il contenuto del brano.

- Uno strano frutto ➲
- La prima chiacchierata ➲
- Un piccolo dono ➲
- Animali in pericolo ➲
- I primi cacciatori ➲
- Finalmente una soluzione ➲

FILOFILE

12 Cerca su Internet altre notizie sul modo di vivere degli Inuit, che portino nuove conoscenze rispetto alla breve presentazione di pag. 23.

I Maya

L'impero dei Maya.

La cultura maya

L'impero dei Maya fu, insieme a quelli degli Aztechi e degli Incas, uno dei principali imperi precolombiani. La civiltà maya fiorì infatti prima dell'arrivo di Colombo, nell'**America centrale** e più in particolare nella penisola dello Yucatan (Messico) e nelle attuali regioni del Guatemala e del Belize. Il periodo di maggiore espansione culturale ed economica dei Maya si ebbe nel **primo millennio della nostra era**, quando questo popolo di agricoltori (famosi per la coltivazione del mais) raggiunse importanti conoscenze anche in ambito matematico e astronomico e una notevole floridezza economica. I Maya seppero costruire imponenti piramidi e fastosi palazzi, nonché grandi sculture in pietra e raffinati oggetti artistici. I loro principali centri furono Chichén Itzá e Tulum. Dall'800 d.C. iniziò la decadenza, dovuta forse a uno sfruttamento troppo intensivo del territorio e agli eccessivi disboscamenti oppure a guerre interne.
I Maya, che erano una **società teocratica**, in quanto governati da sacerdoti, ci hanno lasciato numerose ed estese iscrizioni in una scrittura solo in parte decifrata, ma comunque utili per ricostruirne la storia e le tradizioni che la conquista spagnola ha progressivamente cancellato. Oggi, di questa antica civiltà, sopravvivono alcuni dialetti locali e manifestazioni religiose e culturali.

Le conoscenze scientifiche

Tempio maya di Chichén Itzá (Yucatan, Messico), utilizzato per le osservazioni delle stelle e dei pianeti dai sacerdoti-astronomi maya.

I Maya raggiunsero un alto livello di conoscenza nel campo della **matematica**, dove utilizzavano un sistema di numerazione visagesimale (cioè basato sul numero venti), e soprattutto dell'**astronomia**, al punto che i loro sacerdoti erano in grado di prevedere le eclissi con grande precisione. Il loro calendario era basato sulla successione di 18 mesi, ciascuno di 20 giorni, cui si aggiungeva un diciannovesimo mese di soli 5 giorni, per un totale dunque di 365.

La religione

Quetzalcoatl, il Serpente Piumato. Il volto del dio si affaccia tra le fauci spalancate del serpente (Parigi, Musée du Quai Branly).

Nel campo della religione, i Maya furono **politeisti**. Gli dèi principali erano una dozzina e si configuravano come esseri soprannaturali caratterizzati da attributi legati al mondo animale o vegetale, di solito combinati con forme umane. Tra le divinità supreme vi era **Gucumatz**, detto anche Kukulcàn o Quetzalcoatl a seconda delle zone e delle epoche. Spesso raffigurato come serpente-uccello, Gucumatz riuniva in sé il principio maschile e femminile, cioè i princìpi della nascita e della riproduzione: il serpente (a sonagli) era simbolo della terra, mentre l'uccello rappresentava l'incarnazione del cielo, che, secondo la mitologia maya, preesisteva alla creazione della terra.

Il *Popol Vuh*

Tra i testi scritti più significativi va ricordato il *Popol Vuh*, una raccolta di documenti scoperti nel XVIII secolo da un frate domenicano, che tradusse l'opera in spagnolo. Il *Popol Vuh* si suddivide in quattro parti: tre sono dedicate a **miti e leggende** della cultura maya, la quarta ha un vero e proprio **carattere storico** e riporta gli avvenimenti più importanti di un particolare gruppo maya, i Quiché (nome che significa "Molti alberi").

E la luce fu

La leggenda della creazione del mondo è riportata nel *Popol Vuh*, un'opera che raccoglie miti e leggende del popolo maya. In questo brano in particolare sono spiegate le ragioni e le caratteristiche della creazione, fortemente voluta dalle due divinità maggiori, che fino ad allora erano vissute nel totale immobilismo e nella completa oscurità. L'atto della creazione, dunque, si configura come momento di gioia e di luce, due motivi che vengono ampiamente sottolineati nel racconto maya.

In quel tempo un silenzio incredibile avvolgeva l'universo: tutto era calmo e immobile. Non c'erano pietre, alberi, né pesci né uccelli. Solo il cielo esisteva, e il mare immenso. Non si scorgevano foreste, né monti. Nessun rumore, né fruscìo, né un piccolo suono. Niente. Infinito si estendeva il cielo e, sotto di lui, il mare, immobile e silenzioso. Nell'oscurità, nella notte senza tempo, non c'era nulla che si ergesse in piedi, che fosse dotato d'un soffio di vita.

Solo esistevano Gucumatz e Hurakan. Il primo era il dio Costruttore, il Padre e la Madre che splendono sullo specchio immenso delle acque, il dio avvolto nel manto di piume azzurre, come ben dice il suo nome: "Nostro Signore il Serpente, dalle piume di Quetzal", la divinità suprema, che riunisce in sé il principio maschile e femminile. Il secondo, Hurakan, "il Lampo", il "Cuore del cielo", ecco la Triade[1] che regnava negli spazi infiniti del cielo.

Ma ecco che gli dei decisero di incontrarsi. Tra loro confrontarono i pensieri e le parole; decisero di dare inizio alla vita e alla luce, e concordarono chi, fra gli dei, doveva essere il Conservatore e il Sostenitore, colui cioè che avrebbe prodotto il cibo.

1 la Triade: Hurakan è composto da tre divinità, quelle del fuoco, del vento e delle tempeste.

Così, dall'oscurità di una notte impenetrabile[2], nacquero la terra e l'universo tutto. L'alba apparve per la prima volta all'estremità del mondo, quando la voce possente[3] degli dei ruppe il silenzio che durava da sempre: – Si riempia l'abisso. Le acque si ritirino nei loro confini, emergano le terre e si consolidino.

– Terra! – dissero gli dei. E in un istante le terre emersero dalle acque. Dapprima come polvere, come una brina di nuvole; poi, man mano, sempre più solide: da un amalgama[4] confuso e fangoso ben presto si formarono le pianure, emersero colline e montagne, che subito vennero rivestite da un mantello di erbe e di boschi. Pini e cipressi e ogni specie di albero ricoprirono la terra.

Gli dei fissarono il tempo della luce e delle tenebre: stabilirono quando sarebbe apparsa l'alba e quando il sole avrebbe dovuto nascondersi all'orizzonte. Spuntarono i fiori a colorare il creato.

L'animo del dio Gucumatz era colmo di gioia: – La tua venuta è stata una buona idea, Hurakan, cuore del cielo! – esclamò il dio avvolto nel manto di piume.

– Quello che abbiamo creato sarà portato a compimento – rispose la Triade.

Dalle montagne ruscelli e torrenti scendevano allegramente, mentre nelle pianure, lenti e sornioni[5], i fiumi disegnavano ampie anse nel loro pigro viaggio verso il mare.

Dopo aver meditato, gli dei dissero: – Creiamo i guardiani dei boschi e i geni[6] della montagna. Rompiamo il silenzio che regna sulla terra, diamo vita a creature viventi che cantino le nostre lodi.

Animali d'ogni specie apparvero all'improvviso per abitare la terra: strisciavano, volavano, guizzavano veloci nelle acque dei fiumi e del mare. Di ognuno gli dei stabilirono le dimore: – Voi, cervi e stambecchi, abiterete tra le erbe e gli sterpi, lungo i corsi dei fiumi e nelle gole profonde. Camminerete sulle quattro zampe e vi moltiplicherete.

Questo fu detto dagli dei e questo accadde.

– E voi uccelli, piccoli e grandi, vivrete tra i rami e le liane[7]. Lì costruirete i vostri nidi e vi moltiplicherete –.

Così i volatili di tutta la terra presero dimora nei boschi e nelle foreste. Tigri e buoi, bisce e serpenti, puma e giaguari si sparsero in ogni angolo del mondo. Risuonavano alle loro orecchie gli ammonimenti degli dei: – Ognuno si esprima secondo le proprie capacità: gorgheggiate, ululate, fate sentire la vostra voce. Ma soprattutto parlate agli dei che vi hanno creato: invocateli, adorateli con la vostra preghiera.

2 impenetrabile: fitta, densa, che non può essere penetrata.

3 possente: potente.

4 amalgama: mescolanza, impasto di elementi diversi.

5 sornioni: dal comportamento che pare impassibile e che non lascia intendere la propria natura interiore.

6 geni: qui "esseri protettori".

7 liane: piante caratteristiche delle foreste tropicali, dal fusto di legno sottile e molto allungato, che si appoggiano ad altre piante formando un fitto intreccio.

La terra si riempì di strani suoni; nella notte le foreste si animarono di grida, ululati, fischi acutissimi e sommessi[8] gracidii. Ciascun animale lodava a suo modo gli dei.
Dall'alto Gucumatz e Hurakan osservavano compiaciuti l'opera della creazione. La terra ora era luminosa, vibrante, piena di vita e di voci. Solo una cosa non li soddisfaceva: il linguaggio degli animali. Le loro voci salivano al cielo, ma nessun animale sembrava essere capace di lodare il suo creatore con la devozione del cuore.
Dopo vari tentativi gli dei, rivolti a tutte le bestie che abitavano la terra, dissero: – Voi, creature che avete ricevuto la vita, il cibo e un

8 sommessi: contenuti, bassi.

competenze alla prova

LEGGO E...

... COMPRENDO

1 **Che cosa esisteva prima della creazione?**

2 **Quali sono le due divinità che danno vita alla creazione?**
- ☐ Gucumatz
- ☐ Quetzal
- ☐ Hurakan
- ☐ L'universo

3 **Qual è il primo elemento che viene creato dopo che per la prima volta l'alba apparve all'estremità del mondo?**

4 **Di che cosa sono scontenti gli dèi, riguardo agli animali?**

... RICAVO DAL TESTO

5 **Con il creato nasce anche l'idea di tempo. Individua nel brano il passo che può confermarlo.**

6 **L'uomo, dopo la sua creazione, è destinato:**
- ☐ a vivere soffrendo perché attaccato dagli altri animali
- ☐ a vivere senza avere contatto con gli animali, ritenuti inferiori
- ☐ a vivere in solitudine e con poche soddisfazioni
- ☐ a vivere da dominatore all'interno del creato

7 **Quale rapporto avrà in seguito l'uomo con gli altri animali? Motiva la tua risposta.**

... ANALIZZO E INTERPRETO

8 **All'inizio, prima della creazione, regna soprattutto:**
- ☐ uno stato di confusione e agitazione
- ☐ uno stato di serenità e pacatezza
- ☐ uno stato di calma e immobilità
- ☐ uno stato di silenzio e oscurità

9 **Indica se le seguenti affermazioni sono vera V o falsa F.**
- Gli dèi creano il mondo perché si sentono soli. V F
- All'inizio regnano il silenzio e l'oscurità. V F
- Prima viene creata la terra, poi l'essere umano, infine gli animali. V F
- Gli dèi, nel corso della creazione, sono sostanzialmente soddisfatti del loro lavoro. V F
- Ben presto gli dèi si pentono amaramente di aver creato gli animali. V F
- L'uomo è destinato a dominare sulla terra e sugli animali. V F
- Secondo il mito maya, l'essere umano è superiore alle altre creature della terra. V F

ORA SCRIVO IO

10 **Completa il riassunto del brano.**

In origine regnavano ....
Allora due divinità, di nome ....

ambiente confortevole dove abitare, ancora non avete imparato a ringraziare e a lodare chi vi ha creato. Continuate pure a vivere come avete sempre fatto. Ma noi, dei del cielo e della terra, abbiamo deciso di donare la vita a una creatura che sappia ubbidire, lodare e adorare le divinità. Egli dominerà sul vostro destino, si ciberà delle vostre carni e sarà il re del creato.
Riuniti negli abissi del cielo, gli dei avevano deciso: avrebbero creato l'uomo e la donna.

da E. Fasolini, *E la luce fu*, EMI

.... decisero di .... e concordarono tra loro chi dovesse essere .... e chi .... Prima ordinarono che .... e così si formarono .... Dopo che queste furono create, vennero ricoperte di .... e dalle loro cime scorrevano ...., che disegnavano .... Perché ci fossero i guardiani dei boschi ed esseri che cantassero ...., gli dèi crearono .... Poiché però gli animali lodavano ciascuno a suo modo gli dèi, questi ultimi decisero di dar vita a ....: così furono creati ....

C'È STILE E STILE

11 **Per descrivere la formazione delle montagne, sono usate delle similitudini. Sottolineale nel testo.**

12 **Quale figura puoi riconoscere nelle espressioni per cui i fiumi sono definiti "sornioni" e il loro viaggio verso il mare "pigro"?**

- ☐ Una personificazione
- ☐ Una metafora
- ☐ Una similitudine
- ☐ Un'onomatopea

FILOFILE

13 **Svolgi una breve ricerca su internet a proposito dell'uccello sacro quetzal, componendo un testo di circa 300 battute.**

ANALIZZO L'IMMAGINE

14 **A quale momento della creazione si riferisce l'immagine qui riprodotta? Quale figura rappresenta Gucumatz e quale Hurakan? Motiva la tua risposta.**

I Kayapò

Il territorio dei Kayapò.

Dopo la scoperta dell'America

Dopo la scoperta dell'America da parte di Colombo nel 1492, alcuni imperi europei cominciarono a guardare a queste nuove regioni come terre di conquista e di sfruttamento. In particolare la Spagna e il Portogallo presero di mira gli sconfinati territori dell'America del Sud, che furono progressivamente sottomessi con azioni spietate e cruente. La maggior parte dei popoli che abitavano quelle terre da millenni venne ridotta in schiavitù o falcidiata dalle nuove malattie provenienti dall'Europa.

Il popolo kayapò

Poche sono le popolazioni originarie sopravvissute all'espansione europea nel Sud America. Tra questi ricordiamo i *Kayapò*, un popolo di coltivatori e cacciatori stanziato nel **Mato Grosso**, nel Brasile centrale, in villaggi di 500/600 persone. Il nome significa "coloro che sembrano scimmie" ed è dovuto probabilmente al fatto che i

Bambini kayapò, dipinti con i colori rituali.

Kayapò, nel celebrare i riti religiosi, indossano maschere dal volto di scimmia. Ma il termine con cui essi si autodefiniscono è *Mebêngôkre*, che significa "gli uomini che vengono dall'acqua", per sottolineare il loro **stretto rapporto con il Rio delle Amazzoni**. Nelle loro feste e danze, ancor oggi i Kayapò celebrano i miti delle origini, il tempo degli antenati, il rapporto con l'ambiente naturale. Nel corso di queste feste, sono soliti indossare piume colorate e dipingersi il corpo con decorazioni in nero e rosso. Questo popolo amazzonico, fiero e geloso della sua autonomia e delle sue tradizioni, lotta con energia per difendere la sua identità, cercando innanzitutto di arginare l'avanzata delle multinazionali che puntano allo sfruttamento delle enormi risorse della foresta pluviale, praticando una selvaggia opera di deforestazione che crea squilibri gravissimi all'ambiente.

E l'indio venne sulla Terra

Nei miti di creazione di tutti i popoli del mondo, un posto particolarmente importante viene riservato alla nascita o alla creazione dell'uomo. Talvolta possiamo trovare interessanti variazioni sul tema: nel brano qui proposto l'uomo esiste già, ma non abita ancora sul nostro pianeta. Com'è riuscito ad arrivarci? Così lo spiegano, con fervida immaginazione, i Kayapò.

Anticamente, gli indios abitavano nel Cielo e nessuno di loro conosceva la Terra.

Un giorno un cacciatore si imbatté in un armadillo e cominciò a inseguirlo, avvicinandosi sempre di più alla preda. L'armadillo stava per essere raggiunto quando vide la sua tana e vi si infilò fino a raggiungere il fondo. Il cacciatore non si perse d'animo e cominciò a scavare. Scava e scava, riuscì ad agguantare l'armadillo. Stava per cantare vittoria quando il fondo del cunicolo si aprì e solo per miracolo riuscì ad aggrapparsi con tutte le sue forze al ciglio della voragine che si era aperta.

Così rimase a dondolare nel vuoto, dapprima paralizzato dalla paura, poi sbalordito dalla visione che si era aperta sotto di lui. Ai suoi occhi meravigliati si presentava uno spettacolo di indescrivibile bellezza: uno sconfinato arcobaleno, fatto di tante sfumature di verde, di cui non si riusciva a vedere né l'inizio né la fine.

Allora, riavutosi dalla sorpresa, corse subito a chiamare i compagni, che lo seguirono incuriositi e restarono attoniti a osservare dal bordo della voragine. Dall'arcobaleno verde si sprigionava un calore che giungeva fino a loro, impregnato di mille odori nuovi, mentre l'aria era attraversata dal canto di una miriade di uccelli che si richiamavano l'un l'altro da ogni angolo di quello sconfinato verde, mentre le farfalle svolazzavano tranquillamente posandosi sui fiori colorati.

Capirono allora che l'arcobaleno era la grande foresta. Fiumi chiari si alternavano a quelli scuri: quando le loro acque si mescolavano, il colore acquistava sfumature di incomparabile bellezza.

I pesci erano così numerosi da non trovare quasi posto nell'acqua, così che ogni tanto li si vedeva saltare di qua e di là. Gli alberi erano ricurvi malgrado non spirasse un alito di vento: capirono che a curvare i rami era il peso della frutta, abbondante e profumata.

Pensarono che, se tanta era la frutta, altrettanto ricca dovesse essere la selvaggina.
Gli indios si guardarono tra loro sbigottiti e decisero senza esitare di trasferirsi in quel luogo meraviglioso. Ma come fare per scendere dal Cielo sulla Terra?
Il consiglio degli anziani si riunì e decise di fare una fune, unendo tra loro tutti i bracciali e le collane della tribù: ne risultò un filo robusto che, con l'aiuto di tutti, arrivò a una lunghezza sufficiente per raggiungere la Terra. Fu così che pian piano gli indios cominciarono a scendere, aggrappati alla fune. La maggior parte raggiunse la terra e si sparpagliò nella foresta per popolarla. Qualcuno, invece, non convinto della visione e presagendo[1] che la vita su quella terra non sarebbe stata così bella come appariva, decise di restare lassù.
Quando quasi tutti i guerrieri furono scesi sul pianeta, un bambino dispettoso tagliò con un coltellino la fune, di modo che nessuno più poté scendere sulla Terra.
Così nel Cielo rimasero alcuni indios e i loro fuochi si notano ancora oggi nella notte: sono le stelle...

da *Leggende dell'Amazzonia brasiliana*, selezionate da A. Lo Curto, Edizioni dell'Arco

1 presagendo: prevedendo.

competenze alla prova

LEGGO E...

... COMPRENDO

1. **Dove vivevano anticamente gli indios?**
   - ☐ In cielo
   - ☐ Sotto la terra
   - ☐ Sulla terra
   - ☐ Su un altro pianeta
2. **Seguendo quale animale un indio scopre la Terra?**
3. **Dall'alto gli indios vedono un grande arcobaleno. Di che cosa si tratta?**
4. **Come riescono gli indios a scendere sulla Terra?**
5. **Non tutti gli indios scendono sulla Terra, per due motivi. Quali sono precisamente?**

... RICAVO DAL TESTO

6. **Perché l'indio, dopo aver visto la Terra, va a chiamare i suoi compagni? Motiva la risposta.**

... ANALIZZO E INTERPRETO

7. **Il nuovo luogo scoperto dagli indios appare loro meraviglioso. Sottolinea nel brano le descrizioni che confermano questa impressione.**
8. **La leggenda non solo fa capire come sono arrivati gli uomini sulla Terra, ma spiega anche un particolare fenomeno naturale. Quale?**

ORA SCRIVO IO

9. **Scrivi una breve descrizione, di dieci-quindici righe, di un posto che a te è apparso assolutamente straordinario e meraviglioso.**

UN MONDO DI PAROLE

10. **Spiega, con sinonimi o parole tue, il significato dei seguenti termini o espressioni:**
    - si imbatté ➲ ....
    - cunicolo ➲ ....
    - al ciglio della voragine ➲ ....
    - sconfinato ➲ ....
    - si sprigionava ➲ ....
    - impregnato ➲ ....
    - miriade ➲ ....
    - sbigottiti ➲ ....

Verifica delle abilità

Kóoch, il creatore della Patagonia

La Patagonia è una vasta regione nell'America del Sud, che comprende la parte meridionale dell'Argentina e del Cile. Non sappiamo di preciso in quale periodo, dopo lunghe migrazioni, si siano stanziati in questo territorio i Tehuelches, popolo oggi ridotto a poche migliaia di individui, a causa dello sterminio provocato dalla conquista spagnola a partire dal XVII secolo. Qui proponiamo la parte iniziale di un mito sulla nascita dell'universo secondo le convinzioni dei Tehuelches.

Paesaggio della Patagonia.

Secondo quanto dicono i Tehuelches, moltissimo tempo fa non c'era né terra né mare né sole... Esisteva solamente la densa umidità delle tenebre. E al suo interno viveva l'immortale Kóoch.
Nessuno sa perché un giorno Kóoch, che era sempre bastato a se stesso, si sentì molto solo e si mise a piangere. Pianse tante lacrime, per così tanto tempo, che sarebbe impossibile raccontarlo. E con il suo pianto si formò il mare, l'immenso oceano a perdita d'occhio.
Quando Kóoch si rese conto che l'acqua aumentava e che stava per coprire tutto, smise di piangere e sospirò. Questo sospiro così profondo fu il primo vento, che iniziò a soffiare costantemente, facendosi strada nella nebbia e agitando il mare.
Alcuni dicono che accadde così, per le raffiche di vento la nebbia si dissipò e apparve la luce; ma altri pensano che fu Kóoch a inventare il chiarore. Raccontano che, in mezzo all'acqua e avvolto nell'oscurità, desiderò contemplare lo strano mondo che lo circondava. Si allontanò un poco attraverso il nero spazio e, siccome non poteva vedere nitidamente, alzò il braccio, e il gesto produsse uno squarcio enorme nelle tenebre. Dicono anche che il movimento della sua mano avesse originato una scintilla, e che questa scintilla si fosse trasformata nel sole.
Xáleshen, come i Tehuelches chiamano il grande astro, si alzò sul mare e illuminò questo paesaggio magnifico: l'immensa superficie ondulata dal vento, al cui soffio ogni onda si ripiegava fino a disfarsi sotto il suo tocco di schiuma.
Il sole formò le nubi, che da quel momento si misero a vagare, infaticabili, nel cielo, sfumando l'acqua con la loro ombra, dipingendola con grandi macchie scure. E il vento le spingeva a suo piacere, a volte dolcemente, a volte in modo così violento che le faceva sbattere tra loro. Allora le nubi si lamentavano con tuoni roboanti e minacciavano con lo splendore vendicatore dei lampi.
Quindi Kóoch si dedicò al suo capolavoro. Dapprima fece emergere dall'acqua un'isola molto grande, poi vi collocò animali, uccelli, insetti e pesci. E il vento, il sole e le nubi trovarono così bella l'opera di Kóoch che si misero d'accordo per renderla duratura: il sole illuminò e scaldò la terra, le nubi lasciarono cadere la pioggia be-

nefattrice, il vento si moderò per lasciar crescere i pascoli... la vita era dolce nella pacifica isola di Kóoch. A quel punto il Creatore, soddisfatto, si allontanò attraversando il mare.

da J. Saltzmann, *Leggende della Patagonia*, Mondadori

Leggi con attenzione il brano, poi rispondi alle domande.

totale punti: 20 **sufficienza punti: 12**

1 Dove viveva in principio l'immortale Kóoch? (1 punto)

- ☐ Nell'isola che è il suo capolavoro
- ☐ Nel mare
- ☐ All'interno della densa umidità delle tenebre
- ☐ Nell'immensa superficie ondulata del vento

2 Perché un giorno Kóoch si mette a piangere? (1 punto)

....

3 Con che cosa si forma il mare? (1 punto)

....

4 Da che cosa si forma il primo vento? (1 punto)

....

5 Ci sono due ipotesi diverse sulla nascita della luce. Quali? (2 punti per risposta, 4 punti)

....

....

6 Da che cosa nasce il sole? (2 punti)

....

7 Qual è il nome del sole nella lingua dei Tehuelches? (2 punti)

....

8 Il paesaggio che crea Kóoch è definito come: (1 punto)

☐ incredibile ☐ strano ☐ magnifico ☐ assurdo

9 Qual è il capolavoro di Kóoch? (1 punto)

....

10 Un elemento della creazione è definito "benefico". Quale e perché? (fino a 3 punti)

....

11 Chi è il Creatore di cui si parla in conclusione del brano? (1 punto)

....

12 Il risultato di questa creazione dà un'idea: (2 punti)

- ☐ di incertezza e indecisione
- ☐ di noia e solitudine
- ☐ di ansia e paura
- ☐ di dolcezza e serenità

l'ira degli dèi

Allora il Signore Dio disse all'uomo «Poiché hai mangiato dell'albero, di cui ti avevo comandato: Non ne devi mangiare, maledetto sia il suolo per causa tua! Con dolore ne trarrai il cibo per tutti i giorni della tua vita. Spine e cardi produrrà per te e mangerai l'erba campestre. Con il sudore del tuo volto mangerai il pane; finché tornerai alla terra, perché da essa sei stato tratto: polvere tu sei e in polvere tornerai!».

rid. e adatt. da *Genesi* 13-19, in *La Bibbia*, CEI

Quasi tutti i miti spiegano l'origine della Terra attraverso il gesto creatore di una divinità che partendo dal nulla o dal caos genera le varie specie viventi.

Spesso però il mondo non si rivela affatto ospitale nei confronti degli uomini, gli esseri più simili agli dèi per aspetto esteriore e qualità morali, che sono afflitti da sofferenze, malattie e avversità climatiche che ostacolano la loro vita mettendone a repentaglio la stessa sopravvivenza.

Una delle spiegazioni mitiche più ricorrenti è che queste disgrazie siano la conseguenza del comportamento immorale e scorretto degli uomini, che avrebbe spinto gli dèi a punirli inviando sulla terra calamità di ogni genere.

I miti tendono tuttavia a sottolineare che anche quando le divinità sembrano animate da spirito di vendetta, i loro gesti hanno principalmente la funzione di ristabilire l'equilibrio che è stato rotto dall'umanità, e che i loro castighi non sono frutto di un'immotivata crudeltà ma vanno piuttosto considerati un mezzo per costringere gli uomini a ricordare i propri limiti: i racconti che hanno come argomento l'**ira degli dèi** assolvono quindi alla duplice funzione di spiegare fenomeni dolorosi e incomprensibili e ricordare il modo in cui occorre comportarsi nei confronti del mondo soprannaturale.

Il diluvio universale

Il diluvio nelle mitologie antiche

Nelle mitologie di tutti i popoli antichi esistono racconti che hanno come tema il **diluvio universale**, cioè uno spaventoso allagamento causato da piogge e inondazioni, al quale sopravvive, grazie alla benevolenza di una divinità, un solo individuo che salva se stesso, i propri familiari e le specie vegetali e animali necessarie per la rinascita della vita sulla Terra.
Questi racconti si ritrovano nella cultura mesopotamica e in quella greca, in Australia e in America del Sud, tra gli Indiani d'America e in Cina. Poiché sono molto simili tra loro, hanno suscitato negli studiosi una domanda: è possibile che dietro questi miti ci sia un **evento reale** che, in tempi molto lontani, ha effettivamente colpito la Terra e il cui ricordo è rimasto nei diversi popoli del globo?

L'Arca di Noè, miniatura del XVI secolo (Istanbul, Museo del Palazzo di Topkapi).

L'ipotesi geologica dell'ultima glaciazione

Non esiste una risposta sicura a questo interrogativo, ma alcuni studiosi hanno formulato un'ipotesi suggestiva. Durante il Pleistoicene, un'era geologica che ebbe inizio circa 2 milioni e mezzo di anni fa e si concluse approssimativamente nel 10 000 a.C., si verificarono numerose **glaciazioni**, cioè periodi nei quali il ghiaccio ricopriva un'ampia parte della superficie terrestre; alle glaciazioni seguivano fasi in cui la temperatura aumentava e scioglieva i ghiacciai, provocando **inondazioni eccezionali** che sommergevano ampie zone costiere.
L'ultima glaciazione del Pleistocene si verificò circa 12 000 anni fa quando gli esseri umani già popolavano la terra e avevano acquisito la capacità di ricordare e raccontare gli eventi cui assistevano.
Il mito del diluvio universale potrebbe quindi essere la trascrizione dei racconti trasmessi oralmente per migliaia di anni relativi agli spaventosi allagamenti causati dallo scioglimento dei ghiacciai. E poiché i miti hanno la funzione di fornire spiegazioni credibili e comprensibili a eventi misteriosi, questi fenomeni eccezionali vennero interpretati come una manifestazione della collera degli dèi, dovuta ai comportamenti malvagi degli esseri umani.

Il diluvio universale nella Bibbia

Il racconto del diluvio universale che ti presentiamo nelle pagine seguenti è tratto dalla *Bibbia*, il testo sacro di ebrei e cristiani, ed è uno dei più noti della nostra tradizione culturale. Esso presenta straordinarie somiglianze con un racconto proveniente dall'area della Mesopotamia e contenuto nell'*Epopea* (cioè poema epico) *di Gilgamesh* (vedi pag. 80); ciò ha fatto ipotizzare che entrambe le narrazioni potrebbero trarre origine da un rapido e imprevisto innalzamento delle acque del Mar Nero determinato dalla fine di una glaciazione, che avrebbe provocato la rottura della diga naturale costituita dallo stretto del Bosforo.

Una delle tavolette con l'*Epopea di Gilgamesh* ritrovate a Ninive: questa, l'undicesima, contiene il racconto del diluvio (Londra, British Museum).

L'arca di Noè

La *Bibbia* narra che dopo la creazione del mondo (vedi pag. 14), gli uomini si moltiplicarono e si diffusero su tutta la Terra; con il tempo, però, il loro comportamento divenne tanto immorale e malvagio che Dio decise di punirli sterminandoli con un'inondazione.
L'unico a essere risparmiato fu Noè, un uomo giusto e pio a cui Dio ordinò di costruire una grande imbarcazione sulla quale avrebbe dovuto portare in salvo la famiglia ed esemplari di tutte le specie animali, grazie alle quali, alla fine del diluvio, la Terra sarebbe stata ripopolata.
Noè eseguì gli ordini e, sostenuto dalla protezione di Dio, attese pazientemente la conclusione dell'inondazione, confermando con il suo comportamento di aver meritato la salvezza.

Noè era uomo giusto e integro e camminava con Dio[1]. Noè generò tre figli: Sem, Cam e Iafet[2]. Ma la terra era corrotta davanti a Dio[3] e piena di violenza. Dio guardò la terra ed ecco essa era corrotta, perché ogni uomo aveva pervertito la sua condotta[4] sulla terra.
Allora Dio disse a Noè: «È venuta per me la fine di ogni uomo[5], perché la terra, per causa loro, è piena di violenza; ecco, io li distruggerò insieme con la terra. Fatti un'arca[6] di legno di cipresso; dividerai l'arca in scompartimenti e la spalmerai di bitume[7] dentro e fuori. Ecco io manderò sulla terra il diluvio, cioè le acque, per distruggere sotto il cielo ogni carne, in cui è alito di vita[8]; quanto è sulla terra perirà[9]. Ma con te io stabilisco la mia alleanza[10]. Entrerai nell'arca tu e con te i tuoi figli, tua moglie e le mogli dei tuoi figli. Di quanto vive, di ogni carne[11], introdurrai nell'arca due di ogni specie, per conservarli in vita con te: siano maschio e femmina. Degli uccelli secondo la loro

1 camminava con Dio: viveva rispettando le leggi di Dio.

2 Sem, Cam e Iafet: secondo la Bibbia dai tre figli di Noè ebbero origine le genti che popolarono la Terra dopo il diluvio: da Sem nacquero i *semiti*, che si insediarono in Medio Oriente, da Cam i *camiti*, che abitarono l'Africa, mentre i discendenti di Iafet si stanziarono in Europa e Asia.

3 era corrotta davanti a Dio: a Dio appariva corrotta.

4 aveva pervertito la sua condotta: si comportava malvagiamente.

5 È venuta per me la fine di ogni uomo: ho deciso la fine degli uomini.

6 arca: grande imbarcazione dotata di tetto, simile a una casa (vedi *Scheda* Le dimensioni dell'arca a pag. 49).

7 bitume: sostanza di origine naturale, utilizzata per impermeabilizzare le superfici.

8 ogni carne, in cui è alito di vita: ogni creatura vivente.

9 perirà: morirà.

10 con te io stabilisco la mia alleanza: con queste parole Dio dichiara la propria benevolenza nei confronti di Noè.

11 Di quanto vive, di ogni carne: di ogni animale.

specie[12], del bestiame secondo la propria specie e di tutti i rettili della terra secondo la loro specie, due d'ognuna verranno con te, per essere conservati in vita. Quanto a te, prenditi ogni sorta di cibo da mangiare e raccoglilo presso di te: sarà di nutrimento per te e per loro».
Noè eseguì tutto; come Dio gli aveva comandato, così egli fece.
Il Signore disse a Noè: «Entra nell'arca tu con tutta la tua famiglia, perché ti ho visto giusto dinanzi a me in questa generazione[13]. D'ogni animale mondo[14] prendine con te sette paia, il maschio e la sua femmina; degli animali che non sono mondi[15] un paio, il maschio e la sua femmina. Anche degli uccelli mondi del cielo, sette paia, maschio e femmina, per conservarne in vita la razza su tutta la terra. Perché tra sette giorni farò piovere sulla terra per quaranta giorni e quaranta notti; sterminerò dalla terra ogni essere che ho fatto».
Noè fece quanto il Signore gli aveva comandato. Noè aveva seicento anni[16], quando venne il diluvio, cioè le acque sulla terra.

Scuola di Jacopo Bassano, *Entrata degli animali nell'arca*, secolo XVI (Roma, Galleria Doria Pamphilj).

12 secondo la loro specie: due per ogni specie.

13 ti ho visto giusto dinanzi a me in questa generazione: ho visto che tra gli uomini del tuo tempo solo tu rispetti le leggi di Dio.

14 mondo: puro. La religione ebraica distingue tra animali *puri*, di cui ci si può nutrire, e *impuri*, che non possono essere mangiati: sono *puri* i quadrupedi che sono ruminanti, hanno il piede diviso in due e l'unghia separata (come bovini e ovini); sono *impuri* i quadrupedi nei quali si verifica una sola delle due condizioni (come il maiale) o nessuna delle due (come il cavallo). Vengono considerati puri anche tutti gli uccelli, a eccezione di quelli notturni e di alcuni rapaci, mentre tra gli animali acquatici sono puri solo quelli che hanno sia le pinne sia la pelle ricoperta da squame.

15 che non sono mondi: impuri.

16 Noè aveva seicento anni: l'età "impossibile" di Noè ha la funzione di sottolineare l'eccezionalità dei primi patriarchi (capi tribù) del popolo ebreo.

Le acque divennero poderose e crebbero molto sopra la terra e l'arca galleggiava sulle acque. Le acque si innalzarono sempre più sopra la terra e coprirono tutti i monti più alti che sono sotto tutto il cielo. Le acque superarono in altezza di quindici cubiti[17] i monti che avevano ricoperto.
Perì ogni essere vivente che si muove sulla terra, uccelli, bestiame e fiere[18] e tutti gli esseri che brulicano[19] sulla terra e tutti gli uomini. Ogni essere che ha un alito di vita nelle narici, cioè quanto era sulla terra asciutta, morì. Così fu sterminato ogni essere che era sulla terra: dagli uomini agli animali domestici, i rettili e gli uccelli del cielo; essi furono sterminati dalla terra e rimase solo Noè e chi stava con lui nell'arca.
Le acque restarono alte sopra la terra centocinquanta giorni.
Dio si ricordò di Noè, di tutte le fiere e di tutti gli animali domestici che erano con lui nell'arca. Dio fece passare un vento sulla terra e le acque si abbassarono. Le fonti dell'abisso e le cateratte del cielo[20] furono chiuse e fu trattenuta la pioggia dal cielo; le acque andarono via via ritirandosi dalla terra e calarono dopo centocinquanta giorni.
Nel settimo mese, il diciassette del mese, l'arca si posò sui monti dell'Ararat[21].
Le acque andarono via via diminuendo fino al decimo mese. Nel decimo mese, il primo giorno del mese, apparvero le cime dei monti.
Trascorsi quaranta giorni, Noè aprì la finestra che aveva fatta nell'arca e fece uscire un corvo per vedere se le acque si fossero ritirate.

L'Arca di Noè, miniatura medievale.

17 quindici cubiti: circa 67 metri. Il *cubito* è un'antica unità di misura equivalente a 44,5 cm, corrispondente approssimativamente all'intervallo tra la punta del dito medio e il gomito.

18 fiere: animali selvaggi.

19 brulicano: popolano.

20 Le fonti dell'abisso e le cateratte del cielo: l'acqua che veniva dal mare (*fonti dell'abisso*) e quella che proveniva dalle cascate (*cateratte*) del cielo. Il diluvio universale è frutto dell'azione combinata di piogge e inondazioni.

21 monti dell'Ararat: catena montuosa situata nella zona orientale della Turchia, ai confini con l'Armenia.

Esso uscì andando e tornando finché si prosciugarono le acque sulla terra. Noè poi fece uscire una colomba, per vedere se le acque si fossero ritirate dal suolo; ma la colomba, non trovando dove posare la pianta del piede, tornò a lui nell'arca, perché c'era ancora l'acqua su tutta la terra. Egli stese la mano, la prese e la fece rientrare presso di sé nell'arca. Attese altri sette giorni e di nuovo fece uscire la colomba dall'arca e la colomba tornò a lui sul far della sera; ecco, essa aveva nel becco un ramoscello di ulivo.
Noè comprese che le acque si erano ritirate dalla terra. Aspettò altri sette giorni, poi lasciò andare la colomba; essa non tornò più da lui[22].
L'anno seicentouno della vita di Noè, il primo mese, il primo giorno del mese, le acque si erano prosciugate sulla terra; Noè tolse la copertura dell'arca ed ecco la superficie del suolo era asciutta. Nel secondo mese, il ventisette del mese, tutta la terra fu asciutta.
Dio ordinò a Noè: «Esci dall'arca tu e tua moglie, i tuoi figli e le mogli dei tuoi figli con te. Tutti gli animali d'ogni specie che hai con te, uccelli, bestiame e tutti i rettili che strisciano sulla terra, falli uscire con te, perché possano diffondersi sulla terra, siano fecondi e si moltiplichino su di essa».
Noè uscì con i figli, la moglie e le mogli dei figli. Tutti i viventi e tutto il bestiame e tutti gli uccelli e tutti i rettili che strisciano sulla terra, secondo la loro specie, uscirono dall'arca.
Allora Noè edificò[23] un altare al Signore; prese ogni sorta di animali e di uccelli e offrì olocausti[24] sull'altare.
Il Signore ne odorò la soave fragranza[25] e disse tra sé: «Non maledirò più il suolo a causa dell'uomo, perché l'istinto del cuore umano è incline al male fin dall'adolescenza[26], né colpirò più ogni essere vivente come ho fatto. Finché durerà la terra, seme e messe[27], freddo e caldo, estate e inverno, giorno e notte non cesseranno».

rid. e adatt. da *Genesi* 6-8, in *La Sacra Bibbia*, Piemme Edizioni

22 essa non tornò più da lui: ciò significa che la Terra è tornata a essere abitabile.

23 edificò: costruì.

24 olocausti: sacrifici di animali offerti a Dio per ringraziamento.

25 soave fragranza: gradito profumo.

26 l'istinto del cuore umano è incline al male fin dall'adolescenza: l'uomo è naturalmente cattivo a causa del peccato originale.

27 seme e messe: semina e raccolto.

scheda

Le dimensioni dell'arca

La colomba torna sull'arca con un ramoscello di ulivo.

Secondo le indicazioni che Dio dà a Noè, l'arca dovrà essere lunga 300 cubiti, larga 50 e alta 30; sarà coperta da un tetto alto un cubito e divisa in tre piani con una porta su uno dei fianchi.
Per immaginare l'aspetto di questa imbarcazione, più simile a un'enorme chiatta coperta che a una nave vera e propria, dobbiamo tenere presente che un cubito misurava circa 44,5 centimetri: l'arca di Noè, quindi, avrebbe avuto una lunghezza di 137 metri e un'altezza di 13 metri circa, dimensioni eccezionali rispetto alle imbarcazioni dell'antichità.
Nel 2002 l'imprenditore olandese Johan Huibers ha ricostruito l'arca di Noè, seguendo alla lettera le indicazioni della Bibbia ma dimezzandone le dimensioni, e al suo interno vi ha collocato animali domestici veri e modelli a grandezza naturale di animali selvaggi.

competenze alla prova

LEGGO E...

... COMPRENDO

1. **Per quale motivo Dio decide di distruggere il genere umano?**

2. **Chi, tra gli uomini, è destinato a salvarsi?**
   - [ ] Solo Noè
   - [ ] Solo Noè e i suoi figli
   - [ ] Solo Noè, sua moglie e i suoi figli
   - [x] Solo Noè, sua moglie, i suoi figli e le rispettive mogli

3. **Che cosa, esattamente, Dio ordina a Noè di portare sull'arca?**
   - [ ] Una coppia di ogni specie animale
   - [ ] Una coppia, ma solo di ogni tipo di animale puro
   - [x] Sette coppie di ogni tipo di animale puro e una coppia di ogni tipo di animale impuro
   - [ ] Sette coppie di ogni tipo di uccelli e una coppia per ciascuna specie di bestiame e di rettili

4. **Per quanto tempo di seguito piove?**
   - [ ] Sette giorni e sette notti
   - [x] Quaranta giorni e quaranta notti
   - [ ] Ottanta giorni
   - [ ] Centocinquanta giorni

5. **Quanti anni ha Noè quando avviene il diluvio?**

6. **In che modo Dio fa cessare l'inondazione?**

7. **Dove si ferma l'arca di Noè?**

8. **Quale animale Noè fa uscire per primo, allo scopo di verificare se le acque si sono ritirate?**

9. **Con quale gesto Noè ringrazia il Signore di averlo salvato?**

... RICAVO DAL TESTO

10. **Qual è la principale virtù di Noè?**
    - [ ] La longevità
    - [ ] La capacità di costruire imbarcazioni solide
    - [ ] La pazienza
    - [x] L'ubbidienza a Dio

11. **Indica se le seguente affermazioni sono vere V o false F.**
    - Dio vuole dare agli uomini una lezione per il loro comportamento sbagliato. (V) F
    - Noè è scelto a caso da Dio tra gli uomini che meritano di salvarsi. V (F)
    - La presenza dell'acqua sulla terra dura all'incirca un anno. (V) F
    - Noè non riesce a salvare dal diluvio tutti i tipi di animali che vorrebbe. V (F)

... ANALIZZO E INTERPRETO

12. **Per permettere che la Terra si ripopoli, Dio ordina a Noè di far salire sull'arca un maschio e una femmina di ogni specie, ma dovrà salvare** Sette Paia **di animali puri: come si spiega, secondo te, questo diverso trattamento?**

13. **Noè comprende che le acque si sono ritirate dalle terre quando** la colomba tornò con un ramoscello di ulivo.

14. **Perché la colomba che Noè invia in perlustrazione alla fine non torna? Formula un'ipotesi.**

15. **La durata degli eventi narrati in questo racconto non è reale, ma mitica: quali elementi cronologici ti sembrano particolarmente fantasiosi?**

Perché, secondo te, nella Bibbia l'espressione *sette* giorni viene frequentemente ripetuta? (Per rispondere ripensa al mito della *Creazione del mondo*, a pag. 14).

ORA SCRIVO IO

16 A conclusione del racconto Dio afferma che gli uomini sono "*malvagi di natura*": che cosa pensi di questa idea? Credi che gli esseri umani siano istintivamente cattivi o che siano le circostanze a determinare comportamenti malvagi?

UN MONDO DI PAROLE

17 In questo racconto la parola *olocausto* ha il significato di "sacrificio di animali": fa' una breve ricerca su questo termine e spiega quale altro significato ha assunto nel Novecento, nella storia a noi contemporanea.

FILOFILE

18 Svolgi su Internet una ricerca su uno dei due seguenti temi a piacere.

- Indica quali popolazioni discendano da ciascuno dei tre figli di Noè.

  Da Sem: ....

  ....

  Da Cam: ....

  ....

  Da Iafet: ....

  ....

- Presso quali altre popolazioni sono narrati miti sul diluvio universale? Con quali somiglianze e/o differenze rispetto a quello della Bibbia?

ANALIZZO L'IMMAGINE

19 A quale momento del racconto mitico si riferisce l'immagine qui sotto riportata, tratta da un volume inglese del XV secolo?

Gli Ittiti

Il territorio degli Ittiti.

Il popolo ittita

Gli Ittiti sono un popolo nomade d'origine indoeuropea, probabilmente proveniente dall'Asia centrale: nel II millennio a.C. si stanziano nel cuore dell'Anatolia (attuale Turchia), successivamente si espandono verso la Mesopotamia e la Siria e nel 1274 a.C. circa affrontano e forse sconfiggono (l'esito dello scontro è incerto) il potentissimo esercito egizio nella battaglia di Qadesh.

La forza militare degli Ittiti deriva soprattutto dalla loro **capacità di lavorare il ferro** per costruire armi e carri leggeri da battaglia: grazie a questa tecnica, sconosciuta ai popoli nemici, in pochi secoli essi costruiscono un grande impero. Alla guida c'è un re dotato di poteri religiosi e militari, affiancato da un'assemblea di nobili nelle decisioni politiche più importanti.

Statua in calcare di uno dei due leoni posti alla porta della città di Hattusa, l'antica capitale degli Ittiti, XIV-XIII secolo a.C.

Gli Ittiti governano e amministrano i popoli sottomessi in **modo tollerante**, dimostrando grande saggezza: preferiscono stipulare alleanze piuttosto che intraprendere guerre e, in cambio della sottomissione e del pagamento di tasse e tributi, concedono ai popoli sconfitti la possibilità di mantenere i propri culti religiosi.
Nel 1200 a.C. circa, questa fiorente civiltà sparisce in modo rapido e misterioso e di essa si perde anche il ricordo, tanto che fino alla seconda metà dell'Ottocento si ignorava persino l'esistenza di un popolo con questo nome.

Sacerdote ittita nell'atto di svolgere il culto divino presso l'altare, rilievo in pietra, XV secolo a.C. (Asia Minore, Alaca Höyük, Porta delle sfingi).

La trasmissione del mito

Tutto ciò che sappiamo della religione e della mitologia ittita proviene dalle 30 000 tavolette d'argilla in caratteri cuneiformi e dalle incisioni rupestri (su pietra) trovate nel corso degli scavi archeologici realizzati in Turchia, presso Boğazköy e Alaca Höyük, tra la fine dell'Ottocento e gli inizi del Novecento.
Gli Ittiti, che sono soliti assorbire gli dèi delle popolazioni sottomesse o alleate, hanno un **sistema di divinità** estremamente ricco e vario, che riflette la complessità etnica e culturale dei popoli che compongono l'impero.
Le principali divinità ittite sono *Tarhunt*, dio del Cielo e delle tempeste e custode dell'ordine cosmico, e sua moglie *Hebat*, dea del Sole e madre di tutti gli dèi; a essi si affiancano divinità minori che proteggono i vari aspetti della vita sulla terra.
Allo stesso tempo, in ogni città del territorio ittita sopravvivono miti, culti e credenze religiose legate ai ritmi della natura e pratiche magiche che hanno la funzione di proteggere l'uomo da pericoli e malattie.

Statuina in avorio del Dio della montagna, da Hattusa (Boğazköy), XIX secolo a.C. (Ankara, Museo delle Civiltà Anatoliche).

La collera di Telipinu

Anche in questo mito l'ira divina è provocata dal comportamento malvagio degli uomini e le sue conseguenze ricadono su tutto il creato: quando il dio Telipinu si allontana furibondo da tutto e da tutti, la natura smette di riprodursi e inizia un interminabile periodo di fame e freddo che colpisce sia le specie viventi sia le stesse divinità. Questo racconto ha la funzione di spiegare l'origine dell'alternarsi delle stagioni e indirettamente offre informazioni sulla religiosità del popolo ittita, poiché i banchetti e i canti che accompagnano il ritorno del dio Telipinu e della bella stagione si riferiscono ai rituali che si svolgevano ogni anno alla fine dell'inverno e che consistevano nell'offerta di sacrifici e nella recitazione di preghiere.

La scomparsa di Telipinu

Una volta il grande dio Telipinu[1], che porta la fertilità sulla terra, s'adirò per le iniquità[2] degli uomini e decise di nascondersi. Tanto grande era la sua collera, che non badò neppure a come s'infilava gli stivali: infilò lo stivale destro al piede sinistro e quello sinistro al piede destro, e s'incamminò imbronciato, a lunghi passi pesanti.

Tutto, allora, fu sottosopra sulla terra. Pareva che la primavera e l'estate non sarebbero più giunte; fiumi e laghi restavano gelati, la neve si rifiutava di sciogliersi, tutti gli alberi rimanevano spogli, sui campi e sui prati non spuntava un solo filo d'erba. Il bestiame restava chiuso nelle stalle, e nelle case gli uomini si stringevano attorno al focolare, dove le ceneri divenivano montagne e nulla si poteva più scorgere dalle finestre coperte di fuliggine e di fumo. Il freddo era così intenso, che nessuno poteva uscir di casa per gettar via i rifiuti o procurarsi cibo, e tutto il mondo era minacciato da una tremenda carestia.

Tutta la vita sembrava insomma essersi arrestata. La pecora respingeva il montone, la vacca il toro; e persino gli animali gravidi rifiutavano di partorire.

Quando il dio del Cielo[3] – il quale sorveglia tutto e il cui occhio scorge ogni cosa – vide quanto stava accadendo, chiamò a raccolta tutti gli dèi e tutte le dee, e dopo aver banchettato copiosamente[4] con loro, li informò della situazione.

– Mio figlio Telipinu, – egli disse, – è scomparso. Colto da una collera violenta egli è andato via, e con la sua scomparsa ha portato via ogni prosperità dalla terra.

1 Telipinu: è il dio della fertilità, figlio di Tarhunt, il dio del Cielo, e di Hebat, la dea del Sole.

2 iniquità: malvagità.

3 dio del Cielo: Tarhunt.

4 dopo aver banchettato copiosamente: dopo aver mangiato abbondantemente.

Udito questo, tutti gli dèi, grandi e piccoli, cominciarono a cercare il loro fratello; e cercarono in alto e in basso, cercarono sulle montagne e lungo i fiumi ma, per quanto lo cercassero da ogni parte in su e in giù, non riuscirono a trovarlo. Ritornarono infine dal dio del Sole, e gli narrarono il loro insuccesso.

L'intervento dell'aquila

Allora il dio del Cielo mandò alla sua ricerca una veloce aquila dalla vista acuta.
– Cerca, – le comandò, – sulle alte vette e nelle valli profonde e, ovunque tu scorga acque vorticose, scrutale con il tuo sguardo penetrante; ché[5], forse, Telipinu è stato preso in trappola da loro.
E l'aquila partì e volò sopra le alte cime montane, e calò nelle valli profonde e, ovunque scorgesse acque vorticose, le scrutò con il suo sguardo penetrante; ma per quanto lontano volasse e per quanto attentamente guardasse, non trovò Telipinu in alcun luogo. L'aquila ritornò dunque dal dio del Sole e gli narrò del suo insuccesso.
Intanto la terra continuava a languire[6], e si vedeva ora che non gli uomini soltanto, ma persino gli dèi si trovavano in una gravissima situazione; poiché, se gli animali morivano e i prodotti della terra non crescevano, anch'essi sarebbero rimasti privati delle offerte di cui vivevano. Un profondo turbamento[7] li invase a questo pensiero; e, disperati, si torcevano le mani, camminando a gran passi avanti e indietro.
Ora, vi era fra essi un dio, particolarmente violento e impetuoso. Era questi il dio dei Venti: un dio che non poteva mai restarsene tranquillo, ma sempre correva di qua e di là, muggendo e rombando, fischiando e soffiando.
– Perché dunque, – gridò, – dobbiamo tutti morire di fame? Bisogna pur fare qualcosa!
– Certo, – rispose sua madre, la benefica regina degli dèi[8], – certo, qualcosa si deve fare. Ma vai, e fallo tu stesso. Tu sei un dio forte e possente, e muovi tutto ciò che ti sta davanti. Tu puoi raggiungere le più oscure caverne, tu puoi penetrare in ogni recesso[9] e soffiare in ogni fessura. Tu sollevi le foglie e agiti le acque e scuoti le case degli uomini e quando soffi sui campi gli steli del grano si inchinano dinanzi a te. Vai tu stesso, e cerca Telipinu!

La ricerca del dio dei Venti

Così, il dio dei Venti percorse tutta la terra, finché giunse alla città ove solitamente abitava Telipinu. «Può darsi,» pensò tra sé e sé il dio dei venti, «che, dopo tutto, egli sia ancora qui.» Bussò dunque alla porta, ma non ebbe risposta; allora si precipitò con tutte le sue forze contro la porta e la scardinò[10]. Ma Telipinu era assolutamente introvabile.
Il dio dei venti tornò dunque nel cielo, pieno di cruccio e di dispetto, e in silenzio si mise a sedere. E non spirava un alito di vento, non uno zeffiro soffiava, e ovunque era quiete assoluta.
Ma l'acume[11] della donna è più acuto e penetrante del vento, e allor-

5 ché: perché.

6 continuava a languire: appariva sempre più priva di vita.

7 turbamento: preoccupazione.

8 sua madre, la benefica regina degli dèi: si tratta di Hebat, dea del Sole e madre di tutti gli dèi.

9 recesso: luogo nascosto.

10 la scardinò: la staccò dal muro.

11 acume: intelligenza.

Dea della mitologia ittita, bassorilievo in pietra (Berlino, Museo Tell Halof).

ché la regina del Sole vide che nessuno dei potenti dèi – nemmeno il dio dei Venti – era capace di trovar Telipinu, rinunciò a valersi di loro e mandò a chiamare, invece, una piccola ape.
– Piccola ape, – essa disse, – vai, e cerca Telipinu! Quando l'avrai trovato, trafiggi[12] le sue mani e i suoi piedi con il tuo pungiglione. Allora, certamente, egli si riscuoterà; e quando si sarà riscosso, spalmalo con la tua cera, e portamelo qui!
All'udir le parole che la dea rivolgeva all'ape, il dio dei Venti si sentì amareggiato[13] e offeso.
– Ma come, – disse beffardo[14], – gli dèi, grandi e piccoli, si sono mossi alla ricerca di Telipinu, senza riuscire a trovarlo. E tu credi che questa piccola ape, con le sue deboli alucce, sia capace di riuscire là, dove essi sono stati sconfitti?
– Stai zitto – replicò la dea bruscamente. – L'ape andrà, e lo troverà di sicuro.

La saggezza dell'ape

L'ape dunque partì, ronzando e sussurrando, e volò sulle alte cime dei monti, sulle valli profonde, sui corsi d'acqua. E, finalmente, quando già quasi tutto il suo miele era consumato e le sue forze quasi esaurite, giunse a una radura[15] in una foresta, presso la città di Lihzina[16]: ed ecco lì, profondamente addormentato, Telipinu in persona! In men che non si dica, la piccola ape trafisse con il suo pungiglione le mani e i piedi di Telipinu, e subito il dio si riscosse e si svegliò. Ma gli dèi sono come gli uomini quando vengono bruscamente risvegliati dal sonno e Telipinu fu preso da una collera violenta.
– Perché, – inveì[17], – sei venuta a disturbarmi? Non vedi dunque che cerco di dormire? E non sai che chi è di cattivo umore come me desidera essere lasciato solo? Credi proprio che io abbia voglia di far conversazione?

La furia di Telipinu

In verità, Telipinu era più furente di quanto lo fosse mai stato e, non appena in piedi, cominciò a camminare a gran passi, distruggendo tutto quanto incontrava sul suo cammino. I corsi d'acqua, fino ad allora gelati soltanto alla superficie, si ghiacciarono del tutto, e altrettanto avvenne delle sorgenti, dalle quali, fino ad allora, aveva continuato a sgorgare almeno un filo di acqua.
Ma l'ape – sebbene sia una delle creature più piccole – è anche una delle più savie[18], e ben sapeva ciò che doveva fare. Raccolte dunque tutte le forze che le erano rimaste, ritornò direttamente dalla dea.
– Ho trovato Telipinu, – le riferì, – ma non mi è possibile ricondurlo qui da sola, poiché dovrebbe essere trasportato al di sopra delle alte vette ed oltre i dirupi e le vallate scoscese, e ciò è superiore alle mie forze. Fammi dunque accompagnare da un'aquila; io le indicherò dove giace il dio, ed essa potrà sollevarlo nell'aria sulle sue ali!
La dea, allora, chiamò un'aquila, e le ingiunse[19] di partire assieme

12 trafiggi: colpisci.
13 amareggiato: turbato, addolorato.
14 beffardo: con tono molto ironico.
15 radura: spiazzo pianeggiante.
16 Lihzina: città ittita di incerta localizzazione.
17 inveì: gridò con violenza.
18 savie: sagge.
19 ingiunse: ordinò.

all'ape, e di riportare indietro Telipinu. – Ma, – aggiunse, – questo non è che il primo passo. Egli è ancora irritato, furente; quanta magica arte, quanti incanti occorreranno sia in terra sia in cielo per fugare[20] la sua collera!

Il ritorno del dio

Su monti e su valli volarono l'aquila e l'ape, mentre gli dèi si radunavano in cielo, attendendo con il respiro sospeso il momento del loro ritorno.
Fu una lunga, ansiosa attesa, ma, finalmente, una macchiolina apparve all'orizzonte, simile a una piccola nuvola nera; ed ecco, al suo apparire, rimbombare il tuono, il fulmine guizzare, ecco acuti e irati gridi squarciare l'aria.
Gli dèi si strinsero gli uni agli altri. Improvvisamente, superando il tumulto e il clamore, ecco avvicinarsi il continuo, costante ronzio di un'ape in volo; la nera nube cominciò ad assumere contorni familiari, e agli occhi degli dèi apparvero l'aquila, che a rapidi colpi d'ala si avvicina con Telipinu in equilibrio tra le sue ali, e la piccola ape ronzante e svolazzante attorno ad essi, al tempo stesso intimorita e trionfante.

.... **Da' un titolo alla sequenza**

Dopo poco, l'uccello si posò: immediatamente, alcuni servi avanzarono in fila, recando nelle mani tazze di nettare, grandi coppe di panna e di miele e ceste di frutta; mentre le disponevano dinanzi a Telipinu, la grande dea Kamrusepa[21], accompagnandosi con una dolce musica, recitava dei versi sopra ogni cibo offerto, che erano in realtà formule magiche, perché Kamrusepa era la signora dell'arte magica.
E non appena l'irato dio ebbe mangiato qualche boccone dei cibi e bevuto qualche sorso delle bevande che gli avevano imbandito, l'incantesimo cominciò ad agire su di lui; l'ira e il furore che ribollivano nel suo animo scomparvero, e al loro posto subentrò una calda sensazione di benessere; e più mangiava e beveva e più amabile diveniva; poiché, ogni qualvolta le vivande incantate toccavano le sue labbra, nell'animo suo entrava abbondante la grazia.
Alla fine gli dèi, constatato che Telipinu aveva abbandonato ogni sentimento d'ira ed era pieno di amore e di tenerezza, imbandirono nuovamente le mense, rimisero a posto i seggi e ripresero il banchetto così bruscamente interrotto.

.... **Da' un titolo alla sequenza**

Nel frattempo, giù sulla terra, anche i mortali cercavano affannosamente di dissipare[22] il malcontento del dio, ma – a causa della miseria e della carestia – non potevano offrirgli né cibi, né bevande, come avevano fatto i suoi fratelli e le sue sorelle celesti.
Così, aperte in ogni casa porte e finestre, cantarono in coro; quindi, usciti nel cortile, vuotarono tutta la cenere e i rifiuti che si erano

20 fugare: far scomparire.

21 Kamrusepa: dea della medicina e della magia.

22 dissipare: far sparire.

andati accumulando durante l'inverno dentro grandi secchi; e, così facendo, di nuovo cantarono in coro; infine, lavarono e scoparono l'interno delle loro case, e versarono sulle pietre i secchi pieni di acqua sporca, e continuarono a cantare.

Anche questi versi erano in realtà formule magiche, e difatti a un tratto parve che i freddi venti invernali si acquietassero, e dalle finestre e dalle porte aperte penetrarono le prime brezze della primavera; sui rami degli alberi e sulle siepi apparvero le prime verdi gemme e – in un attimo – campi e boschi rivissero di mille rumori, il mormorio dei ruscelli, lo scalpiccio[23] di piedi leggeri, le prime note esitanti di giovani uccelli.

Pochi giorni dopo, nel cortile di un tempio venne innalzato un alto palo dal quale pendeva, in onore di Telipinu, il vello[24] – bianco come neve – di un agnello appena nato.

rid. e adatt. da T.H. Gaster, *Le più antiche storie del mondo*, trad. di N. Coppini, Einaudi

23 scalpiccio: rumore di passi.

24 vello: pelliccia.

competenze alla prova

LEGGO E...

... COMPRENDO

1. **Telipinu è il dio:**
   - ☐ della guerra
   - ☐ delle arti
   - ☐ della fertilità
   - ☐ del vento

2. **Completa la tabella seguendo l'esempio.**

3. **Per quale ragione Telipinu si adira con gli uomini?**
   - ☐ Per le loro malvagità
   - ☐ Per la loro insensibilità
   - ☐ Per la loro miseria
   - ☐ Per il loro numero diventato troppo grande

4. **Completa la frase: l'ira di Telipinu lo induce a** ....

5. **Quale divinità ha l'idea giusta per ritrovare Telipinu?**

Personaggi che cercano Telipinu	Sono mandati da	Caratteristiche	Esito della ricerca
aquila	....	veloce, ..., sguardo penetrante	insuccesso
....	....	violento, impetuoso, forte, ..., corre, muove ciò che incontra, ..., mugghia, romba, ...	....
....	....	....	....

... RICAVO DAL TESTO

6. **Quali gravi conseguenze sono provocate dalla collera di Telipinu? Indica tutti gli elementi insoliti che accadono nel mondo della natura.**

7. **Da che cosa sono causati, secondo te, il tumulto e il clamore che accompagnano il ritorno di Telipinu?**

8. **Quale immagine della figura femminile ti sembra emergere dal racconto? In quale altro mito**

scheda

La potenza delle api

In questo mito un ruolo centrale è assunto dall'ape che, dopo aver trovato Telipinu, lo risveglia con il suo pungiglione. Ciò non deve stupire perché i popoli antichi avevano una grande considerazione di questi insetti che ritenevano molto vicini alle divinità per la loro capacità di produrre il miele, un alimento squisito e di alto valore nutritivo, che spesso veniva definito "*cibo degli dèi*".
Inoltre si credeva che cera e miele fossero sostanze tanto potenti da allontanare dal corpo gli spiriti maligni e donare nuovamente la gioventù, e che la puntura di un'ape potesse guarire la paralisi degli arti.
È in virtù delle straordinarie facoltà attribuite alla sua specie che all'ape del mito viene affidata la missione che nessuno è stato in grado di portare a termine: cercare l'irato Telipinu e ricondurlo al suo posto, in modo che la vita possa riprendere a fluire.

di queste pagine viene presentata una figura della donna positiva, più intelligente dell'uomo?

9 **Quali aspetti della religiosità ittita è possibile ricavare da questo mito? Indica tutte le risposte corrette possibili.**

- ☐ Monoteista
- ☐ Politeista
- ☐ Basata su pratiche magiche
- ☐ Basata su sacrifici umani
- ☐ Basata su offerte di cibo

... ANALIZZO E INTERPRETO

10 **Per riportare Telipinu tra gli dèi occorrono sia la forza dell'aquila sia la saggezza dell'ape: quale proverbio, a tuo parere, potrebbe esprimere questo concetto?**

11 **Nel mito ittita, a che cosa viene paragonato l'acume della donna? Sottolinea nel testo le righe relative.**

12 **Rifletti sulla conclusione di questo mito: che cosa ha in comune con il finale del racconto del diluvio universale intitolato *L'arca di Noè* (vedi pag. 46)?**

ORA SCRIVO IO

13 **Completa il testo in modo da ottenere il riassunto del brano (mantieni la suddivisione in sequenze proposta e completa le parti mancanti).**

- **La scomparsa di Telipinu.** Il dio Telipinu si nasconde perché .... La sua collera ha come conseguenza che ....
- **L'intervento dell'aquila.** Il dio del Cielo invia .... a cercare Telipinu ma essi .... Successivamente manda .... dotata di ...., ma anch'essa fallisce.
- **La ricerca del dio dei Venti.** Anche .... si offre di cercare Telipinu: fruga dappertutto ma ....
- **La saggezza dell'ape.** Allora la Madre degli dèi decide di .... a cui ordina di .... e ricondurlo indietro.
- **La furia di Telipinu.** L'ape .... il dio fuggitivo ed esegue gli ordini della dea, ma Telipinu .... e la Terra .... Quando l'ape ritorna, spiega alla dea Madre di aver bisogno ....
- **Il ritorno del dio.** L'ape e l'aquila ....: per placare la sua collera .... e pronunciano incantesimi, mentre sulla Terra ....

C'È STILE E STILE

14 **Originariamente questo mito era in versi: sottolinea nel testo le ripetizioni di parole e frasi che avevano la funzione di dare ritmo e maggior chiarezza al testo.**

Miti greci

La *hybris*

Gli antichi Greci concepiscono il mondo come un sistema ordinato e armonico in cui ciascuna creatura ha un ruolo preciso: la colpa più grave per un uomo è la **hybris** (pronuncia *hùbris*), cioè l'arroganza e la superbia di chi non accetta i limiti della propria natura e vuole superarli, cercando di gareggiare con gli dèi.

Alla *hybris* degli uomini, gli dèi rispondono con la **nèmesi** (vendetta) punendo i colpevoli in modo duro ed esemplare.

Molti miti illustrano ciò che accade a chi per imprudenza, orgoglio o superbia osa sfidare le leggi universali oltrepassando la soglia che separa l'umano dal divino.

Uno dei più antichi di essi è il mito di Prometeo e Pandora. Prometeo, figlio del titano Giapeto, simboleggia la *hybris* poiché, grazie alla sua straordinaria intelligenza, inganna Zeus due volte e per questo viene punito in modo atroce; Pandora rappresenta invece la *nèmesi*, in quanto viene creata allo scopo di portare il dolore tra gli uomini e impedire loro di eguagliare la perfetta felicità degli dèi.

Nel caso del mito del pomo della discordia, la vendetta è compiuta da una dea contro altri dei, ma coinvolge gli esseri umani, che anche in questa vicenda oltrepassano il confine tra ciò che è di competenza dell'uomo e ciò che, invece, è esclusiva prerogativa degli dei.

È infatti il giudizio di un umano, il pastore Paride, figlio del re Priamo, a scatenare l'ira delle dee sconfitte nella disputa per l'assegnazione del pomo alla più bella.

La trasmissione del mito

Il mito di Prometeo e Pandora viene riportato per la prima volta da Esiodo nel poema *Le opere e i giorni*, un'opera didascalica (ovvero, con finalità di insegnamento) composta nell'VIII secolo a.C. nella quale l'autore illustra la funzione civilizzatrice del lavoro umano e offre consigli pratici per la coltivazione dei campi.

Nei secoli successivi la figura di Prometeo ha stimolato la fantasia di molti scrittori tra i quali il greco Eschilo (V secolo a.C.), a cui sono attribuite tre tragedie dedicate a questo personaggio.

L'episodio del pomo della discordia viene citato nell'*Iliade* (vedi pag. 116), che racconta proprio la guerra scoppiata tra Greci e Troiani, in conseguenza del giudizio di Paride. Versioni più ampie della vicenda verranno narrate qualche secolo dopo dagli scrittori latini Ovidio, Luciano e Igino.

Peter Paul Rubens, *Supplizio di Prometeo*, 1610-12 (Filadelfia, Museum of Art).

Il vaso di Pandora

Nella piazza della città greca di Mecone gli uomini hanno sacrificato un magnifico esemplare di toro ma non sanno quale parte spetti a loro e quale, invece, debba essere destinata agli dèi.
Per risolvere la questione chiamano Prometeo, il benefattore che ha donato loro il fuoco (vedi pag. 20), il quale riesce a ingannare Zeus e garantisce agli uomini la parte migliore della carne.
Per punizione il padre degli dèi toglie all'umanità il fuoco, ma Prometeo non si arrende e ne ruba una preziosa scintilla che riconsegna agli uomini: a questo punto la collera di Zeus esplode e Prometeo viene incatenato sui monti del Caucaso, dove ogni giorno un'aquila gli divora il fegato che ricresce immediatamente, in un supplizio infinito. Per castigare gli uomini, invece, gli dèi creano la prima donna, Pandora, a cui affidano un vaso colmo di disgrazie che, spinta dalla curiosità, ella apre, inondando la terra di mali.

Un giorno, durante un banchetto, sorse una contesa a proposito di un grosso bue sacrificato: quale parte spettava agli dèi? Quale agli uomini?
Prometeo[1], chiamato a fare da arbitro, scuoiò il bue e ne ricucì la pelle in modo da formare due grandi sacche. In una mise le interiora, ricche e saporite, ma le coprì con lo stomaco, il boccone meno pregiato; nell'altra mise le ossa, ma nascoste sotto uno strato di grasso lucido e bianchissimo. Poi presentò a Zeus le due sacche e gli disse: «Sei il re degli dèi, quindi scegli la parte che più desideri!»
Zeus, che tutto vede e tutto sa, da tempo si è accorto dell'inganno, ma ha deciso di stare al gioco... Così sceglie il grasso lucente, lo solleva fra le mani e quando affiorano le ossa esclama:
«Figlio di Giapeto, sei davvero scaltro. Da oggi agli dèi andranno gli scarti, mentre gli uomini, che tanto ami, avranno la carne... Ma quella carne la mangeranno cruda, perché io toglierò loro il fuoco ed essi soffriranno il freddo e avranno paura del buio e della notte!»
Così fu, e la vita sulla Terra divenne un tormento. Allora Prometeo si recò da Atena[2].
«Fammi entrare di nascosto nell'Olimpo...» la pregò. «Per colpa mia gli uomini soffrono, e non posso abbandonarli.»
Con l'aiuto della dea, il titano[3] penetrò nella dimora divina, rubò una scintilla al carro del Sole[4], la nascose e la portò sulla Terra.
Quando Zeus vide il fuoco brillare di nuovo nelle case degli uomini, s'infuriò e disse a Prometeo:
«Ti vanti di avermi ingannato ancora una volta! Ma in cambio del fuoco io manderò ai mortali un male terribile che essi non riconosceranno e, anzi, accoglieranno con gioia... Poi domerò per sempre la tua superbia.» Chiamò a sé gli dèi e ordinò:
«Efesto[5], mescola l'acqua con la terra e plasma una fanciulla bellissima[6], la più bella di tutte le creature. Atena le insegnerà a tessere

1 Prometeo: figlio del titano Giapeto, è il protettore degli uomini (vedi pag. 20).

2 Atena: dea della sapienza e dell'intelletto, protettrice delle arti e dei mestieri femminili.

3 titano: i titani sono creature gigantesche nate all'inizio dei tempi. Prometeo viene chiamato così perché è figlio di un titano.

4 carro del Sole: nel mito greco il sole è rappresentato come un carro guidato da una divinità che attraversa il cielo.

5 Efesto: dio del fuoco, figlio di Zeus e di Era.

6 mescola l'acqua con la terra e plasma una fanciulla bellissima: Efesto ha il compito di modellare le creature a cui Zeus darà successivamente vita.

le tele, Afrodite[7] a incantare i cuori, a ingannare e a mentire. Il suo nome sarà Pandora, che vuol dire "tutti i doni", perché tutti gli dèi le faranno splendidi omaggi, per la rovina degli uomini!»

Così avvenne: Efesto creò la fanciulla, Atena le donò la sua cintura e le fece indossare una veste candida, Afrodite le pose sui capelli fiori profumati e una corona d'oro, Ermes[8] le diede la voce e le mise nel cuore l'astuzia, la menzogna e l'inganno; Zeus, infine, le pose fra le braccia un vaso, chiuso da un grande coperchio, e la condusse da Epimeteo[9]. Prometeo aveva avvertito lo sciocco fratello:

«Non accettare doni dagli dèi, perché porteranno sventure!»

Ma Epimeteo dimenticò quel saggio consiglio e accolse Pandora nella sua casa. Allora la fanciulla tolse il coperchio dal vaso che aveva fra le braccia e in un attimo tutti i Mali chiusi là dentro volarono nell'aria: la Vecchiaia, la Fatica, la Malattia, la Pazzia, il Vizio, la Violenza si diffusero nel mondo.

Solo un uccellino verde, la Speranza, restò nel vaso, perché Pandora, come Zeus le aveva ordinato, chiuse il coperchio prima che fuggisse via! Da quel giorno, ovunque ci sono sciagure e insidie, e le malattie camminano fra gli uomini notte e giorno, in silenzio, perché Zeus ha tolto loro la voce: nessuno può sfuggire al castigo divino!

da L. Nuti, *Il mondo degli dèi e degli eroi*, Loescher

7 Afrodite: dea dell'amore, della bellezza e della fertilità.

8 Ermes: dio del commercio e dei furti.

9 Epimeteo: fratello di Prometeo sciocco e sprovveduto (vedi pag. 20).

scheda

La donna è una punizione

Secondo il mito greco la nascita della donna è uno strumento della giustizia divina: infatti è concepita da Zeus per punire l'uomo, colpevole di aver accettato da Prometeo il regalo del fuoco, sottratto al dio con l'inganno. Accettando il fuoco, l'uomo si è reso corresponsabile della trasgressione di una legge divina: per questo deve pagare. Pertanto Pandora, la prima donna, viene foggiata bella e seducente per attirare a sé gli uomini e riversare su di loro ogni sorta di sofferenza. Dalla comparsa della donna, infatti, gli uomini smettono di essere immortali e cominciano a conoscere dolori, fatiche e malattie.

Tutti i miti riproducono la mentalità del contesto in cui nascono e quando le donne godono di una scarsa considerazione sociale, esse vengono rappresentate in modo negativo, come portatrici di "male": poiché i Greci ritengono le donne creature belle e affascinanti ma poco intelligenti e incapaci di scegliere, attribuiscono alla prima di esse la responsabilità dell'infelicità umana.

Dante Gabriel Rossetti, *Pandora*, 1869 (Collezione Farrington).

competenze alla prova

LEGGO E...

... COMPRENDO

1. Per quale motivo gli uomini chiedono a Prometeo di intervenire?

2. Zeus punisce gli uomini in due modi: la prima volta TOGLIENDOLI IL FUOCO, la seconda volta CREARONO LA DONNA.

3. In che modo Pandora provoca danno agli uomini?

4. Nel mito vengono elencate le disgrazie che gli uomini dovranno sopportare per sempre: quali sono?

... RICAVO DAL TESTO

5. Perché Zeus si adira con gli uomini e non con Prometeo?
   - [ ] Perché Prometeo, che è un titano, dunque un dio, non può essere punito
   - [ ] Perché non ha capito che l'autore dell'inganno è Prometeo
   - [ ] Perché Zeus detesta gli uomini, ma ha simpatia per Prometeo
   - [x] Perché sono gli uomini quelli che traggono beneficio dalle situazioni

6. Il mito sostiene che Zeus "*si è accorto dell'inganno*" di Prometeo ma non lo ferma: per quale motivo, secondo te, fa questa scelta?

7. Prometeo, con le sue azioni per gli uomini, finisce per:
   - [ ] incoraggiare il progresso umano
   - [x] ostacolare il progresso umano
   - [ ] incoraggiare l'intraprendenza degli uomini
   - [ ] emancipare le donne

8. Elenca quali doni gli dèi fanno a Pandora e spiega perché è importante che sia dotata di molte virtù.

9. Che cosa rimane agli uomini dopo l'apertura del vaso di Pandora? Perché Zeus vuole che l'ultimo "dono" non voli via?

... ANALIZZO E INTERPRETO

10. L'inganno di Zeus riesce soprattutto grazie alla stupidità di un personaggio. Di chi si tratta? Su di lui conosci qualche altro episodio del mito che ne dimostra la stupidità?

ORA SCRIVO IO

11. Scrivi un testo in cui spieghi da quali mali, secondo te, è afflitta principalmente l'umanità di oggi.

ANALIZZO L'IMMAGINE

12. Analizza il quadro di John William Waterhouse (1896, collezione privata). Osserva con attenzione e rispondi alle domande:
   - Quali elementi del dipinto ricordano la bellezza e la sensualità che rendono irresistibile Pandora?
   - Con che cosa il pittore ha sostituito il vaso? Che caratteristiche ha questo oggetto?
   - Con quale atteggiamento Pandora apre il recipiente? In modo deciso o con cautela, cedendo pian piano alla curiosità?
   - Fai attenzione al gioco di colori e di luci: quale idea comunica la selva alle spalle della donna?
   - Che cosa esce dalla fessura del recipiente sollevato da Pandora? Che cosa rappresenta?

Il pomo della discordia

Vittime di una trappola abilmente architettata, tre dee dell'Olimpo, a causa della loro rivalità e dei loro litigi finiranno per portare, ben presto, allo scoppio di una delle guerre più importanti e famose del mondo antico, quella dei Greci contro i Troiani. Il mito antico è qui riassunto, con stile semplice e nelle sue linee più generali, da una moderna autrice di storie per ragazzi.

1 assisi: seduti.

2 celestiale: celeste, divino.

3 gettando: il motivo di questo comportamento si spiega perché la dea della Discordia, a differenza di tutte le altre divinità, non era stata invitata alla festa di matrimonio di Peleo e Teti.

4 augusto: nobile, potente.

Una singolare gara sta per disputarsi, che ha come teatro la grande montagna dell'Olimpo!
Mentre gli dèi, assisi[1] a tavola, ascoltano il suono celestiale[2] della cetra di Apollo, la dea della Discordia penetra, non vista, nell'ampia sala, gettando[3] sulla mensa una mela d'oro su cui sta scritto: «Alla più bella».
È come lanciare un sasso in un vespaio.
Giunone, Minerva e Venere, le tre splendide dee, prese da reciproca invidia, cominciano a litigare per ottenere il prezioso pomo.
Per amor di pace, Giove interviene e affida il giudizio a Paride, un pastorello che viveva sul Monte Ida, ignorando di essere figlio di Prìamo, re di Troia. Le tre dee giungono al boschetto dove Paride sta pascolando le sue pecore.
Giunone gli si rivolge per prima: «Salve, bel pastorello. Giove, mio augusto[4] sposo, t'impone di offrire questa mela alla più bella fra noi. Se sceglierai me, ti donerò ricchezze e potere. Non te ne pentirai!»

A questo punto, Minerva, togliendosi l'elmo[5], interviene sgomitando: «Non ascoltarla, mio caro: scegli me, invece. In premio riceverai la sapienza eterna, un tesoro che nessun ladro potrà rubarti!».
Buon'ultima, Venere avanza ancheggiando in tutta la sua avvenenza: «Sciocchezze... Io ti prometto l'amore della donna più bella del mondo!».
Paride non ebbe esitazioni e scelse Venere, la quale gli fu eternamente grata. Giunone e Minerva se ne tornarono sull'Olimpo apparentemente tranquille. Ma dentro masticavano amaro...
Come prevedibile, l'episodio ebbe sviluppi movimentati. Con la complicità di Venere, Paride rapì la più bella donna del mondo, Elena, che però era già moglie del re greco Menelào.
Il gesto scatenò addirittura una guerra fra Greci e Troiani. La guerra di Troia durò dieci anni e terminò con la distruzione della città, propiziata dall'inganno del cavallo di legno, ideato dall'astuto eroe greco Ulisse.

adatt. da R. Nello Marchetti, *Sei un mito*, Fratelli Frilli Editori

5 togliendosi l'elmo: secondo l'immagine tratta dal mito, Atena ha sempre un'armatura completa, indossa un elmo e impugna una lancia.

competenze alla prova

LEGGO E...

... COMPRENDO

1 Quale dea, con la sua astuzia, provoca la gara di bellezza?

2 Alla gara di bellezza non partecipa:

- [x] Elena
- [ ] Minerva
- [ ] Giunone
- [ ] Venere

3 Dove avviene la gara di bellezza?

- [ ] In un teatro
- [ ] A Troia
- [x] Sull'Olimpo
- [ ] Sul monte Ida

4 Indica quale dono promette ciascuna dea a Paride.

- Giunone ➲ ....
- Minerva ➲ ....
- Venere ➲ ....

... RICAVO DAL TESTO

5 Spiega che cosa si intende dire con la frase "è *come lanciare un sasso in un vespaio*" e per quale motivo l'autrice usa questa similitudine nel brano.

6 Che cosa vogliono lasciarci capire i puntini di sospensione nella frase "*Ma dentro masticavano amaro...*"?

... ANALIZZO E INTERPRETO

7 Perché Venere avanza ancheggiando?

8 Indica se la seguente frase è vera V o falsa F e poi motiva la tua risposta:
tutte e tre le dee lottano tra loro perché la mela è d'oro e per questo la ritengono preziosa. [x] V [ ] F

ORA SCRIVO IO

9 La dea della Discordia sta preparando la mela d'oro con la scritta e parla da sola ad alta voce, spiegando i motivi della sua ira, il suo desiderio di vendetta e le speranze di vedere soffrire e litigare le dee rivali. Immedesimati nel personaggio e scrivi che cosa potrebbe dire.

Un mito greco-latino

La vendetta degli dèi

Anche il mito di Aracne ha come tema la **vendetta degli dèi**; in questo caso però la giovane protagonista non è mossa da un impulso generoso come Prometeo, ma è spinta da sentimenti meno nobili come l'orgoglio e la superbia.
L'effetto delle sue azioni tuttavia non è diverso, poiché gli dèi non possono tollerare che un mortale cerchi di eguagliare la loro potenza e la condannano a una fine terribile.

La trasmissione del mito

Questo mito nasce nel mondo greco, ma è giunto fino a noi nella versione contenuta nelle *Metamorfosi*, un poema in quindici libri scritto dal poeta latino Ovidio nel I secolo a.C. che costituisce una delle fonti più preziose per lo studio della mitologia classica.
Le *Metamorfosi* raccolgono circa 250 favole mitologiche in versi, di origine greca e latina, che hanno come argomento l'origine del mondo e degli dèi, la nascita e le avventure degli eroi, gli amori felici o tragici tra divinità ed esseri umani che l'autore reinterpreta in chiave poetica e arricchisce di particolari.
Il tema che accomuna questi miti è la **metamorfosi**, cioè la trasformazione, dei protagonisti in elementi della natura: la grande serie di questi racconti non a caso si conclude con la celebrazione della figura di Giulio Cesare, il potente uomo politico romano assassinato nel 44 a.C., che nel mito viene trasformato dopo la morte in una costellazione.

Giambattista Tiepolo, *Apollo e Dafne*, 1765-1766 (Washington, National Gallery).

La tela di Aracne

Nel sesto libro delle *Metamorfosi*, Ovidio racconta un mito che ha come protagonista una ragazza chiamata Aracne, il cui nome – che in greco vuol dire ragno – sembra anticipare il suo terribile destino.
La notorietà che le procura l'abilità nel filare e tessere riempie Aracne di un orgoglio smisurato e la induce a disprezzare la dea Atena, da cui ha ricevuto questo dono straordinario.
I tentativi della dea di ridimensionare la superbia della fanciulla risultano inutili e il loro contrasto si trasforma in una sfida aperta, che si conclude con la rovina di Aracne: quando la ragazza vince la gara, la dea, colma d'ira, la trasforma in un ragno, condannandola a filare e tessere la sua tela in eterno.
Anche in questa occasione la *hybris* (la tracotanza, la superbia) di un mortale viene punita, e la vendetta degli dèi riporta nel mondo l'equilibrio originario, ricordando agli uomini quanto sia pericoloso cercare di uguagliare o superare le divinità.

Aracne di Meonia[1] era famosa per l'abilità nel tessere. Suo padre si chiamava Idmone Colofonio e tingeva la lana di porpora[2], mentre sua madre era morta.
Nonostante Aracne fosse nata da famiglia umile e abitasse nell'umile Ipepe[3], con la sua maestrìa[4] s'era fatta un gran nome nelle città della Lidia: era un piacere ammirare sia i tessuti finiti sia la loro creazione, tanta era la bellezza del suo lavoro, ed era chiaro che questa abilità le veniva da Pallade[5].
Ma lei lo negava e invece di essere fiera di una così grande maestra diceva: – Che Pallade gareggi con me! Se vince lei, potrà fare di me quello che vorrà.
Allora apparve Pallade, con l'aspetto di una vecchia dai capelli bianchi sostenuta da un bastone, e le disse:
– Non tutto è male nell'età avanzata: più s'invecchia, più cresce l'esperienza. Ascolta il mio consiglio: aspira pure ad essere la migliore fra i mortali nel tessere la lana, ma inchinati alla dea e chiedile perdono in ginocchio per ciò che hai detto con tanta arroganza. Se la preghi, Pallade ti perdonerà.
Con sguardo torvo[6] Aracne sospese la tessitura e, trattenendo a stento le mani, con il volto acceso dall'ira, le rispose:
– Una demente, ecco quello che sei, rimbambita dalla vecchiaia: vivere troppo a lungo nuoce, eccome! Queste chiacchiere propinale[7]

1 Meonia: antico nome della Lidia, una regione dell'Asia Minore che corrisponde all'attuale Turchia occidentale.

2 porpora: colore rosso estratto da un mollusco chiamato *mùrice* e utilizzato per tingere le stoffe.

3 Ipepe: cittadina della Lidia.

4 maestrìa: eccezionale abilità.

5 Pallade: appellativo con cui si definisce la dea Atena (Minerva per i Latini), considerata protettrice di filatrici, tessitrici e ricamatrici.

6 torvo: minaccioso.

7 propinale: raccontale, dalle a bere.

8 la figlia di Giove: secondo la mitologia Atena è figlia di Zeus (Giove per i Latini).

9 di lena: rapidamente.

10 acropoli: parte alta.

11 l'antica contesa tra gli dèi per assegnare il nome alla città: per ottenere la sovranità sulla regione dell'Attica, Atena e Poseidone (Nettuno per i Latini) si sfidano davanti agli dèi dell'Olimpo (vedi *Scheda* nella pagina a fianco).

12 tridente: forcone a tre punte che contraddistingue il dio del mare Nettuno.

13 egida: scudo indistruttibile fatto di pelle di capra.

14 rivale: Aracne.

15 Europa ingannata dalla falsa forma di un toro: Europa è una fanciulla bellissima che Zeus seduce trasformandosi in toro (vedi *Scheda* nella pagina a fianco).

16 viticci: rami.

a tua nuora o a tua figlia, se per caso ne hai una! Io so cavarmela benissimo da sola e non credere che le tue parole abbiano ottenuto qualche effetto, poiché la penso come prima. Perché Pallade non viene qui? Perché non accetta la mia sfida?

E allora la vecchia disse: – Eccomi! – e assunse l'aspetto della dèa.

Di fronte alla divinità tutte le donne presenti si inchinarono, soltanto Aracne non si spaventò ma si limitò a sussultare e ad arrossire per un attimo poi, ostinata nel suo proposito, corse verso la sua rovina: infatti la figlia di Giove[8] accettò di gareggiare con lei.

Entrambe lavoravano di lena[9] e, dopo aver fermata la veste intorno al petto, muovevano le braccia con tanta arte da non sentir fatica: per il loro lavoro usarono porpora, colori con sfumature così tenui da distinguerle appena, e fili d'oro.

Sulla sua tela Pallade dipinse la collina che sarebbe diventata l'acropoli[10] di Atene e l'antica contesa tra gli dèi per assegnare il nome alla città[11]: raffigurò le dodici divinità sedute con aria grave e maestosa, con Giove nel mezzo, poi disegnò Nettuno mentre colpiva col lungo tridente[12] il macigno di roccia facendone uscire un lago salato per aggiudicarsi la città.

Quanto a se stessa, si ritrasse con lo scudo, la lancia dalla punta acuta, l'elmo e l'egida[13] per proteggere il petto, poi disegnò la terra che, percossa dalla sua lancia, produceva una pallida pianta d'olivo con i suoi frutti, ed infine la scena della sua vittoria.

Ma perché la rivale[14] comprendesse cosa doveva aspettarsi per la sua folle audacia, aggiunse agli angoli della tela quattro scene in cui uomini e donne venivano trasformati in animali o piante per avere osato sfidare gli dèi.

Contornò i margini del lavoro con rami d'ulivo, simbolo di pace, e con la pianta che le era sacra concluse l'opera.

Aracne invece disegnò Europa ingannata dalla falsa forma di un toro[15]: il toro e il mare sembravano veri e si vedeva Europa che guardava verso terra e invocava le sue compagne e per paura degli spruzzi tirava su timorosamente i piedi.

Poi aggiunse molte altre storie in cui le divinità, variamente travestite, con l'inganno avevano sedotto giovani donne mortali: ognuno di questi personaggi era reso a perfezione e così pure l'ambiente.

Lungo l'estremità della tela tracciò un bordo sottile di fiori intrecciati a viticci[16] d'edera.

Neppure Pallade o Invidia avrebbero potuto disprezzare l'opera di Aracne, ma la bionda dea guerriera non sopportò il successo della ragazza, fece a brandelli la tela che illustrava i misfatti[17] degli dèi e colpì più volte la fronte di Aracne con la spola di legno[18].
La sventurata non lo sopportò e, impazzita, si strinse una corda intorno al collo; ma vedendola pendere Pallade ebbe pietà di lei e la sorresse dicendo: – Continua a vivere, ma appesa come sei, sfrontata[19], e perché tu non abbia miglior futuro, questa stessa pena toccherà alla tua stirpe e a tutti i tuoi discendenti.
Poi, prima d'andarsene, la bagnò col succo di erbe infernali e al contatto di quel malefico filtro immediatamente ad Aracne caddero i capelli, il naso e le orecchie; la testa e il corpo si rimpicciolirono e al posto delle gambe le spuntarono dai fianchi zampe sottili, mentre tutto il resto del corpo si trasformò in un grande ventre da cui Aracne estraeva un filo per continuare – da ragno – a tessere la sua tela.

rid. e adatt. da Ovidio, *Le Metamorfosi*, libro VI

17 misfatti: colpe.
18 spola di legno: attrezzo utilizzato per tessere.
19 sfrontata: presuntuosa.

scheda

Dèi potenti e prepotenti

Sulla sua tela Pallade riproduce l'episodio che l'ha resa signora della città di Atene. Quando lei e il dio del mare Poseidone si contendono la supremazia sulla regione greca dell'Attica, gli dèi stabiliscono che vincerà chi farà il dono più utile e bello alla nuova terra: a quel punto Poseidone fa nascere un lago salato sulla collina dove sorgerà la città, mentre Pallade fa spuntare dalla terra un ramo di ulivo, aggiudicandosi così la vittoria.
Il soggetto principale della tela di Aracne, invece, è la storia di Europa, figlia del re Agenore. Quando Zeus la vede giocare sulla spiaggia con le amiche, rimane abbagliato dalla sua bellezza e, trasformatosi in un docile toro bianco, si accuccia ai piedi della fanciulla che si siede sulla groppa del mansueto animale: allora il falso toro corre verso il mare trascinando con sé la ragazza piangente fino all'isola di Creta.
I lavori di Pallade e Aracne presentano le divinità dell'Olimpo sotto due aspetti molto diversi: l'opera di Pallade sottolinea la potenza degli dèi e ricorda agli uomini che non è possibile superare i limiti della natura umana, mentre la tela di Aracne dimostra che gli dèi dominano l'umanità, e soprattutto le donne, con l'inganno e la violenza.
La punizione di Aracne, quindi, è determinata da due motivi: in primo luogo perché la perfezione della tela della ragazza dimostra che una creatura mortale può essere superiore a una divinità, poi perché le sue immagini svelano al mondo il volto prepotente e crudele degli dèi.

Jean-Auguste-Dominique Ingres, *Ratto d'Europa*, 1865 (Cambridge, Massachusetts, Fogg Art Museum).

competenze alla prova

LEGGO E...

... COMPRENDO

1. **Per che cosa è nota Aracne?**
   - ☐ Per la sua bellezza
   - ☐ Per la sua superbia
   - ☐ Per la sua somiglianza a un ragno
   - ☒ Per la sua abilità nell'arte di filare e tessere
2. **Con quale aspetto la dea Pallade si presenta alla fanciulla protagonista del racconto?**
3. **In che cosa consiste la loro sfida?**
4. **Come si conclude la vicenda e che cosa capita ad Aracne?**

... RICAVO DAL TESTO

5. **Completa il testo.**

   Pallade all'inizio cerca di evitare .... di Aracne: per ben due volte infatti mette in guardia Aracne dal pericolo che corre: la prima volta quando, travestita da vecchia, le suggerisce di ....; la seconda volta quando, tessendo la tela, raffigura .... Aracne, però, non .... agli avvertimenti della dea.

... ANALIZZO E INTERPRETO

6. **Quali soggetti sceglie Pallade per la sua tela e perché, secondo te?**
7. **Si può dire che anche il soggetto scelto da Aracne per la sua tela non sia casuale, perché:**
   - ☒ rappresenta un esempio di generosità di una divinità verso una mortale
   - ☐ rappresenta un esempio di indifferenza di una divinità verso una mortale
   - ☐ rappresenta un esempio di insidia attuata da una divinità verso una mortale
   - ☐ rappresenta un esempio di aiuto dato da una divinità a una mortale

ORA SCRIVO IO

8. **Che cosa pensi del personaggio di Aracne? Nel tuo giudizio prevale il fastidio per la presunzione e l'arroganza della ragazza o la pietà per il terribile destino a cui Pallade la condanna?**

UN MONDO DI PAROLE

9. **Le parole sottolineate nel brano si riferiscono all'atteggiamento di Aracne nei confronti della dèa: indica tra gli aggettivi che seguono quelli che si adattano al carattere della ragazza, poi aggiungine due scelti da te.**

☐ Umile	☒ Superba
☒ Arrogante	☐ Irascibile
☐ Laboriosa	☐ Generosa

   Astuta e ....

   ....

FILOFILE

10. **Aracne subisce una punizione da parte di una divinità, che consiste in una metamorfosi. Non sempre la metamorfosi di un personaggio nasce da una punizione, anzi talvolta è una forma di pietà da parte degli dèi verso chi soffre. Cerca nel mito un esempio di metamorfosi dovuta a pietà divina.**

ANALIZZO L'IMMAGINE

11. **Descrivi la scena riprodotta dall'immagine, spiegando a quale momento del racconto si riferisce.**

Johann Wilhelm Baur, *Il mito di Aracne*, illustrazione dall'edizione delle *Metamorfosi* di Ovidio stampata a Norimberga nel 1703.

Verifica delle abilità

Filemone e Bauci

Filemone e Bauci sono due anziani sposi, che con semplicità e modestia, unite a un cuore generoso, accolgono Zeus ed Ermes, scesi sulla Terra. Nel brano qui proposto, è descritto solo l'inizio del mito, in cui si parla dell'arrivo degli dèi sulla Terra e dell'accoglienza ricevuta dagli uomini. Il mito, nella parte qui non riportata, narrerà poi la dolce e serena fine di Filemone e Bauci, che, per la gentile e spontanea accoglienza offerta, hanno ottenuto da Zeus anche il dono di poter morire insieme.

Zeus[1], appoggiato a una roccia della cima d'Olimpo[2], guardava in basso, silenzioso, con la fronte corrugata[3]. – Cosa osservi così intensamente, padre? – chiese Ermes[4], che sedeva vicino a lui. – Perché hai sul volto quell'espressione crucciata[5]?
– Osservo gli uomini, Ermes: ma benché la mia vista sia potente, non riesco a distinguere con precisione le loro azioni e soprattutto, cosa che m'importa di più, le espressioni dei volti... Sento talvolta cantare dalle ninfe[6], o da Apollo[7], la profondità dei loro sentimenti, ma da quassù non vedo niente che me ne parli.
– Capisco, padre – disse Ermes venendogli vicino. – Io viaggio spesso fra loro e in effetti ho imparato che, se si guardano da lontano, gli umani possono trarre in inganno. Vedi due che camminano vicini, ti sembrano legati da pacifico affetto e grande amicizia: ma se li sfiori passando e ascolti le cose che si dicono, o vedi il modo in cui si guardano, capisci che fra poco metteranno mano alle armi e cercheranno di uccidersi a vicenda!
– Ho provato talvolta anch'io a scendere fra loro – disse Zeus, dopo un profondo respiro. – Ma quando vedono la luce che mi annuncia, o sentono il tuono che mi precede, ecco che chinano la fronte, alzano le mani, si mostrano quieti e devoti e sulle loro facce scompaiono i sentimenti di tutti i giorni.

1 **Zeus**: suprema divinità greca, signore degli dèi e del mondo.
2 **Olimpo**: monte della Grecia, dove vivono gli dèi.
3 **corrugata**: solcata da rughe, espressione di chi è preoccupato.
4 **Ermes**: figlio di Zeus e messaggero degli dèi.
5 **crucciata**: preoccupata.
6 **ninfe**: divinità minori che popolano i boschi e le acque.
7 **Apollo**: figlio di Zeus, la più importante divinità dopo Zeus, è il dio della luce, della musica e della poesia.

Zeus tacque, continuando a guardare in lontananza le valli e le pianure della Tessaglia, quelle lontane dell'Attica e quelle ancora più lontane del Peloponneso[8].

Il suo occhio potente arrivava fin laggiù, ma non riusciva a cogliere lo sguardo degli uomini, delle donne, dei bambini.

– Perché non scendi fra loro senza luci e senza tuoni, padre Zeus? Come faccio io quando, inviato da qualche dio, sotto forma di pellegrino, o talvolta di mendicante, o di commerciante, me ne vado per le strade, mi fermo nei villaggi, o lungo i campi...

Per un attimo, il corruccio di Zeus si fece più fondo, tanto che Ermes temette di averlo offeso con quella proposta e fece un passo indietro, conoscendo quanto erano terribili gli scatti d'ira del padre.

Invece, dopo un istante, Zeus volse lo sguardo su di lui e disse in tono pacato[9]: – Non avevo pensato a questo, Ermes. Mi sembra una buona idea. Ma siccome non sono esperto dei percorsi terreni e delle abitudini di laggiù, tu mi accompagnerai.

Fu così che, con l'aspetto di due pellegrini, Zeus ed Ermes si trovarono dopo qualche tempo su una strada della Frigia[10], da dove avevano deciso di cominciare la loro esplorazione.

Era inverno e quasi nessuno girava per la fredda campagna. Dai tetti delle case e delle capanne usciva il fumo dei fuochi, che si innalzava dritto nell'aria bianca e immobile del cielo.

Quando videro la casa di un ricco possidente[11], i due pellegrini decisero di fermarsi a riposare.

Bussarono una volta e attesero.

Nessuno rispose.

Bussarono di nuovo, ma anche questa volta nessuno rispose.

Zeus, indispettito[12], bussò di nuovo, mettendo nel pugno una tale forza che la porta scricchiolò.

Ed ecco, dall'interno, una voce irritata.

– Chi bussa alla mia casa?

– Siamo due pellegrini – disse Zeus, sforzandosi di usare una voce gentile.

– E cosa volete?

– Vorremmo scaldarci un poco e riposare dal cammino, secondo le buone usanze di questo Paese[13].

Sentirono una risata.

– Forse dal luogo da cui venite si usa aprire la porta agli straccioni sconosciuti! – disse la voce. – Ma grazie agli dei, qui non facciamo sciocchezze simili. Il fango dei vostri calzari[14] non sporcherà i pavimenti di questa casa!

– Apri almeno un poco la porta, perché possa vederti in faccia! – disse Zeus, con voce molto irritata.

8 Tessaglia ... Attica ... Peloponneso: regioni dell'antica Grecia.

9 pacato: calmo.

10 Frigia: regione centrale dell'Asia Minore.

11 possidente: proprietario terriero.

12 indispettito: infastidito.

13 secondo le buone usanze di questo Paese: nell'antica Grecia l'ospitalità era una delle pratiche più importanti. Si doveva ospitare chiunque nel modo migliore, congedandolo con doni preziosi, senza necessariamente chiederne il nome.

14 calzari: calzature.

– Andatevene, o aprirò la gabbia dei cani! – fu la risposta.
E, come per spaventare i pellegrini, dal cortile interno della grande casa si sentì un abbaiare furioso.
Zeus, furente, alzò la mano chiusa a pugno, forse per abbattere con un terribile colpo la porta, addirittura tutta intera quella casa inospitale. Svelto Ermes, che conosceva l'ira del padre, accostò la bocca al suo orecchio e disse: – Glorioso Zeus, non t'infuriare! La sfortuna certo ha voluto che passassimo vicino alla casa del più bruto[15] e inospitale di tutta la Frigia. Proseguiamo il cammino: vedrai, saremo accolti con molta più generosità!
Lentamente Zeus abbassò il pugno e i due ripresero il cammino.
Dopo mezz'ora, eccoli in vista della casa di un contadino.
Zeus bussò.
– Chi bussa?
– Due pellegrini in cerca di caldo e riposo.
– Qui c'è spazio solo per la mia famiglia! – rispose una voce rude.
– E poi lo sappiamo: a un ospite, bisogna dargli anche da mangiare e da bere e noi non abbiamo cibo da sprecare per gli sconosciuti!
– Schiudi la porta, che possa vederti in faccia! – disse Zeus, trattenendo la furia.
– Oh, no! Se si schiude la porta, poi bisogna aprirla del tutto! – disse la voce.
Ermes temeva la vendetta del dio infuriato: ma, stranamente, Zeus non fece nulla e riprese a camminare con passo svelto sulla strada della campagna.
– Cosa intendi fare, padre? – chiese Ermes, mettendosi al suo fianco.
– Intendo continuare il viaggio! – disse Zeus. – Intendo bussare a tutte le case e ascoltare tutte le risposte. Quando avrò ascoltato, intendo punire quelli che devono essere puniti e premiare quelli che devono esser premiati!
Così fece: bussò a ogni porta e, per loro sciagura, tutti lo scacciarono, con una ragione o con l'altra, o semplicemente con male parole.
Alla fine, arrivati in vista di un monte, Zeus disse: – Ho visto e sentito abbastanza, Ermes. Saliamo lassù e facciamo quello che bisogna fare!
Poco prima della salita c'era una povera capanna dal tetto di canne, da cui usciva un filo di fumo.
Stanchi di delusioni, Zeus ed Ermes stavano passando oltre, quando sentirono venire dalla capanna un suono dolce. Si fermarono: era il canto leggero, monotono[16], ritmato, di una voce di donna. Era simile, in qualche modo, al canto di Eco, la ninfa cantatrice d'Olimpo, che rallegrava e rasserenava gli dei durante i banchetti.
Senza dire niente, vinti da quella dolcezza, i due si avvicinarono alla capanna e rimasero ad ascoltare.
Poi, con delicatezza, Zeus bussò.
Il canto s'interruppe. Si sentì un rumore di passi e la porticciola si aprì completamente.

15 bruto: rozzo, maleducato.

16 monotono: che si ripete con ritmo e cadenza uniformi.

Un vecchio piccolo e magro sorrise e disse con voce lieta: – Buongiorno a voi, pellegrini!
I due dei erano così stupiti dalla novità dell'accoglienza, che non dissero nulla e rimanevano fuori dalla soglia[17].
Una voce femminile, dal buio interno, disse: – Degnatevi di entrare nella nostra capanna, buoni pellegrini! È piccola e misera, ma almeno è calda e ci si può riposare!
Una donna magra, vestita di una vecchia tunica marrone, seduta a un piccolo telaio, si alzò in piedi.
Zeus ed Ermes entrarono, abbassando la testa per non urtare l'architrave[18].
– Spero non vi spiaccia di fare questo inchino, miei cari ospiti! – disse il vecchio ridendo e mostrò loro l'unica panca di legno della capanna, su cui la donna stava stendendo un panno di lana. – Ma dovete capire: porte troppo alte fanno uscire facilmente il tepore, quando il vento di settentrione[19] si incattivisce e graffia la terra con i suoi artigli di ghiaccio!
– Vi ringraziamo dell'ospitalità – disse Zeus sedendo. – Il mio nome è Kaus e il mio amico si chiama Pesia. Siamo pellegrini su questa terra, diretti a Sparta[20].
– Il mio nome è Filemone – disse il vecchio.
– Il mio Bauci – disse la donna. – Viviamo qui da quando ci sposammo, più di quarant'anni fa.
– Però ci conoscevamo fin da quando eravamo piccoli – disse il vecchio, guardando con tenerezza la sposa.
– Sapete, gli dei, sia gloria al loro nome, non hanno voluto concederci la gioia di avere figli – disse lei. – Però questo non ci ha rattristato, perché il nostro amore è stato, per noi, come un figlio: lo abbiamo allevato e protetto e nutrito.
Anche lei guardava Filemone, adesso, e la dolcezza dei loro sguardi fece corrugare la fronte a Zeus, per un'emozione che non aveva mai provato.
Poi, come a un segnale segreto, i vecchi si misero in movimento: versarono acqua tiepida in un vassoio[21] di faggio, perché gli ospiti si rinfrescassero il volto e le mani, poi lei aggiunse rami secchi di pino al fuoco, lui uscì a raccogliere nell'orto delle erbe, che portò in casa e prese a pulire e Bauci riscaldò l'acqua per cucinare.
Mentre facevano tutto questo, per non impegnare i due ospiti a parlare e permettere loro un pieno riposo, dandosi il turno, raccontavano pacatamente la loro vita, le vicende del tempo, del lavoro, dei raccolti e ogni tanto ridevano e tornavano a guardarsi con affetto e complicità.
Quando le erbe furono pronte, Filemone staccò da una trave un pezzo di carne di maiale affumicato, ne tagliò due fette e le mise nell'acqua bollente. Mentre lo faceva, parlò agli ospiti di quel maiale.
– Sapete, questo maiale era il più grosso che ci sia mai capitato di allevare ed era muto, a tal punto che, quando abbiamo dovuto uc-

17 soglia: porta.
18 architrave: trave orizzontale sostenuta da colonne o stipiti; in questo caso parte superiore della porta.
19 vento di settentrione: il vento freddo del Nord.
20 Sparta: città della Grecia situata nel Peloponneso.
21 vassoio: contenitore a fondo piano con i bordi rialzati.

ciderlo, Bauci, per amicizia, ha fatto lei gli strilli che la bestia non poteva fare!

Poi la vecchia avvicinò ai due ospiti un tavolo a tre gambe, che aveva una gamba corta e sotto quella incastrò un coccio[22] perché il tavolo non traballasse.

Strofinò la superficie con foglie di menta, poi tagliò due pezzi di pane, mentre Filemone metteva nei piatti di legno la carne cotta e le verdure, disponendole con cura, perché invitassero non solo la bocca ma anche gli occhi.

Zeus ed Ermes, sorridendo, mangiarono con appetito. In piatti di coccio furono servite bacche d'ulivo di vario colore sacre alla vergine Minerva[23], corniole[24] d'autunno in salsa, indivia[25] e rafano[26], poi formaggi e uova assodate[27] nella cenere calda.

Bauci poi portò in tavola due coppe scolpite nel legno di faggio che nell'incavo erano spalmate di cera.

– Il nostro vino è un po' acerbo, miei cari ospiti e purtroppo non abbondante – disse Filemone versando da un orcio[28] del vino nelle coppe. – Ma per trovarne uno migliore, dovreste camminare per più di una settimana!

Portarono fichi secchi, mele odorose e noci e prugne, datteri rugosi, grappoli d'uva spiccati[29] dai tralci rossastri e candidi favi[30] di miele. Zeus alzò la coppa, brindò ai due e bevve e lo stesso fece Ermes.

I vecchi, in piedi accanto al tavolo, guardavano tranquilli, contenti del buon appetito degli ospiti e al brindisi si inchinarono, arrossendo per la contentezza.

Ma ecco che i loro occhi si spalancarono per la sorpresa: le coppe, per quanto i due bevessero in abbondanza, rimanevano piene.

Prima che la sorpresa si trasformasse in spavento, Zeus alzò lo sguardo e disse con voce pacata: – Filemone, Bauci, cari e gentili ospiti, non abbiate paura: noi non siamo pellegrini, come vi abbiamo detto poco fa, ma dei dell'Olimpo. Siamo venuti per vedere da vicino l'anima della gente. E io vi dico: voi siete gli unici che ci avete accolto, mentre ogni altro ha mostrato disprezzo verso il dovere antico e sacro dell'ospitalità. Per questo intendo punire questa gente: ma voi, miei cari, non sarete puniti. Voi verrete in cima al monte e vi salverete.

I due vecchi, dopo un attimo di silenzio addolorato, chinarono il capo. Senza prendere niente con sé, senza nemmeno voltarsi a guardare la casa, si avviarono dietro gli dei.

Filemone e Bauci marciavano con un passo lento, per-

22 coccio: oggetto o pezzo di terracotta.

23 Minerva: divinità romana identificata con la greca Atena, figlia di Zeus e dea della sapienza e dell'ingegno. Il nome Minerva è qui usato come sinonimo di Atena.

24 corniole: frutti selvatici grandi come olive, di colore rosso, con cui si preparano marmellate e infusi.

25 indivia: varietà di insalata.

26 rafano: radice profumata, dolce o piccante, usata per insaporire salse e alimenti.

27 assodate: fatte diventare sode.

28 orcio: vaso di terracotta grande e panciuto.

29 spiccati: staccati.

30 favi: un favo è l'insieme di celle di cera costruite dalle api per deporvi uova, miele e polline.

ché alla loro età non avevano forza nelle gambe, ma si accorsero che, pur essendo la salita molto ripida, non facevano nessuna fatica, come se gli dei avessero tolto loro il peso: allora, stupiti ed emozionati, accelerarono il passo dietro gli dei, che salivano veloci davanti a loro.
Quando furono in cima, senza dire una parola, Zeus alzò una mano chiusa a pugno e poi l'aprì lentamente: ed ecco radunarsi da ogni direzione scure e rapide nubi, che coprirono in breve tempo ogni parte del cielo e poi scrosciò una pioggia tanto fitta e violenta come mai si era vista in quella regione.
Solo Zeus, Ermes, Bauci e Filemone, sulla cima del monte, erano all'asciutto, come fossero coperti da una cupola di invisibile cristallo.
La pioggia cadeva ininterrottamente.
Il mondo frusciava e stillava[31] e nulla si vedeva nel grigio di quel tormento d'acqua[32].
Il diluvio durò ore, ore e ore: ma a Filemone e Bauci, pallidi, seduti nell'erba asciutta della cima, con le braccia bianche strette attorno alle ginocchia, sembrarono pochi minuti.
Poi, a un gesto di Zeus, la pioggia cessò, venne un gran vento, le nuvole fuggirono, il cielo tornò azzurro.
Il sole illuminò un paesaggio tremendo: tutta la Frigia era sommersa dalle acque, tranne la zona della capanna di Filemone e Bauci, che sembrava essere stata protetta come i quattro sulla cima del monte.

da R. Piumini, *Filemone e Bauci*, in *Storie d'amore*, Edizioni EL

31 frusciava e stillava: gemeva e gocciolava, cioè soffriva a causa della pioggia continua.

32 tormento d'acqua: acqua che provoca tormento.

Leggi con attenzione il brano, poi rispondi alle domande.

totale punti: 18 **sufficienza punti: 11**

1 Per quale ragione Zeus ed Ermes scendono sulla Terra? (1 punto)

- [ ] Perché Zeus si stava annoiando
- [x] Perché Zeus voleva verificare la profondità dei sentimenti umani
- [ ] Perché Zeus voleva verificare il senso di ospitalità degli uomini
- [ ] Perché Zeus voleva verificare se il suo travestimento funzionava

2 Come si travestono? (1 punto)

Zeus ed Ermes si travestono da pellegrini

3 In quale stagione compiono il viaggio? (1 punto)

- [ ] Primavera
- [ ] Estate
- [ ] Autunno
- [x] Inverno

4 Alle porte di quante case bussano? (1 punto)

☐ Di due o tre
☐ Di quattro o cinque
☒ Di tutte le case della Frigia
☐ Di tutte le case della Grecia

5 Come si comportano i primi uomini alle cui case bussano Zeus ed Ermes? (fino a 2 punti)

Le prime case a cui bussano Ermes e Zeus
entrambi non gli aprono le porte

6 Come accolgono Filemone e Bauci gli ospiti? (fino a 2 punti)

....
....

7 Qual è la condizione economica di Filemone e Bauci? (1 punto)

☐ Sono molto poveri
☒ Sono abbastanza poveri
☐ Sono abbastanza ricchi
☐ Sono molto ricchi

8 Appena mettono piede in casa di Filemone e Bauci, Zeus ed Ermes rimangono: (1 punto)

☐ offesi dal loro comportamento
☐ stupiti per il loro comportamento
☐ indifferenti al loro comportamento
☐ umiliati dal loro comportamento

9 Qual è, per natura, il carattere tipico di Zeus? (fino a 2 punti)

....
....
....

10 Quale punizione riserva Zeus agli uomini che si sono comportati male? (2 punti)

....
....

11 Che cosa significa l'espressione "Il diluvio durò ore, ore e ore"? (1 punto)

....

12 Secondo te, Zeus in questo mito si comporta secondo giustizia, o no? Motiva la tua risposta. (fino a 3 punti)

....
....
....

gli eroi

E Zeus poi ha generato me, Eracle (*Ercole*), in odio ad Era; e mentre ancora succhiavo il latte, la compagna di Zeus avventò contro me in fasce due serpenti occhi di fiamma perché morissi. E quando da giovinetto tutto il mio corpo si coprì di muscoli, bisogna che io racconti i travagli che affrontai? Leoni, Tifoni dai tre corpi, o Giganti, e sterminai, combattendo, le frotte quadrupedi dei Centauri, e l'Idra, cagna dalle cento teste, che, recise, ancora crescevano; e mille e mille altre fatiche; e discesi fra i morti, e ne condussi fuori il cane a tre teste, custode dell'Averno.

rid. e adatt. da Euripide, *Eracle*,
a cura di U. Albini, F. Barberis, Garzanti

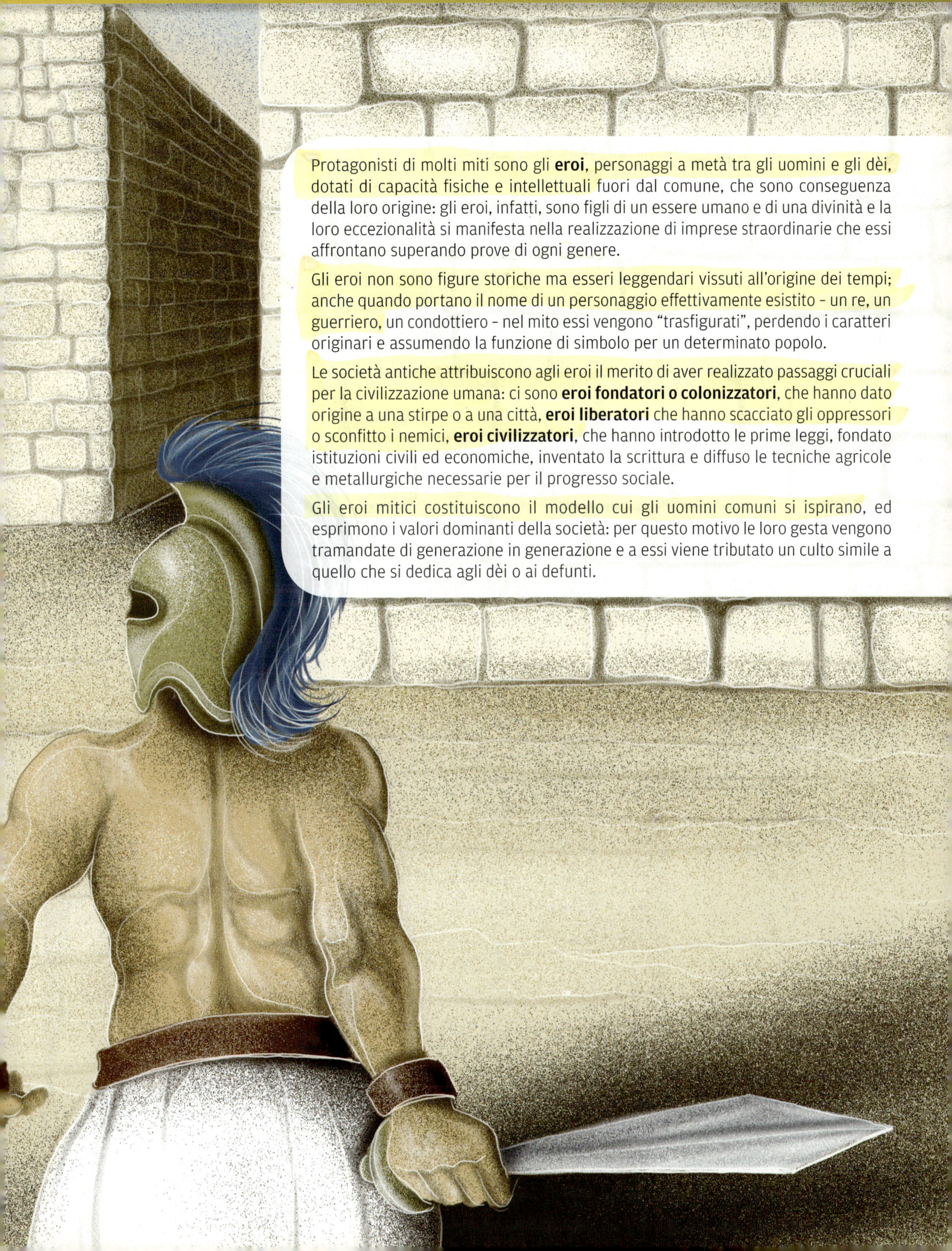

Protagonisti di molti miti sono gli **eroi**, personaggi a metà tra gli uomini e gli dèi, dotati di capacità fisiche e intellettuali fuori dal comune, che sono conseguenza della loro origine: gli eroi, infatti, sono figli di un essere umano e di una divinità e la loro eccezionalità si manifesta nella realizzazione di imprese straordinarie che essi affrontano superando prove di ogni genere.

Gli eroi non sono figure storiche ma esseri leggendari vissuti all'origine dei tempi; anche quando portano il nome di un personaggio effettivamente esistito - un re, un guerriero, un condottiero - nel mito essi vengono "trasfigurati", perdendo i caratteri originari e assumendo la funzione di simbolo per un determinato popolo.

Le società antiche attribuiscono agli eroi il merito di aver realizzato passaggi cruciali per la civilizzazione umana: ci sono **eroi fondatori o colonizzatori**, che hanno dato origine a una stirpe o a una città, **eroi liberatori** che hanno scacciato gli oppressori o sconfitto i nemici, **eroi civilizzatori**, che hanno introdotto le prime leggi, fondato istituzioni civili ed economiche, inventato la scrittura e diffuso le tecniche agricole e metallurgiche necessarie per il progresso sociale.

Gli eroi mitici costituiscono il modello cui gli uomini comuni si ispirano, ed esprimono i valori dominanti della società: per questo motivo le loro gesta vengono tramandate di generazione in generazione e a essi viene tributato un culto simile a quello che si dedica agli dèi o ai defunti.

Mito babilonese

L'Epopea di Gilgamesh

Il protagonista di questo antico poema è **Gilgamesh**, leggendario re della città sumera di Uruk (vedi pag. 6). La sua figura presenta le caratteristiche tipiche dell'eroe mitico: figlio di una dea e di un uomo, ha una **straordinaria forza fisica** e affronta con eccezionale coraggio le avventure più pericolose.
Al pari di tutti gli eroi, però, anche Gilgamesh ha **elementi di fragilità umana**, come il bisogno di stringere legami con i propri simili e il tentativo di sconfiggere la morte, l'unico limite certo e insuperabile alla sua potenza.
L'**Epopea di Gilgamesh** è il più importante testo mitologico della regione mesopotamica giunto fino a noi. Nella prima parte dell'opera Gilgamesh stringe un patto d'amicizia con Enkidu, una creatura valorosa e selvaggia con la quale condivide numerose imprese, mentre nella seconda, che inizia con la morte di Enkidu, si sottopone a numerose prove per ottenere l'immortalità, senza successo. Il poema si conclude quando l'eroe comprende che morire è inevitabile e, reso più saggio dalle esperienze, torna a governare con giustizia la sua città.

La trasmissione del mito

Il nucleo originario dell'*Epopea di Gilgamesh* appartiene alla **civiltà sumera** e risale probabilmente al III millennio a.C., ma il poema che noi leggiamo è frutto della fusione di racconti indipendenti, dapprima tramandati oralmente, che vengono raggruppati e trasformati in una storia coerente e omogenea intorno al XVII secolo a.C. da un poeta di cui ignoriamo il nome. Dell'*Epopea di Gilgamesh* sono stati ritrovati diversi frammenti, ma la versione più completa è costituita da undici tavolette di argilla in caratteri cuneiformi rinvenute nella grande biblioteca del re assiro Assurbanipal (VII secolo a.C.) a Ninive, e tradotte a partire dalla seconda metà dell'Ottocento.

Tavoletta sumera incisa con caratteri cuneiformi, rinvenuta a Ebla, in Siria, II millennio a.C. (Aleppo, Museo Nazionale).

Un amico per Gilgamesh

Il poema inizia con l'incontro tra due esseri eccezionali: da un lato c'è Gilgamesh, che domina con prepotenza la città di Erech, dall'altro Enkidu, una creatura a metà tra l'uomo e la bestia che lo sfida pubblicamente durante i festeggiamenti per il nuovo anno. I due si affrontano in una lotta feroce che dimostra quanto essi siano simili per forza, coraggio e intraprendenza - valori che distinguono l'eroe da un comune mortale - segnando l'inizio di un legame solidissimo fondato sul reciproco rispetto. Quest'episodio celebra l'importanza dell'amicizia come valore fondamentale per l'essere umano e dimostra come gli uomini passino dalla condizione selvaggia alla civiltà grazie alla forza dei legami affettivi poiché, solo dopo aver conosciuto l'amore di una donna, Enkidu desidera diventare uomo a tutti gli effetti e partecipare alla vita sociale.

Ad Erech

C'era una volta nella città di Erech[1] un essere grande e terribile che aveva nome Gilgamesh. Per due terzi egli era divino, e solo per un terzo era umano[2]. Era il più potente guerriero di tutto l'Oriente; nessuno poteva uguagliarlo nel combattimento, nessuno poteva vincerlo con la lancia. L'intera popolazione di Erech era dominata dal suo potere e dalla sua forza; egli governava gli abitanti con mano di ferro, prendendo tutti i giovani al suo servizio e facendo sua ogni donna che desiderava. Alla fine, gli abitanti di Erech, non potendo più oltre sopportare le sue sopraffazioni, implorarono aiuto dal cielo.

1 Erech: è la città di Uruk, uno dei centri più importanti della civiltà sumera.

2 Per due terzi egli era divino, e solo per un terzo era umano: Gilgamesh è figlio della dea Ninsun e di un mortale, ma è detto per due terzi dio e per un terzo uomo perché la natura divina prevale su quella umana.

Rappresentazione di un genio protettivo che trasporta un piccolo leone; in passato si pensava rappresentasse Gilgamesh.

Nel cielo

Il Signore del cielo[3] intese[4] la loro preghiera e chiamò la dea Aruru, quella stessa dea che nei tempi antichi aveva plasmato l'uomo dall'argilla[5].

«Vai,» disse il Signore del cielo, «e plasma dall'argilla un essere che abbia la stessa forza di questo tiranno, affinché lo combatta e lo vinca, e liberi la popolazione di Erech dal suo dominio.»

Udite tali parole, la dea si inumidì le mani e, presa dell'argilla dal suolo, la impastò, dandole la forma di una mostruosa creatura, alla quale impose il nome di Enkidu. Fiero e violento era Enkidu, come il dio della battaglia, e l'intero suo corpo era coperto di pelo. Aveva trecce lunghe come quelle di una donna, e andava vestito di pelli. Trascorreva le giornate vagando per la campagna insieme con gli animali, e come questi si nutriva di erbe selvatiche e si dissetava all'acqua dei ruscelli.

Ma nessuno ancora ad Erech sapeva della sua esistenza.

In quale luogo è ambientata questa parte del racconto?

Un giorno, un cacciatore che era andato a posare delle trappole, scorse la strana creatura che, accanto alle mandrie, si dissetava a una sorgente. Al solo vederla, il cacciatore impallidì dallo spavento. Con il volto teso e contratto e con il cuore in tumulto, si precipitò verso casa terrorizzato, gridando di paura.

Il giorno seguente, il cacciatore ritornò nei campi per continuare il suo lavoro e

3 Il Signore del cielo: il dio An.

4 intese: ascoltò.

5 Aruru, quella stessa dea che nei tempi antichi aveva plasmato l'uomo dall'argilla: Aruru, la dea Madre, ha creato l'umanità disponendo sette copie in argilla di se stessa alla sua sinistra (le donne) e sette alla sua destra (gli uomini).

trovò che tutte le fosse che aveva scavato erano state nuovamente riempite di terra e tutti i lacci che aveva teso erano stati strappati, ed ecco che lì c'era lo stesso Enkidu, intento a liberare gli animali caduti nelle trappole!
Al terzo giorno, l'incidente si ripeté ancora; allora il cacciatore andò a domandar consiglio a suo padre, e questi gli suggerì di andare ad Erech e di riferire il fatto a Gilgamesh.
Quando Gilgamesh udì quanto era accaduto e apprese l'esistenza della selvaggia creatura che ostacolava i lavori dei suoi sudditi, ordinò al cacciatore di trovare una ragazza e di condurla al luogo ove le mandrie andavano ad abbeverarsi.
Il cacciatore fece quanto gli era stato ordinato e, dopo un viaggio di tre giorni, giunse con la ragazza al luogo nel quale le mandrie andavano ad abbeverarsi.
Per due giorni essi attesero. Al terzo giorno, la strana creatura selvaggia venne con le mandrie in cerca di acqua. Non appena la ragazza lo scorse, il mostro, incantato e rapito[6], l'attirò a sé e la strinse in un abbraccio appassionato.
I due rimasero insieme una settimana, poi Enkidu si accinse a raggiungere nuovamente le mandrie, ma cervi e gazzelle non lo riconobbero più per uno dei loro e al suo avvicinarsi si spaventarono e rapidi si diedero alla fuga.
Enkidu tentò di inseguirli ma durante la corsa sentì le gambe mancargli e le membra intorpidirsi, e d'improvviso comprese di non essere più un animale, ma di essere divenuto un uomo.
Dopo poco, la ragazza tornò da lui.
«Enkidu,» disse dolcemente, «sei divenuto bello come un dio. Perché vuoi continuare a errare[7] in compagnia degli animali? Suvvia, vieni con me, che io ti condurrò a Erech, la grande città degli uomini dove Gilgamesh infuria come un toro, tenendo tutti gli abitanti sotto il suo ferreo dominio». A tali parole, Enkidu fu preso da una grande gioia. Ormai, infatti, non era più come una bestia selvaggia, e desiderava la compagnia degli uomini.
«Guidami,» egli disse, «alla città di Erech, al tempio».

Era la vigilia dell'Anno Nuovo, quando raggiunsero la città. I festeggiamenti erano al culmine, le strade erano addobbate di allegri festoni e ovunque le grida dei giovani festanti salivano nell'aria, impedendo il sonno ai più anziani. Improvvisamente, al di sopra del fragore e del chiasso, si udì un suono di tintinnanti cembali[8] e la debole eco di flauti lontani. Il suono si faceva sempre più forte e più vicino, fino a quando, infine, la grande processione apparve a una svolta della strada: Gilgamesh ne era la figura centrale. La processione si aprì un passaggio lungo la strada e nel cortile del tempio. Poi si fermò, e Gilgamesh si fece avanti.

6 incantato e rapito: la visione della ragazza sconvolge l'animo di Enkidu.

7 errare: vagare.

8 cembali: il *cembalo* è un antico strumento musicale usato durante le feste religiose, formato da due dischi concavi di rame che, percossi insieme, producono un suono molto acuto.

In quale luogo è ambientata questa parte del racconto?

Ma proprio mentre era sul punto di entrare nel tempio, ci fu un movimento improvviso nella folla e poco dopo Enkidu fu visto ergersi[9] dinanzi alla porta scintillante, lanciando la sua sfida e sbarrando il passaggio col piede.
La folla arretrò stupita, ma al suo stupore si accompagnava un segreto senso di sollievo.
«Ora finalmente,» sussurrava ciascuno al suo vicino, «Gilgamesh ha trovato un avversario degno di lui. Guardate, costui è il suo stesso ritratto! Forse un poco più basso, ma forte ugualmente, poiché ha succhiato il latte degli animali selvaggi. Finalmente vedremo delle novità a Erech!»
Gilgamesh, tuttavia, non provò nessuna sorpresa: infatti, già in sogno gli era stata rivelata la venuta di un uomo potente, al quale egli non avrebbe potuto resistere ma che, passato qualche tempo, sarebbe divenuto il suo migliore e più intimo amico.

9 ergersi: alzarsi in piedi.

competenze alla prova

LEGGO E...

... COMPRENDO

1 Gilgamesh è un essere:

☐ tutto divino
☐ tutto umano
☒ in maggior parte divino
☐ in maggior parte umano

2 Per quale motivo Enkidu viene creato?

☒ A causa della solitudine di Gilgamesh
☐ Per il desiderio di vendetta degli dèi
☐ Per la richiesta degli esseri umani
☐ Per la necessità di domare gli animali selvatici

3 Perché gli uomini temono Enkidu?

☒ Si comporta come un animale
☐ Danneggia il loro lavoro
☐ Aggredisce gli animali domestici
☐ Attacca contadini e pastori

4 Con quale gesto Enkidu sfida Gilgamesh?

5 Chi prevale nella lotta tra i due protagonisti?

6 Per quale motivo Gilgamesh non si stupisce della forza del suo avversario?

... RICAVO DAL TESTO

7 Completa il testo e ricava la durata approssimativa delle vicende narrate nel brano.

Il cacciatore vede Enkidu nel bosco per Tre........... giorni di seguito. Il suo viaggio per condurre una ragazza nel bosco dura Tre.............. giorni. Prima che Enkidu ricompaia trascorrono .... giorni; dopo aver conosciuto la ragazza, Enkidu si trattiene con lei ....
La durata complessiva della vicenda narrata è quindi di circa ....

8 Perché Gilgamesh ordina al suo suddito di portare una donna da Enkidu?

9 Da quali segni Enkidu comprende di non appartenere più al mondo animale?

10 Il fatto di non appartenere più al mondo animale spinge Enkidu:

☐ alla decisione di isolarsi
☐ alla ricerca della compagnia di altri uomini
☐ al desiderio di gloria
☐ alla nascita del sentimento religioso

Gilgamesh avanzò dunque verso il suo avversario e, dopo pochi istanti, eccoli entrambi avvinghiati nella lotta, impetuosi e selvaggi come tori. Alla fine, Gilgamesh si abbatté al suolo e comprese di aver trovato il suo degno avversario.
Ma Enkidu era altrettanto generoso quanto forte; comprese subito che il suo avversario non era soltanto un millantatore[10] e un tiranno, come gli si era voluto far credere, ma che era un valoroso e fiero guerriero, il quale aveva coraggiosamente accettato la sua sfida, senza indietreggiare di fronte al combattimento.
«Gilgamesh,» egli disse, «mi hai dato chiara prova di essere stato generato da una dea; il cielo stesso ti ha posto sul trono. Non sarò dunque più tuo nemico. Stringiamo piuttosto un patto di amicizia.» E, rialzatolo da terra, lo abbracciò.

rid. e adatt. da T.H. Gaster, *Le più antiche storie del mondo*, trad. di N. Coppini, Einaudi

10 millantatore: spaccone.

... ANALIZZO E INTERPRETO

11 **La folla, alla vista di Enkidu, dice: «Finalmente vedremo delle novità a Erech!». Che cosa lasciano intendere queste parole?**

12 **Alle fine del combattimento, l'autorità di Gilgamesh:**
- ☐ rimane immutata
- ☐ diminuisce perché è stato sconfitto
- ☐ aumenta perché ha vinto
- ☐ si rafforza perché Enkidu dichiara che il cielo stesso ha posto Gilgamesh sul trono

13 **Quale virtù di Gilgamesh viene particolarmente apprezzata da Enkidu?**
- ☐ La forza
- ☐ Il coraggio
- ☐ L'astuzia
- ☐ La generosità

ORA SCRIVO IO

14 **Sottolinea le espressioni relative all'aspetto fisico, al carattere e al comportamento di Gilgamesh ed Enkidu, poi elabora una breve presentazione scritta dei due eroi, sottolineando le qualità che hanno in comune.**

15 **In molti film e romanzi è presente la figura dell'uomo-bestia che si civilizza progressivamente attraverso il contatto con gli altri esseri umani: presenta una di queste storie riassumendone brevemente la trama e descrivendo le caratteristiche del protagonista.**

UN MONDO DI PAROLE

16 **Spiega con parole tue il significato dell'espressione "*governava gli abitanti con mano di ferro*".**

C'È STILE E STILE

17 **Nel brano compare per due volte la stessa similitudine, che paragona la forza dei protagonisti a quella di un animale: sottolineala e spiegane il significato.**

FILOFILE

18 **Cerca su Internet raffigurazioni di Gilgamesh o Enkidu. Quando si tratta di immagini relative a reperti originali di area mesopotamica, indica in quali musei sono conservati.**

Mito greco

Gli oracoli antichi: Edipo e Perseo

Nel mondo antico grande importanza veniva attribuita agli **oracoli**, i responsi sul futuro che gli dèi davano agli uomini, per bocca di sacerdoti e sacerdotesse. Anche le vicende di diversi personaggi del mito sono condizionate dalle parole pronunciate dagli oracoli. Uno degli esempi più chiari in tal senso ci viene dalla vicenda di **Edipo**: suo padre Laio aveva saputo da un oracolo che un figlio l'avrebbe ucciso. Inutilmente costui prima aveva tentato di non generare figli e poi, una volta nato il bambino che avrebbe in seguito assunto il nome di Edipo, aveva dato ordine di ucciderlo. Il piccolo era però stato salvato, era cresciuto lontano dalla sua patria e da adulto era tornato, finendo per uccidere il padre (senza riconoscerlo) per un aspro litigio avvenuto a un incrocio di strade.

Consultazione dell'oracolo, *Coppa Attica*, 450-425 a.C. (Berlino, Antikensammlung).

Anche il mito di **Perseo**, uno dei più famosi eroi greci, ben conferma l'importanza degli oracoli e il peso determinante che avevano sulla vita di qualsiasi uomo, anche di personaggi importanti. Acrisio, padre di Danae, aveva saputo da un oracolo che il nipote, che sarebbe nato da sua figlia Danae, lo avrebbe ucciso. Per questo, prima aveva tentato di risolvere il problema rinchiudendo in una torre inaccessibile la giovane donna, poi però aveva scoperto che era comunque rimasta incinta: secondo alcuni, la responsabilità era di Preto, fratello di Acrisio, secondo altri era stato Zeus stesso a tramutarsi in pioggia d'oro per penetrare nella torre e unirsi a Danae. Furioso, Acrisio aveva posto la figlia con il bambino appena nato in una cassa di legno, abbandonando entrambi al loro destino, su una nave alla deriva, nella speranza che fossero travolti dai flutti. Tutti i miti greci, però, insegnano che un uomo non ha in alcun modo il potere di mutare il corso del fato: per questo, dopo essere stato raccolto da un pescatore di nome Ditti ed essersi così salvato, Perseo affrontò mille avventure e peripezie (tra le più famose e importanti, l'uccisione della Medusa e la liberazione di Andromeda, che avrebbe poi sposato) fino all'inevitabile compimento dell'oracolo; Perseo infatti, dopo aver perdonato il nonno Acrisio, finì per ucciderlo durante i giochi sportivi, colpendolo involontariamente con un disco in una gara di lancio. Alla sua morte, infine, sempre secondo la credenza antica, Perseo fu trasformato in una costellazione, proprio accanto alla sua amata Andromeda, diventata anch'essa una costellazione del firmamento.

Perseo, Andromeda e Ceto, vaso corinzio (Berlino, Altes Museum).

La trasmissione del mito

Come tutti i miti antichi, anche quello riguardante Perseo ha un'origine molto lontana: per questo, nel corso dei secoli, proprio per il fatto di essere stato ripetutamente narrato e tramandato, si è arricchito di numerosi particolari e varianti (piccole o a volte grandi differenze tra una versione e l'altra del racconto). Per le vicende di Perseo, come per tutti gli altri personaggi dei miti greci, abbiamo molte testimonianze nelle varie opere della letteratura greca a noi pervenute, ma la prima e più semplice fonte di riferimento è **Apollodoro** (sulla cui identità non siamo del tutto sicuri e che probabilmente è vissuto nel I-II secolo d.C.): nell'opera intitolata *Biblioteca*, questo scrittore ha raccolto tutte le informazioni più importanti relative a questi personaggi e alle vicende a loro legate.

Perseo e la Medusa

Perseo, insieme a Eracle, Giasone e Teseo, è uno degli eroi più famosi della mitologia greca. Le avventure di tutti questi eroi sono precedenti a quelle del ciclo omerico (vedi pag. 110) e rappresentano un'epoca ancora più antica rispetto alla guerra di Troia. La figura di Perseo è soprattutto legata alla sua impresa più straordinaria, l'uccisione della Medusa, un mostro terrificante che aveva il potere di pietrificare chi l'avesse guardata.

La Gorgone, bassorilievo.

Pèrseo, l'eroe di Argo, figlio di Giove e della bellissima Dànae, venne educato come un principe dal pietoso re dell'isola di Sèrifo, Polidette. Divenuto adulto, fu inviato dallo stesso re a partecipare ad un'ardua, terribile impresa: affrontare Medusa, lo spaventoso mostro dai capelli fatti di serpi fischianti, che seminava il terrore ai confini tra il Mondo e la Notte. Là abitava con le sorelle Euriale e Steno. Questi tre mostruosi esseri in vesti femminili erano chiamate Gorgóni. Di esse, soltanto Medusa era soggetta alla morte: le altre due erano dotate invece di vita immortale.

Attorno al loro covo si stendeva un caos terrificante, fatto di rocce dalle sembianze umane stravolte nel dolore. Medusa infatti, la più tremenda delle Gorgóni, aveva l'abitudine di pietrificare chiunque osasse guardarla.
Così, nei sassi che circondavano le tre sorelle, potevano riconoscersi i rigidi fantasmi degli sventurati che ne avevano osservato il volto ed erano stati puniti con l'atroce martirio.
Medusa aveva sembianze da incubo: dalla bocca, irta di denti di cinghiale, emetteva urla laceranti e ruggiti che raggelavano il sangue.
Se il suo sguardo vitreo e iniettato di sangue riduceva in pietra chiunque la fissasse, le sue mani adunche e protese erano fredde e dure come il rame. Con ali d'oro si reggeva nell'aria putrida, scrutando sinistra le sue prede, simile ad un uccello del malaugurio.
Ricco di audacia giovanile, Pèrseo accondiscese a tentare l'impresa.
Sotto la protezione di Mercurio e di Minerva, giunse dapprima alla dimora delle Graie, donne mostruose dall'eterno aspetto di vecchie che gli indicarono la via da seguire per raggiungere la scogliera spettrale dove abitavano le Gorgóni. Gli offrirono poi tre magici doni: un paio di sandali alati, una bisaccia ed una parrucca scura.
Così l'eroe riuscì ad arrivare alla caverna dove giaceva Medusa, immersa in un profondo sonno. Insieme a lui, penetrò nell'antro oscuro anche la sua protettrice Minerva, che gli porgeva come specchio il suo

scudo di avorio lucidissimo. Guardando nell'improvvisato specchio, il giovane estrasse la spada invincibile e, con un sol colpo, recise di netto la testa disseminata di serpi, che vedeva riflessa. In questo modo poté evitare di fissare il mostro direttamente negli occhi.

A quel punto avvenne il prodigio: dal sangue che usciva a fiotti dal corpo di Medusa, balzò con un nitrito uno splendido cavallo bianco, che si levò nell'aria scalpitando. Quel cavallo alato e bellissimo era Pègaso.

Ma l'avventura di Pèrseo non era ancora terminata. Le due sorelle Gorgóni accorsero ringhiando per vendicare Medusa. E qui furono utili a Pèrseo i doni delle tre Graie.

Nella bisaccia egli racchiuse il capo insanguinato del mostro; con la capigliatura magica e bruna si cinse di una nube tenebrosa che lo rese invisibile; con i sandali alati spiccò un altissimo volo che lo condusse fuori della mischia.

Così Pèrseo ebbe la meglio su Medusa, ma in seguito dovette affrontare altre pericolose imprese. Occorre dire che la testa di Medusa conservava il suo potere pietrificante anche dopo la morte.

Tra gli altri, ne fece le spese Atlante, re della Mauritania (l'odierno Marocco). Castigato da Pèrseo per la sua inospitalità, il re fu trasformato, alla vista del capo di Medusa, nella catena di montagne che ancora porta il suo nome.

da R. Nello Marchetti, *Sei un mito*, Fratelli Frilli Editore

Perseo decapita Medusa, rilievo proveniente dal tempio di Apollo a Selinunte, 560-550 a.C. (Palermo, Museo Archeologico).

competenze alla prova

LEGGO E...

... COMPRENDO

1. Quale delle seguenti non è una Gorgone?
   - [ ] Medusa
   - [ ] Steno
   - [ ] Euriale
   - [x] Danae
2. Perché le rocce che circondano il covo delle Gorgoni hanno sembianze umane?
3. Quali divinità proteggono Teseo nella sua impresa?
   - [x] Mercurio
   - [ ] Giove
   - [ ] Apollo
   - [x] Minerva
4. Chi dà a Teseo indicazioni per raggiungere le Gorgoni e doni per affrontarle?
5. Come riesce Pèrseo a vedere Medusa senza rimanere pietrificato?
6. Che cosa nasce dal sangue versato della Medusa?
7. Quale potere conserva la testa di Medusa anche dopo la sua morte?
8. Quale castigo subisce il re della Mauritania Atlante, a causa della sua inospitalità?

... RICAVO DAL TESTO

9. Si può dire che Pèrseo è un semidio? Perché?
10. Quale notevole differenza passa tra Medusa e le sue sorelle?

... ANALIZZO E INTERPRETO

11. Alcuni tratti dell'aspetto di Medusa sono orribili e terrificanti. Quali? Sottolinea i passi che lo indicano nel testo.
12. A che cosa serve ciascuno dei tre doni che Perseo ha ricevuto?
   - La bisaccia serve ➲ può contere l'impossibile
   - La parrucca o capigliatura scura serve ➲ a diventare invisibile
   - I sandali alati servono ➲ a volare

ORA SCRIVO IO

13. Inventa tu, basandoti sulla tua fantasia, la lotta tra Atlante e Perseo.

ANALIZZO L'IMMAGINE

14. Quali delle caratteristiche di Medusa sono riprese da Caravaggio in questa sua opera?

Caravaggio, *Medusa*, 1598 (Firenze, Galleria degli Uffizi).

Mito latino

I luoghi della fondazione di Roma.

Mito e realtà dell'origine di Roma

Secondo il mito, Roma è stata fondata il 21 aprile 753 a.C. da Romolo, il figlio del dio Marte e di Rea Silvia, sacerdotessa della dea Vesta. Romolo è poi passato alla storia come primo re della città. In realtà gli scavi archeologici hanno dimostrato che i primi insediamenti umani nei luoghi dove sorse Roma risalgono alla **seconda metà del II millennio a.C.**, quando sul colle Palatino si stanziarono gruppi di pastori e agricoltori: a differenza di quanto narra la leggenda, quindi, la città storicamente non nacque per volontà di un singolo individuo, ma fu frutto della **fusione di comunità** originariamente autonome e separate. Da questo nucleo originario prese vita, nel tempo, un potentissimo stato che per oltre mille anni controllò il Mediterraneo e dominò l'Europa estendendo i propri confini fino ad alcune zone dell'Asia e dell'Africa.

L'Ara Casali, in cui è raccontata la leggenda di Romolo e Remo, II-III secolo d.C. (Città del Vaticano, Museo Pio Clementino).

La trasmissione del mito

Nel I secolo a.C. il poeta latino Virgilio stabilisce uno stretto legame tra la civiltà greca e il leggendario Romolo, celebrato nel mito romano di fondazione: nell'*Eneide*, la sua opera più nota (vedi pag. 196), Virgilio sostiene che il troiano Enea, fuggito dalla sua città in fiamme, sarebbe approdato in Italia nei pressi della foce del fiume Tevere, e qui avrebbe sposato la figlia del re Latino. In seguito, suo figlio Iulo sarebbe diventato re di Albalonga e dai suoi discendenti sarebbe nato Romolo. Quest'interpretazione delle origini di Roma viene accettata anche dallo scrittore Tito Livio, vissuto come Virgilio nel I secolo a.C., che fa iniziare la sua monumentale *Storia di Roma* proprio dall'arrivo di Enea in Italia.

Gian Lorenzo Bernini,
Enea, Anchise e Ascanio in fuga da Troia, 1618-1619
(Roma, Galleria Borghese).

I gemelli Romolo e Remo
allattati dalla lupa.

La leggenda di Romolo e Remo

Nel racconto mitico della fondazione di Roma vengono presentate due coppie di fratelli in lotta tra di loro: Amulio diviene re di Albalonga spodestando il fratello Numitore, legittimo sovrano, mentre Romolo fonda una nuova città dopo aver ucciso il gemello Remo che non ne ha rispettato i confini.
Il contrasto tra fratelli è un tema che ricorre in molti miti e non va necessariamente interpretato come il conflitto tra individui legati da un vincolo di parentela: il "fratello ostile" può simboleggiare chi, appartenendo alla stessa comunità o villaggio, non ne rispetta le regole e per questo motivo va "ucciso", cioè isolato, in quanto la società umana nasce solo quando gli istinti e i desideri individuali vengono subordinati al rispetto di norme condivise.

Amulio, figlio del re Proca[1], si impadronì del trono di Albalonga[2] recando violenza al fratello Numitore che aveva diritto alla successione[3]. Per spegnere ogni possibilità di vendetta nella famiglia di Numitore, Amulio ne fece uccidere il figlio e rinchiuse la figlia, Rea Silvia, nel collegio delle Vestali[4] per impedire alla giovane il matrimonio e la nascita di un eventuale pretendente al trono.
Ma un giorno, mentre la giovane attingeva acqua nel bosco sacro di Marte[5], il dio stesso, preso l'aspetto di un uomo, le si avvicinò e dalla loro unione nacquero due gemelli.
Scoperto il fatto, Amulio imprigionò Rea Silvia e fece abbandonare i due fanciulli, posti in una culla, sulle acque del Tevere[6]. Proprio in quei giorni il fiume si era gonfiato per una delle sue frequenti piene autunnali e la sua corrente procedeva in modo vorticoso, tuttavia la culla non ne venne travolta: si fermò galleggiando in un punto morto[7] e, quando l'ondata di piena si fu ritirata, rimase ferma nella fanghiglia, accanto a un fico selvatico.

1 Amulio, figlio del re Proca: secondo la tradizione latina Amulio è il figlio di Proca, re di Albalonga, e diviene re scacciando dal trono il fratello Numitore.

2 Albalonga: città del Lazio che, secondo la leggenda, viene fondata dal figlio di Enea, Iulo Ascanio.

3 che aveva diritto alla successione: prima di morire Proca divide in due parti l'eredità reale, da una parte i tesori, dall'altra il regno. Numitore sceglie il regno, ma il fratello Amulio lo scaccia dal trono e prende il suo posto.

4 collegio delle Vestali: le *Vestali* erano sacerdotesse consacrate al culto della dea Vesta, il cui compito era tenere costantemente acceso il fuoco sacro della città. Durante il loro sacerdozio, che durava trent'anni, erano tenute a rimanere vergini.

5 Marte: dio della guerra, corrispondente al greco Ares.

6 Tevere: il fiume attorno al quale si sviluppa la città di Roma.

7 in un punto morto: al riparo dalle correnti.

Una lupa, attratta dai vagiti dei due gemelli, si avvicinò a loro e miracolosamente li nutrì del suo latte. Faustolo, un pastore del Palatino[8] suddito di Amulio, scoprì la culla con le sue due preziose vite e, affascinato dal prodigioso comportamento della lupa, volle prendere con sé i due piccoli, che consegnò alle cure di sua moglie Acca Larenzia e allevò come propri figli, dando loro i nomi di Romolo e Remo.
Di fronte alla comunità dei pastori del Palatino, separato da una stretta valle, c'era il colle Aventino dove vivevano i pastori di Numitore, il re spodestato che aveva dovuto lasciare Albalonga.
Quando Romolo e Remo avevano ormai raggiunto l'età giovanile, fra le due comunità scoppiò una violenta lite e, nel corso di essa, i pastori dell'Aventino presero prigioniero Remo e lo condussero dinanzi a Numitore. Questi, avvertito dalla voce del sangue[9], ebbe il sospetto di trovarsi dinanzi al proprio nipote e il suo sospetto divenne certezza quando Romolo giunse all'Aventino per riscattare il fratello[10], seguito da Faustolo che rivelò a Numitore ogni particolare della storia.
Fra le due comunità ritornò allora la pace ed, anzi, fu stretta un'alleanza per muovere guerra all'usurpatore Amulio: questi fu vinto e ucciso e Numitore riprese il suo rango regale[11] in Albalonga. E mentre egli restaurava[12] ad Albalonga il diritto e il buon governo, i due fratelli partirono per fondare una nuova città nei luoghi dove avevano trascorso l'infanzia.
Ma chi dei due gemelli avrebbe guidato l'impresa? E in quale luogo si doveva tracciare il solco[13]? Avrebbe deciso la sorte. Romolo raggiunse la vetta del Palatino e Remo quella dell'Aventino e tutti e due si accinsero a prendere gli auspici[14].
Nel pomeriggio Remo vide dalla parte del mare sei avvoltoi in volo e interpretò quel segno come un auspicio[15] a suo favore: sarebbe stato lui il fondatore della città e questa sarebbe sorta sull'Aventino. Un suo messo[16] raggiunse di corsa Romolo e gli portò la notizia, ma Romolo rispose che non sei, bensì dodici avvoltoi egli aveva visto volare e che, dunque, gli auspici erano a suo favore.
Romolo stabilì che la città che stava per essere edificata si sarebbe chiamata Roma e ordinò che qualunque straniero ne avesse varcato il confine sarebbe stato ucciso.

8 Palatino: uno dei sette colli su cui sorge Roma.

9 avvertito dalla voce del sangue: Numitore intuisce che tra lui e il prigioniero c'è un legame di sangue.

10 per riscattare il fratello: per liberare il fratello offrendo in cambio un riscatto.

11 riprese il suo rango regale: riconquistò il trono.

12 restaurava: riportava.

13 tracciare il solco: delineare i confini della città (vedi *Scheda* I riti di fondazione a pag. 95).

14 si accinsero a prendere gli auspici: osservarono il volo degli uccelli (vedi *Scheda* I riti di fondazione a pag. 95).

15 auspicio: presagio positivo.

16 messo: messaggero.

Quindi aggiogò[17] una mucca e un bue candidissimi all'aratro e, afferrato il timone, tracciò il solco lungo il quale sarebbero state edificate le mura di Roma.
Remo, che la sorte aveva voluto straniero nella città di suo fratello, restava in disparte, agitato dal rancore, e in un impeto d'ira valicò[18] il solco gridando: «Fratello, è facile da espugnare la tua città!».
Allora Romolo lo abbatté all'istante colpendolo alla schiena, poi contemplò con dolore ma senza pentimento la salma del fratello, il primo uomo che moriva per aver sfidato la potenza e la determinazione romane. Era il 21 aprile dell'anno 753 a.C.

rid. e adatt. da *Miti degli dei e degli eroi*,
a cura di S. Andreani e B. Traversetti, G. Casini Editore

17 aggiogò: legò.
18 valicò: scavalcò.

scheda

I riti di fondazione

Prima di fondare una città gli antichi seguivano un rituale preciso di cui troviamo traccia nel comportamento di Romolo e Remo.
La scelta del luogo avveniva dopo aver interpretato alcuni segni provenienti dalla natura, che venivano considerati indicazioni degli dèi. Una delle pratiche divinatorie più diffuse era l'**osservazione del volo degli uccelli**, che si basava sull'esame del numero dei volatili avvistati, della direzione del loro volo e del punto in cui essi si posavano. Anche la specie era importante poiché ogni uccello era associato a una particolare divinità: l'aquila era considerata messaggera di Giove, la civetta simboleggiava Minerva, mentre l'avvoltoio rappresentava Marte. Questo è il motivo per cui Romolo interpreta l'avvistamento di dodici avvoltoi come un segno del favore del dio Marte che in seguito, insieme a Giove, verrà considerato uno dei protettori di Roma.
Anche la definizione dei confini del nuovo nucleo cittadino rispettava regole stabilite: tracciando il solco quadrato con un aratro di bronzo trainato da un toro e da una vacca bianchi, Romolo pone un **limite sacro**, e per questa ragione il gesto provocatorio con cui Remo lo supera, più che una sfida al fratello, va considerato un *sacrilegio* perché viola uno spazio sacro.

Il tracciato del solco sacrale con cui i Romani delineavano il perimetro di ogni nuovo insediamento, bassorilievo (Aquileia, Museo Archeologico).

competenze alla prova

LEGGO E...

... COMPRENDO

1. Quando, secondo il mito, è stata fondata Roma?

2. In quale luogo Romolo ha tracciato il solco lungo il quale sarebbero state edificate le mura?

3. Indica se le seguenti affermazioni sono vere V o false F.
   - Amulio spodesta il fratello Numitore con la forza. ☒V ☐F
   - Rea Silvia diviene sacerdotessa di Vesta di sua spontanea volontà. ☐V ☒F
   - Faustolo salva Romolo e Remo dagli artigli di una lupa affamata. ☐V ☒F
   - Romolo e Remo stabiliscono chi fonderà la città osservando il volo degli uccelli. ☐V ☒F

... RICAVO DAL TESTO

4. Come molti eroi, anche Romolo può vantare origini divine. Perché?

5. Quali eventi straordinari dimostrano che, sin dalla nascita, i due gemelli sono assistiti dalla fortuna?

6. In questa versione del mito c'è una frase che fa riferimento alla grande potenza che Roma acquisirà nei secoli. Individuala e sottolineala.

... ANALIZZO E INTERPRETO

7. Secondo te, quando dice «*Fratello, è facile da espugnare la tua città*», Remo in realtà:
   - ☐ scherza con il fratello
   - ☐ vuole avvertire il fratello che la città è in pericolo
   - ☒ cerca di interrompere il lavoro del fratello
   - ☐ agisce per invidia nei confronti del fratello

8. Per quale ragione Romolo uccide Remo?

9. Quali sentimenti prova alla vista del fratello morto e per quali motivi?

ORA SCRIVO IO

10. Il mito del neonato abbandonato lungo il fiume e salvato in modo miracoloso è presente in molti antichi racconti: fa' una ricerca su Mosè, un importante personaggio della *Bibbia*, e individua i punti comuni tra la sua storia e quella di Romolo e Remo.

FILOFILE

11. Cerca notizie riguardanti la lupa riportata nell'immagine, rintracciando indicazioni relative al materiale di cui è composta e, soprattutto, all'epoca di fabbricazione.

ANALIZZO L'IMMAGINE

12. A quale passaggio del racconto si riferisce l'immagine?

(Roma, Museo dei Conservatori).

I Celti

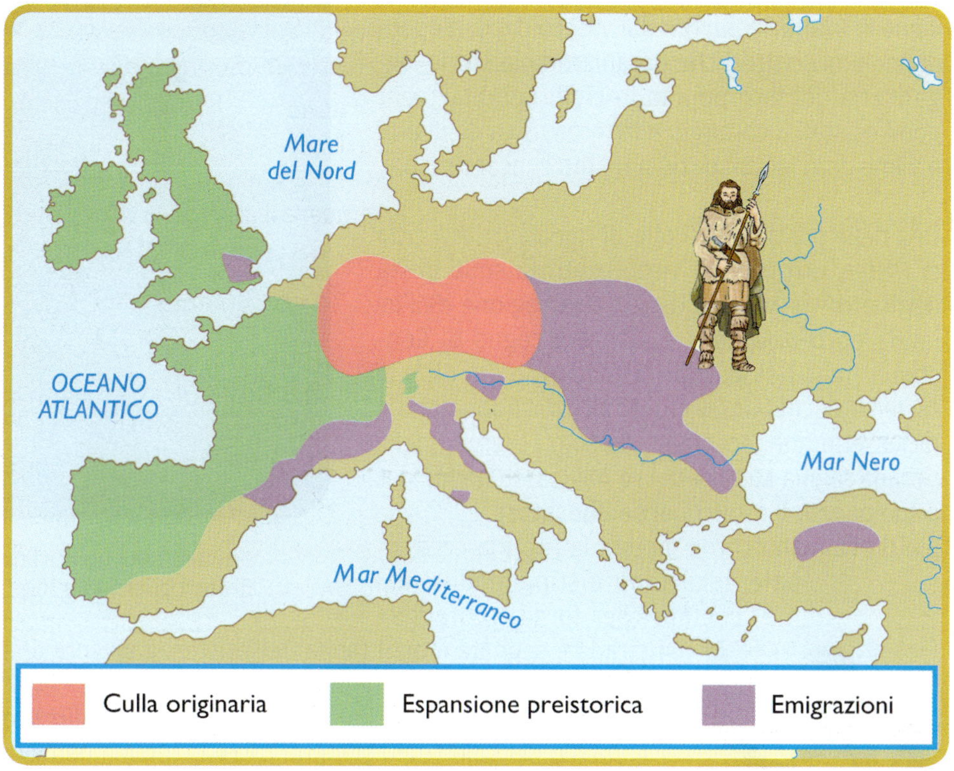

I luoghi di diffusione dei Celti.

Il popolo celtico

Di origine indeuropea, il popolo celtico è inizialmente insediato tra il Danubio e il Reno, nell'area che oggi comprende Germania meridionale, Francia orientale e Svizzera settentrionale. A partire dal XVI secolo a.C., comincia a spostarsi e si stanzia in buona parte dell'Europa, raggiungendo in particolare le zone che oggi corrispondono alla Francia, all'Inghilterra e all'Irlanda (e dando vita anche a una comunità insediata nel territorio in cui attualmente sorge Milano).

Nonostante controllino un ampio territorio, i Celti non creano uno stato unitario ma rimangono divisi in tribù di dimensioni variabili che assumono nomi diversi (Galli, Britanni, Pannoni, Celtiberi e Galati) e che, in caso di guerra, si uniscono sotto la guida di un re. La società celtica attribuisce grande importanza ai **guerrieri** e ai **druidi**, sacerdoti e maghi che custodiscono e trasmettono la cultura del loro popolo.

Dal I secolo a.C., la pressione di Romani e Germani limita l'espansione territoriale e l'autonomia dei Celti: molte tribù vengono sottomesse o progressivamente assimilate (assorbite) dai nuovi dominatori. In Irlanda e Scozia, invece, essi rimangono indipendenti fino all'VIII secolo d.C., quando vengono sottomessi dai Vichinghi, un popolo proveniente dalla Scandinavia.

Guerrieri celti a cavallo, da un bassorilievo del "calderone di Gundestrup", I secolo a.C. (Copenhagen, Museo Nazionale).

Scultura raffigurante una divinità guerriera gallica.

La trasmissione del patrimonio mitico

I Celti utilizzano la scrittura solo per fini pratici e per questo motivo le loro leggende per secoli sono **tramandate solo oralmente dai druidi**. La trascrizione del patrimonio culturale dei Celti avviene in Irlanda a partire dal VI secolo d.C. a opera di anonimi scrittori che organizzano la storia leggendaria del loro popolo in **cicli**, nei quali vengono esaltati il coraggio e la forza fisica degli eroi e viene dato largo spazio a magie e incantesimi.

L'eroe

Una delle più note raccolte di miti celtici è *Il ciclo di Ulster*, un'opera in versi centrata sulle gesta degli eroi vissuti nell'Ulster, una regione dell'Irlanda nord-orientale, durante il regno di Conchubar mac Nessa. Il principale eroe del *Ciclo di Ulster* è Cuchulain, il nipote di Conchubar, che a diciassette anni sconfigge da solo l'esercito della perfida regina Medb e del re Ailill, assumendo per il suo popolo il ruolo di **eroe liberatore**.
Sin da bambino l'eroe mostra la propria eccezionale vocazione distinguendosi dai coetanei per forza e coraggio: la sua strada è segnata e ogni tappa dell'esistenza diventa una sfida in cui occorre superare numerosi ostacoli.
Questo è il destino di Cuchulain, l'eroico figlio di Deichtire e del dio del Sole Lugh, che preferisce la fama a una vita lunga, respinge da solo l'avanzata degli invasori e durante l'ultima battaglia si lega a un pilastro per poter morire in piedi.

Carrettino in bronzo proveniente da Merida (Spagna), raffigurante un cavaliere armato di lancia col proprio cane a caccia di un cinghiale, VI-V secolo a.C. (Saint-Germain-en-Laye).

Le gesta di Cuchulain

Ad appena sei anni Cuchulain dimostra la propria eccezionalità sfidando e sconfiggendo guerrieri ben più esperti di lui, e con il trascorrere del tempo diventa un combattente forte e invincibile perché quando lotta è spinto da una furia che gli fa perdere ogni caratteristica umana.
Per un personaggio così straordinario anche sposarsi diviene un'impresa difficile e rischiosa, nella quale non è sufficiente conquistare il cuore della donna amata, ma bisogna affrontare una lunga serie di prove mortali.

Conchubar, re dell'Ulster[1], aveva centocinquanta ragazzi[2] al suo servizio. Ecco come passava le sue giornate: un terzo del giorno guardava i ragazzi che giocavano; un altro terzo si dedicava al gioco degli scacchi; l'altro terzo beveva, finché si addormentava.
Il nipote di Conchubar, Cuchulain[3], pregò sua madre[4] che lo lasciasse andare insieme ai ragazzi. Poiché il bambino aveva solo sei anni, la madre rispose: «Sei troppo piccolo, aspetta un po' di tempo». Ma Cuchulain non poteva aspettare: partì con il suo bastone, con la palla, il giavellotto[5] e lo scudo giocattolo. Era capace di lanciare in avanti il giavellotto e, correndo, di riprenderlo prima che ricadesse a terra. Quando arrivò ai campi da gioco i ragazzi lo derisero e gli dissero di andarsene. Gli tirarono i loro giavellotti, ma lui li parò con il suo scudo.
Quando Cuchulain fu attaccato, si sentì assalire per la prima volta dal furore della battaglia[6]. I suoi capelli sembravano in fiamme. Un occhio era chiuso, e ritratto dentro la testa; l'altro splendeva di una luce crudele e abbagliante, e gli schizzava fuori dall'orbita. Un ringhio feroce gli solcava il volto dalla mandibola[7] alle orecchie. La bocca era spalancata tanto che si vedeva il fondo della gola. Dietro la testa c'era un riverbero[8] rosso accecante. Inseguì i ragazzi fino al posto dove Conchubar stava giocando a scacchi. Conchubar prese il ragazzo al suo servizio, perché era il figlio di sua sorella. Alcuni dicevano che suo padre fosse Lugh, il Maestro di Molte Arti, un capitano dei divini Tuatha de Danaan[9], i primi governatori dell'Irlanda.

1 Conchubar, re dell'Ulster: Conchubar mac Nessa è il re della provincia nord-orientale dell'Irlanda.

2 ragazzi: giovani guerrieri.

3 Cuchulain: l'eroe nasce con il nome di Sétanta, ma è conosciuto come Cuchulain, cioè *cane di Culann*, da quando, ancora bambino, uccide il ferocissimo cane del fabbro Culann e poi si offre di rimpiazzarlo fino al momento in cui l'uomo non avrà trovato e addestrato un altro cane.

4 sua madre: la madre di Cuchulain è Deichtire, la sorella del re Conchubar, mentre il padre è il dio del Sole Lugh che più avanti verrà definito "*Maestro di Molte Arti*".

5 giavellotto: asta di legno con la punta di ferro acuminata.

6 si sentì assalire per la prima volta dal furore della battaglia: quando combatte Cuchulain si trasforma in una creatura mostruosa.

7 dalla mandibola: dalle mascelle.

8 riverbero: riflesso.

9 capitano dei divini Tuatha de Danaan: i *Tuatha de Danaan* sono un mitico popolo che ha abitato l'Irlanda prima dell'arrivo dei Celti e che dopo la sconfitta ha preso possesso del regno dell'oltretomba.

Cuchulain compì molte grandi imprese e diventò famoso come Segugio[10] dell'Ulster. Era un bel giovane, tranne quando veniva preso dal furore della battaglia. I suoi capelli erano castani alla radice, rossosangue nel mezzo e di un giallo dorato sulle punte.
Re Conchubar, vedendo che bel giovane era diventato suo nipote, inviò nove dei suoi uomini nelle province dell'Irlanda per trovare una sposa che gli si addicesse[11]. Ma quando tornarono, nessuno di loro aveva trovato una fanciulla abbastanza bella per Cuchulain. Allora il ragazzo si mise in viaggio, indossò i suoi abiti migliori – una camicia bianca di lino, una casacca cremisi[12] e una spilla di oro zecchino – per corteggiare Emer, la figlia di Forgall Manach, l'Astuto[13].
Emer era la ragazza più incantevole di tutta l'Irlanda. Ricambiava i sentimenti del giovane guerriero e insieme formavano una coppia perfetta. I due si promisero l'uno all'altra. Forgall Manach, però, non era contento che sua figlia si buttasse via con un semplice guerriero, specialmente con uno che, per il suo terribile furore di battaglia, era conosciuto come il Deformato.
Si recò da re Conchubar e lodò Cuchulain per il suo grande valore. «Ma,» aggiunse «non raggiungerà mai la sua piena potenza senza studiare da Scathach, la guerriera scozzese[14]». Forgall sapeva che nessun alunno di Scathach era mai sopravvissuto, poiché questa era la più grande guerriera che fosse mai esistita.
Appena Cuchulain sentì questo suggerimento, andò in cerca di Scathach. La donna viveva su un'isola, raggiungibile solo attraverso un ponte altissimo che, quando un uomo vi saliva sopra, s'impennava[15] come un cavallo imbizzarrito. Cuchulain, con un salto, arrivò nel mezzo del ponte e balzò giù prima di poter essere scagliato nell'acqua. La donna guerriera gli insegnò le prodezze del taglio della spada e dello scudo inclinato[16], la mossa del gatto e l'urlo dell'eroe, la botta

10 Segugio: cane.

11 gli si addicesse: fosse adatta a lui.

12 cremisi: rosso porpora.

13 Forgall Manach, l'Astuto: un potente signore dell'Ulster.

14 Scathach, la guerriera scozzese: una donna guerriero dotata di poteri magici e maestra di arti marziali.

15 s'impennava: si sollevava.

16 gli insegnò le prodezze del taglio della spada e dello scudo inclinato: gli insegna come colpire inclinando la spada e lo scudo.

competenze alla prova

LEGGO E...

... COMPRENDO

(1) **In quale area geografica è ambientato questo racconto?**
- ☐ Nell'Inghilterra del Sud
- ☐ Tra l'Irlanda del Nord e la Scozia
- ☐ In un luogo immaginario
- ☐ Tra la Germania e la Francia

(2) **Quale rapporto esiste tra Cuchulain e Conchubar?**

(3) **A quanti anni Cuchulain rivela la sua natura di eroe? In che modo?**

(4) **Perché Forgall Manach non vuole che Cuchulain sposi sua figlia?**
- ☐ Perché è povero
- ☐ Perché è brutto
- ☐ Perché è un semplice guerriero
- ☐ Perché è innamorato di un'altra

(5) **In che modo Forgall Manach cerca di liberarsi di Cuchulain?**

(6) **Quando non combatte Cuchulain ha un aspetto .... e ha i capelli .... Durante la battaglia egli ....: i suoi capelli ....; un occhio**

che stordisce e il colpo che spacca a metà. A lui solo, tra tutti i suoi allievi, insegnò il *gae bolga*[17], il colpo di lancia a cui nessun nemico può opporre resistenza.
Alla fine Cuchulain lasciò Scathach e andò, sul suo carro, alla fortezza di Forgall. Questi sprangò[18] il portone per non farlo entrare, ma Cuchulain saltò le mura. Forgall si uccise nel tentativo di sfuggire alla furia dell'eroe, e Cuchulain prese in moglie la bella Emer.

da N. Philip, *Il libro illustrato dei miti di tutto il mondo*, trad. di V. Cavallini, Fabbri

17 *gae bolga*: pesante giavellotto con punta a cinque lame che si allargano quando penetrano nel corpo del nemico.

18 sprangò: bloccò con aste di ferro.

scheda

Formidabili guerrieri

Le notizie storiche che abbiamo sugli usi e costumi dei Celti derivano soprattutto dai *Commentarii* che il comandante romano Giulio Cesare scrive nel corso della sua vittoriosa campagna contro i Galli, le tribù celtiche stanziate tra la Francia e la Germania.
Le virtù guerriere dei Galli corrispondono a quelle che Cuchulain acquisisce sotto la guida di Scathach: Cesare ce li descrive come combattenti fieri e coraggiosi che spesso affrontano il nemico nudi indossando elmi con corna o altre decorazioni animali sporgenti per apparire giganteschi e terrorizzare gli avversari, e utilizzano spade lunghissime, lance con punte superiori ai trenta centimetri e frecce estremamente acuminate.

Statua di guerriero celtico, v secolo a.C. (Glauberg, Hessisches Landesmuseum).

.................................., mentre l'altro ...., assume un'espressione .... e la sua bocca .... Per questo motivo egli viene soprannominato ....

... RICAVO DAL TESTO

7 **La descrizione del re Conchubar dimostra che egli è:**
- ☐ un prode combattente
- ☐ un uomo pigro che ama le comodità e il riposo

Motiva la tua risposta con esempi tratti dal testo.

8 **Individua un punto del brano che ci lascia intendere la grande importanza che ha nella cultura celtica la magia.**

... ANALIZZO E INTERPRETO

9 **Tra i Celti le donne godono di un certo prestigio e spesso combattono insieme agli uomini: quale passaggio del brano conferma questa affermazione?**

ORA SCRIVO IO

10 **Qual è, secondo te, la più pericolosa tra le imprese compiute da Cuchulain? Per quale motivo?**

11 **Molti personaggi di fumetti e cartoni animati si trasformano durante i combattimenti e acquistano poteri straordinari: fa' una breve presentazione scritta del tuo eroe preferito.**

Verifica delle abilità

Dedalo e Icaro

Dedalo è uno dei più grandi artefici, inventori e costruttori del mondo antico: non a caso in greco il suo nome si collega a un verbo che significa "lavoro con arte". Ma sarà proprio la sua capacità straordinaria di costruttore a procurargli la rovina, quando da Minosse sarà rinchiuso, insieme al figlioletto Icaro, nel labirinto, uno straordinario palazzo da lui stesso costruito per ospitare il Minotauro.

«Per l'orribile crimine di cui ti sei macchiato noi ti condanniamo all'esilio, Dedalo. Dovrai lasciare la città di Atene e non potrai farvi più ritorno!». Questa fu la severa sentenza emessa dal tribunale di Atene nei confronti di Dedalo, il geniale architetto famoso nell'antichità per le grandiose opere pubbliche realizzate. Egli era stato, tra l'altro, l'inventore di strumenti fondamentali per il progresso della tecnica e delle arti, quali l'ascia, il trapano, il regolo[1], la vela; aveva progettato e costruito anche una statua che si muoveva come un essere umano.

Ora egli veniva cacciato dalla sua terra perché, invidioso di un suo allievo che aveva inventato il tornio[2], ne aveva provocato la morte. Accompagnato nel suo esilio dal figlioletto Icaro, trovò ospitalità nell'isola di Creta, a Cnosso, alla corte del re Minosse.

La benevolenza di Minosse non era però disinteressata: «Tu dovrai progettare per me una grande opera» ordinò il re a Dedalo «un edificio in cui io possa far rinchiudere la mostruosa creatura partorita da mia moglie, dalla testa di toro e dal corpo umano, che la gente chiama Minotauro. Non voglio però che il palazzo assomigli a una prigione: il Minotauro dovrà infatti poterci vivere libero e in pace, ma devi fare in modo che di là non possa mai uscire!».

Il geniale Dedalo si diede subito da fare e in breve tempo presentò al re il risultato del suo lavoro: «Potente Minosse, ho ideato per il Minotauro una residenza formata da un intrico[3] di stanze, scale, cortili e corridoi così complicato che, una volta entrati, ritrovare la via d'uscita è praticamente impossibile».

Il progetto piacque a Minosse: il palazzo fu costruito e gli fu dato il nome di labirinto. Appena terminati i lavori il Minotauro vi fu rinchiuso.

«Tu ora però distruggerai i progetti del labirinto!» ordinò Minosse a Dedalo, e aggiunse minaccioso «Inoltre tu e tuo figlio Icaro non dovrete mai lasciare questa città, perché non voglio che il segreto del palazzo che racchiude il Minotauro sia svelato!».

1 regolo: asta usata per tracciare linee diritte.

2 tornio: macchinario per la lavorazione di metalli, legno o argilla, costituito da una parte che imprime un moto rotatorio al pezzo da lavorare.

3 intrico: intreccio complicato, groviglio.

Quest'ultima imposizione fu molto dolorosa per Dedalo, che veniva in pratica a ritrovarsi prigioniero a vita sull'isola. Fu forse da allora che cominciò a pensare al modo di fuggire.

Gli eventi, come si sa[4], precipitarono: l'ateniese Teseo con l'aiuto di Arianna, figlia dello stesso Minosse, riuscì a penetrare nella dimora del Minotauro, ucciderlo, e ritrovare la via d'uscita. Minosse, furibondo, inveì[5] allora contro Dedalo: «Sicuramente sei stato tu a suggerire ad Arianna lo stratagemma per permettere al tuo connazionale[6] Teseo di uscire dal labirinto! E ora in quel labirinto tu stesso verrai rinchiuso, insieme a tuo figlio, fino alla fine dei tuoi giorni! E anche se riuscirai a uscire non sperare di sfuggirmi, perché metterò sentinelle dappertutto, intorno al palazzo, e anche lungo le coste di tutta l'isola!».

Dedalo, però, già da tempo aveva ideato un progetto per evadere da Creta e, non appena fu rinchiuso nel labirinto, disse sottovoce a Icaro: «Figlio mio, Minosse potrà pure sbarrare le vie di terra e d'acqua, ma non potrà impedirci di fuggire attraverso il cielo...».

Il piccolo Icaro lo guardò stupito e domandò ingenuamente: «Che cosa vuoi dire, papà? Voleremo come gli uccelli?».

«Esatto! Costruiremo delle ali» rispose Dedalo «e con quelle fuggiremo dall'isola e attraverseremo il grande mare!».

Il bimbo apparve sempre più meravigliato: «E con che cosa le costruiremo, papà?».

«Guarda, ti faccio vedere subito: legheremo queste piume d'uccello fra loro con lo spago, così. Poi le fisseremo con la cera... e alla fine gli daremo la giusta curvatura, come sto facendo adesso...».

Icaro guardava incantato le grandi ali prendere forma tra quelle abili mani; poi non credette ai suoi occhi quando vide il padre che, dopo averle indossate, scuotendole, rimaneva sospeso per aria.

Quindi Dedalo ne fissò un paio anche alla schiena di Icaro dicendogli: «Mi raccomando, figlio mio, non batterle troppo forte, perché potrebbero danneggiarsi. Ma, soprattutto, vola a mezza altezza, in modo che il sole non le surriscaldi e ne sciolga la cera! E non distrarti a contemplare il paesaggio, ma vienimi dietro. Ti guiderò io!».

Spiccarono quindi il volo, e come un uccello che conduce il proprio piccolo fuori dal nido per insegnargli a volare, così Dedalo guidava il figlio Icaro nel cielo di Creta, voltandosi continuamente indietro, preoccupato, a guardarlo. Il giovane Icaro era estasiato[7] dalla vista che gli si presentava dall'alto: le case, la natura; gli uomini apparivano rimpiccioliti e completamente trasformati da quella nuova prospettiva. Le truci sentinelle del re non credettero ai loro occhi quando videro i due prigionieri

4 come si sa: l'autore fa riferimento al noto mito di Teseo e Arianna.

5 inveì: si scagliò con parole violente e offensive.

6 connazionale: della stessa nazione.

7 estasiato: incantato, affascinato, rapito.

Antonio Canova, *Dedalo e Icaro*, 1777-1779 (Venezia, Museo Correr).

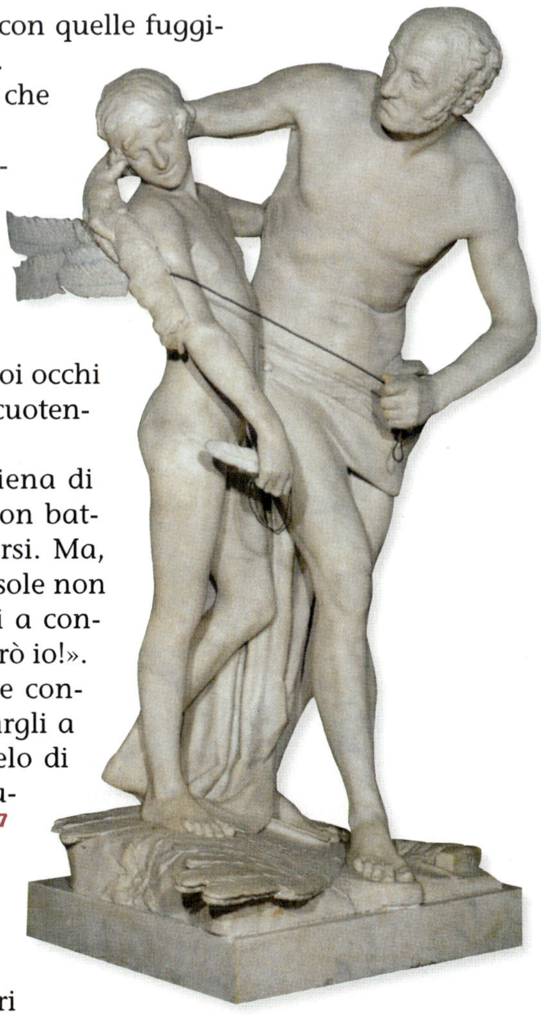

VERIFICA

fuggire come se si fossero trasformati in uccelli; gli instancabili contadini dell'isola fermarono un attimo gli aratri per guardare in cielo i misteriosi esseri; gli indolenti[8] pescatori persero il controllo delle lenze restando anch'essi sbalorditi, con il naso per aria; tutto il popolo di Creta per qualche momento dimenticò ogni altra occupazione o pensiero, attratto dalla visione dei due fuggitivi che, in cielo, apparivano sempre più piccoli e lontani.

Stavano ormai sorvolando il mare aperto quando il giovane e imprudente Icaro cominciò a prendere un tal gusto all'audace volo che si allontanò da Dedalo e, catturato dalla magia di quel gioco, si portò sempre più in alto, sempre più vicino al caldo sole. Non udiva più, ormai, i preoccupati richiami del padre. La temperatura aumentava; i raggi fortissimi del sole a poco a poco ammorbidirono la cera; Icaro fu costretto ad agitare le braccia a velocità sempre maggiore danneggiando i legamenti delle ali. I suoi affannosi[9] movimenti erano però inutili perché le ali si erano ormai disfatte: lo sventurato iniziò a precipitare, invocando disperatamente il padre che ormai non vedeva più. Cadde nelle acque dell'isola di Samo[10] che da allora, in ricordo di lui, presero il nome di "mare Icario". Il padre, pur disperato, riuscì a mettersi in salvo raggiungendo le sponde[11] della Sicilia.

da E. Mutti, A. Berti, *Il tesoro dell'Olimpo*, Archimede

8 indolenti: pigri, svogliati.

9 affannosi: concitati, convulsi.

10 isola di Samo: una delle principali isole della Grecia, nell'Egeo, di fronte alla costa occidentale dell'attuale Turchia.

11 sponde: coste.

Leggi con attenzione il brano, poi rispondi alle domande.

totale punti: 23 **sufficienza punti: 14**

1 Chi pronuncia le parole in un discorso diretto nelle prime righe del testo? (2 punti)

- ☐ È impossibile capirlo
- ☒ Tutti i giudici di Atene
- ☐ Un giudice di Atene
- ☐ Gli accusatori di Dedalo

2 Quale condanna subisce Dedalo? (1 punto)

....

3 Per quale colpa? (1 punto)

....

4 Quale, tra le seguenti, non è un'invenzione di Dedalo? (1 punto)

- ☐ L'ascia
- ☒ Il trapano
- ☐ La vela
- ☐ Il tornio

5 Presso quale re si reca Dedalo? (1 punto)

....

6 Quale caratteristica rende mostruoso il Minotauro? (1 punto)

....

7 Rispondi se vero o falso: il palazzo che Dedalo deve costruire per il Minotauro deve somigliare a una prigione. (1 punto)

☐ V ☒ F

8 Individua nel testo e sottolinea qual è la prima definizione che Dedalo dà della costruzione che poi sarà chiamata labirinto. (2 punti)

9 Perché Minosse non vuole che Dedalo e Icaro si allontanino dalla città? (2 punti)

☐ Perché ha piacere della loro compagnia
☒ Perché non vuole che rivelino il segreto del labirinto
☐ Perché vuole che Dedalo costruisca altri edifici per lui
☐ Perché teme che il Minotauro si senta abbandonato

10 Grazie all'aiuto di chi Teseo uccide il Minotauro? (1 punto)

☐ Grazie all'aiuto di Dedalo
☐ Grazie all'aiuto di Icaro
☒ Grazie all'aiuto di Arianna
☐ Grazie all'aiuto di Minosse

11 Perché Dedalo e Icaro sono rinchiusi nel labirinto? (2 punti)

☐ Minosse teme che Dedalo riveli il segreto della costruzione del labirinto
☒ Minosse crede che siano stati loro due a uccidere il Minotauro
☐ Minosse è scontento di come Dedalo ha costruito il labirinto
☐ Minosse crede che abbiano aiutato Teseo a fuggire

12 Che cosa lasciano intendere i puntini di sospensione dopo la frase "*ma non potrà impedirci di fuggire attraverso il cielo...*"? (2 punti)

☐ Niente di particolare
☒ Che Dedalo ha in mente un piano che sta per raccontare
☐ Che Dedalo non trova le parole per proseguire
☐ Che Icaro interviene interrompendo improvvisamente Dedalo

13 Perché Dedalo suggerisce al figlio di volare "a mezza altezza"? (2 punti)

....

....

14 Quando Dedalo e Icaro prendono il volo, tutti coloro che li vedono sono presi da: (2 punti)

☐ stupore
☐ gioia
☐ rabbia
☒ paura

15 A chi rivolge le sue ultime parole Icaro? (1 punto)

....

16 Qual è il sentimento che prova all'ultimo Dedalo? (1 punto)

☐ Nessuna pietà: sa che il figlio merita la punizione che ha ricevuto
☐ È triste, ma si consola sapendo che il mare prende il nome dal figlio
☒ È preoccupato, perché teme ancora l'ira di Minosse
☐ È disperato, perché non è riuscito a salvare il figlio

VERIFICA

Verifica delle conoscenze

1 Completa il testo scegliendo dall'elenco le definizioni giuste.

I miti sono .... mediante i quali gli uomini cercano di ....; i miti di creazione, ad esempio, riguardano .... Alcuni miti hanno come protagonisti personaggi eccezionali, detti ...., ai quali viene attribuito il merito di ...., di aver introdotto le leggi e di .... Per molti secoli i miti sono stati tramandati .... e solo successivamente essi ....: le più antiche raccolte di miti giunte fino a noi appartengono ....

> aver dato origine alla società umana; oralmente; racconti fantastici; l'origine dell'universo, della Terra e degli uomini; alle civiltà della Mesopotamia; eroi; aver fondato città; spiegare gli aspetti misteriosi della realtà; sono stati fissati in forma scritta.

2 Gli uomini antichi temono molto la collera delle divinità: in quali miti gli dèi si mostrano vendicativi nei confronti degli uomini?

....

3 Con quale parola i Greci definiscono l'eccessiva arroganza degli uomini verso gli dèi?

....

4 Quali personaggi mitici si macchiano di questa colpa?

....

5 Quali caratteristiche fisiche e morali distinguono gli eroi dagli uomini comuni?

....

....

6 In quali dei racconti proposti in questa unità ci sono indiretti riferimenti a situazioni storiche reali?

....

....

7 Quali dei miti che hai letto sono contenuti in un libro che ancora oggi viene considerato un testo sacro?

....

l'epica

Che cos'è l'epica

La parola *epica* deriva dal termine greco *épos*, che indica sia la **narrazione** di fatti mitici, sia il **verso** utilizzato nelle opere che trattano questi argomenti: l'epica è quindi una composizione in versi che racconta le gesta di divinità, singoli uomini o interi popoli impegnati in imprese eccezionali.

Gli antichi cantori epici

Inizialmente i poemi epici non vengono scritti ma sono **diffusi** solo **oralmente** e in ogni società esistono degli "specialisti" della recitazione epica, che nell'antica Grecia si chiamano *aèdi* e *rapsòdi*.
Durante i banchetti dei re gli **aèdi** narrano storie in versi su dèi, eroi, guerre, viaggi avventurosi e mostri terribili, accompagnando il canto con la cetra: poiché le loro storie derivano da tradizioni antichissime, l'abilità dell'aèdo non consiste nell'inventare nuovi racconti, ma nell'esporre il vasto repertorio a sua disposizione secondo un ordine e un ritmo tali da catturare l'attenzione del pubblico.
I **rapsòdi**, invece, sono abilissimi soprattutto nel ripetere a memoria versi creati da altri e si deve a loro la nascita dei primi poemi epici, ottenuti raggruppando in modo ordinato i canti recitati dagli aèdi.
Nella Grecia antica aèdi e rapsòdi hanno un'importantissima **funzione educativa** in quanto, oltre a intrattenere e divertire chi li ascolta, diffondono storie da cui il pubblico ricava sia informazioni su epoche passate, eventi importanti e luoghi lontani, sia modelli di comportamento a livello pubblico e privato.

Un aedo suona la lira, statuetta risalente al II millennio a.C. (Atene, Museo Archeologico Nazionale).

Dalla tradizione orale alla scrittura

Mentre l'epica delle origini è destinata a essere eseguita oralmente, con l'affermarsi della scrittura nascono i poemi epici tramandati fino a noi, il più antico dei quali è l'**Epopea di Gilgamesh** (vedi pag. 80).

Gilgamesh fra due leoni, scultura in pietra, III millennio a.C. (Bagdad, Iraq Museum).

Nel mondo greco i poemi appartenenti al genere epico sono l'**Iliade** e l'**Odissea**, due notissimi componimenti tradizionalmente attribuiti a Omero, che li avrebbe composti tra il 900 e il 750 a.C., anche se la trascrizione che noi conosciamo risale solo al VI secolo a.C.
Importanti esempi di poesia epica esistono anche nella civiltà romana, che per lungo tempo considera i testi omerici come modelli da imitare: i più antichi componimenti in latino hanno argomento storico e mitologico e risalgono al II secolo a.C., ma il capolavoro dell'epica latina è l'**Eneide**, un poema composto nel I secolo a.C. da Virgilio che, reinterpretando i modelli tradizionali, attribuisce alla poesia epica la funzione di esaltare la grandezza e la potenza di Roma.

Le caratteristiche del poema epico

Molti dei poemi epici che conosciamo conservano caratteristiche tipiche della cultura orale da cui derivano come, ad esempio, la **grande ampiezza** - spesso sono costituiti da molte migliaia di versi - perché in essi confluiscono storie divenute sempre più complesse nel corso dei secoli.
Inoltre, nel poema epico sono spesso presenti **nuclei narrativi compiuti**, cioè lunghi episodi che possono essere letti come storie a sé: anche questo aspetto risale ai tempi degli aèdi e dei rapsòdi, che talvolta recitavano ampi blocchi di versi come se fossero storie autonome con un inizio, uno sviluppo e una conclusione.
Infine, il poema epico è sempre introdotto da un **proemio**, che è l'insieme dei versi iniziali nei quali l'autore fa dei brevi riferimenti al contenuto dell'opera, indicando le principali caratteristiche del protagonista: nei poemi greci e latini, che la nostra tradizione letteraria definisce **epica classica**, il proemio include anche un'invocazione alla divinità, la Musa della poesia, cui l'autore si rivolge per avere ispirazione, dando così un carattere "sacro" alle sue parole.

Apollo tra le muse Tersicore e Clio, ceramica attica, 440-430 a.C. (Berlino, Staatliche Museen).

I temi e i personaggi

Le vicende narrate nei poemi epici traggono spesso spunto da remoti **eventi storici mitizzati** dall'autore che li interpreta in modo fantasioso, attribuendo loro la funzione di aver determinato i passaggi decisivi nell'evoluzione di un individuo o di un popolo.

Per la loro ampiezza i componimenti epici presentano moltissimi personaggi, la maggior parte dei quali ha una funzione secondaria nello sviluppo degli eventi; fondamentali risultano invece i protagonisti che di solito sono **eroi**, cioè figure eccezionali caratterizzate dal fatto di avere un'origine divina, o una straordinaria forza fisica, o un'intelligenza fuori dal comune, o una speciale missione da compiere, che cambierà per sempre il destino del popolo cui appartengono.

A causa delle loro qualità, in passato gli eroi costituivano dei modelli di comportamento per gli uomini del loro tempo e oggi ci permettono di comprendere i **valori dominanti** di società molto lontane da noi: ad esempio le scelte compiute da un eroe possono farci capire se in una determinata epoca e in un determinato luogo del mondo viene considerata più importante la forza fisica o l'astuzia, la capacità di sconfiggere il nemico o il rispetto dei patti.

Il cavallo alato Pegaso imbrigliato da Bellerofonte sotto lo sguardo di Atena, affresco del I secolo d.C. (Pompei, Antiquarium).

La traduzione dei poemi epici

I poemi epici sono stati scritti molti secoli fa in lingue che oggi o non si parlano più o si sono profondamente modificate, come il greco e il latino, e per questo motivo noi li leggiamo soprattutto attraverso le traduzioni che nel corso del tempo ne hanno fatto studiosi e scrittori.

Tradurre un testo del passato però non è un'operazione semplice, poiché occorre riprodurre fedelmente non soltanto il **contenuto**, ossia ciò che l'autore ha voluto dire, ma anche il **tono**, cioè il modo di narrare e lo stile che egli ha scelto per esprimere le sue idee.

L'epica classica, ad esempio, utilizzava l'esametro, un verso lungo e solenne che in italiano non esiste e ciò ha costretto i moderni traduttori a "inventare" soluzioni particolari per rendere questa antica struttura metrica: nell'Ottocento gli scrittori Vincenzo Monti e Ippolito Pindemonte, rispettivamente traduttori dell'*Iliade* e dell'*Odissea*, sostituirono agli esametri gli endecasillabi sciolti (versi di undici sillabe senza rima), realizzando versioni poetiche delle due opere piuttosto eleganti ma per noi di difficile comprensione.

Nel XX secolo, dei poemi epici classici sono state effettuate numerose traduzioni sia in versi liberi (versi di lunghezza variabile), sia in prosa: gli autori che hanno fatto quest'ultima scelta hanno privilegiato il contenuto rispetto alla forma, sottolineando soprattutto l'aspetto avventuroso di questi componimenti.

I brani che ti proponiamo in questa antologia sono un esempio delle diverse maniere in cui un testo epico può essere tradotto: lo scopo della nostra scelta è fare in modo che sia tu stesso a valutare quale di queste versioni è riuscita maggiormente ad avvicinarti alle parole di autori tanto distanti nel tempo.

i poemi omerici

La Grecia dell'età antica conosceva un gran numero di temi eroici, ma il più grande di essi era l'invasione in massa di Troia, la sua distruzione ad opera di una coalizione proveniente dalla Grecia continentale e il ritorno degli eroi in patria; il tutto era decorato da molti racconti minori sulle vite degli stessi eroi e su fatti degli dèi olimpici connessi con quelle vicende.

da M.I. Finley, *Gli antichi Greci*, Einaudi

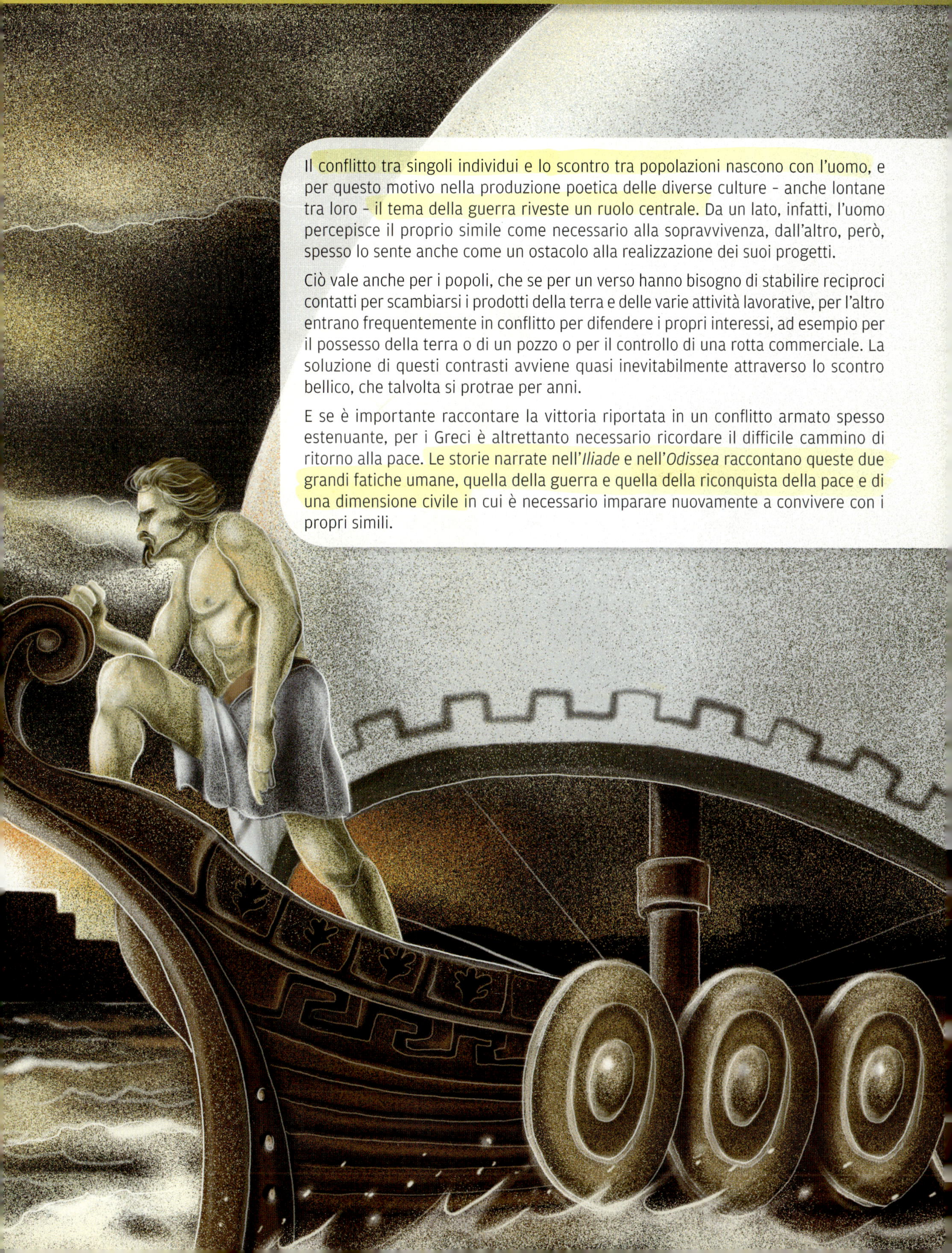

Il conflitto tra singoli individui e lo scontro tra popolazioni nascono con l'uomo, e per questo motivo nella produzione poetica delle diverse culture - anche lontane tra loro - il tema della guerra riveste un ruolo centrale. Da un lato, infatti, l'uomo percepisce il proprio simile come necessario alla sopravvivenza, dall'altro, però, spesso lo sente anche come un ostacolo alla realizzazione dei suoi progetti.

Ciò vale anche per i popoli, che se per un verso hanno bisogno di stabilire reciproci contatti per scambiarsi i prodotti della terra e delle varie attività lavorative, per l'altro entrano frequentemente in conflitto per difendere i propri interessi, ad esempio per il possesso della terra o di un pozzo o per il controllo di una rotta commerciale. La soluzione di questi contrasti avviene quasi inevitabilmente attraverso lo scontro bellico, che talvolta si protrae per anni.

E se è importante raccontare la vittoria riportata in un conflitto armato spesso estenuante, per i Greci è altrettanto necessario ricordare il difficile cammino di ritorno alla pace. Le storie narrate nell'*Iliade* e nell'*Odissea* raccontano queste due grandi fatiche umane, quella della guerra e quella della riconquista della pace e di una dimensione civile in cui è necessario imparare nuovamente a convivere con i propri simili.

L'epica nel mondo greco

I più antichi e noti esempi di poesia epica della cultura occidentale sono l'*Iliade* e l'*Odissea*: l'*Iliade*, cioè *La storia di Ilio* (altro nome della città di Troia derivante da quello del suo mitico fondatore *Ilo*), racconta una breve fase della guerra tra Greci e Troiani, mentre l'*Odissea* narra il lungo e difficile viaggio del guerriero greco Odisseo (per i latini *Ulisse*) che cerca di ritornare a Itaca dopo la fine della guerra di Troia.

Un poeta misterioso: Omero

Tradizionalmente l'*Iliade* e l'*Odissea* sono attribuite a **Omero**, una figura che nel corso dei secoli ha suscitato numerosi interrogativi: poiché di lui non si sa nulla di certo, molti studiosi hanno addirittura avanzato l'ipotesi che un poeta con questo nome **non sia mai esistito**.

Busto di Omero, inizi del I secolo a.C. (Parigi, Museo del Louvre).

Sin dall'antichità la vera identità di Omero, rappresentato come un cantore cieco ispirato dagli dèi, è stata avvolta dal mistero: ben sette città greche si contendevano l'onore di avergli dato i natali, e alcuni studiosi ritenevano addirittura che l'*Iliade* e l'*Odissea* fossero state composte da **autori diversi** a causa delle notevoli differenze di stile e contenuto.

Il dibattito su questo tema, che viene definito "**questione omerica**", è aperto ancora oggi e si è arricchito di un nuovo interrogativo: se un poeta di nome Omero è effettivamente esistito, egli ha creato in modo originale i personaggi e gli intrecci dei due poemi o si è limitato a "cucire" parti di storie che già esistevano e venivano trasmesse oralmente da aèdi e rapsòdi?

La datazione dei poemi omerici

Le vicende raccontate nell'*Iliade* e nell'*Odissea* si svolgono circa nel XII secolo a.C. ma vengono composte in poema tra il IX e l'VIII secolo a.C. e messe per iscritto solo successivamente: ciò significa che l'autore ha raccolto episodi che probabilmente venivano già tramandati oralmente da vari secoli.

Una prova della distanza temporale che passa tra l'autore e gli eventi da lui narrati è costituita dal fatto che i due poemi sono ambientati nell'**età del bronzo**, che va dal 3500 al 1200 a.C. circa, come dimostrano le armi e le corazze indossate dagli eroi, mentre di alcuni personaggi il poeta, per descriverne il carattere duro, dice che hanno il *cuore di ferro*. Da ciò possiamo dedurre che lo scrittore vive in un periodo successivo a quello di cui parla, poiché

Armatura greca di bronzo.

mostra di conoscere il ferro, un metallo ignoto nell'età del bronzo: l'*Iliade* e l'*Odissea* possono quindi essere considerate, oltre che poemi letterari, anche importanti **fonti storiche indirette**, in quanto ci consentono di ricostruire usi, costumi, comportamenti e organizzazione sociale della Grecia arcaica (cioè antica).
Oggi la maggior parte degli studiosi pensa che Omero sia effettivamente vissuto tra il IX e l'VIII secolo a.C. e che non si sia semplicemente limitato a mettere insieme antiche narrazioni epiche ma le abbia rielaborate con grande abilità artistica, tanto che a quasi tremila anni di distanza leggiamo ancora con ammirazione e passione immutata i suoi versi.

Le caratteristiche della poesia omerica

Anche dal punto di vista stilistico nei poemi omerici si avverte l'influenza della tradizionale poesia epica orale.
Gli aèdi e i rapsòdi, che dovevano recitare migliaia di versi a memoria, si aiutavano ricorrendo a **formule** fisse, cioè frasi, espressioni e giri di parole che si ripetevano uguali ogni volta che nel racconto si ripresentavano situazioni analoghe.
Anche Omero utilizza questa soluzione, servendosi di diversi tipi di formule.

- Tra queste ci sono gli **epiteti**, espressioni che accompagnano i nomi di guerrieri, eroi e divinità e ne evidenziano una caratteristica dell'aspetto e del comportamento: ad esempio, il nome di Apollo è spesso seguito dall'epiteto *che lungi saetta*, relativo all'abilità del dio nello scagliare frecce, Era è detta *braccio bianco* oppure *occhio di giovenca*, Atena è *occhio azzurro*, Achille è il *piè veloce* ecc.
- Un particolare tipo di epiteto sono i **patronimici**, parole che contengono il nome del padre del personaggio: Achille è detto *Pelide* perché è figlio di Peleo, Diomede è il *Tidide*, ossia il figlio di Tideo, Odisseo è il *Laerziade*, cioè il figlio di Laerte e così via.
- Sono inoltre molto frequenti i **versi formulari**, intere frasi che ricompaiono uguali quando nella narrazione si verificano circostanze simili: ad esempio, quando un guerriero sta per morire ricorre con poche variazioni l'espressione *la vita volò via dalle membra e scese nell'Ade*.
- Un'altra particolarità stilistica di questi poemi è costituita dal frequente uso della **similitudine** mediante cui l'autore spiega i passaggi della storia e gli atteggiamenti dei protagonisti paragonandoli a fenomeni della natura (*egli scendeva come la notte*).

Atena assiste alla votazione per assegnare le armi di Achille, caduto per mano di Paride, coppa del 500-450 a.C. (Vienna, Kunsthistorisches Museum).

L'Iliade

Troia: realtà storica o mito?

Il titolo del poema richiama subito l'attenzione del lettore sulle vicende accadute nella città di Troia, chiamata anche *Ilio* dal nome del suo fondatore. Ma Troia è effettivamente esistita o la storia della lunga guerra tra Greci e Troiani è frutto della fantasia di Omero?

Per molti secoli si è pensato che le vicende della città di Troia e degli eroi che combatterono intorno a essa fossero solo una geniale trovata poetica.

Oggi sappiamo che non è così grazie alla tenacia di **Heinrich Schliemann**, un commerciante tedesco esperto di archeologia vissuto nel XIX secolo, il quale riuscì a dimostrare che in Asia Minore era sorta effettivamente una città ricca e fiorente chiamata Troia.

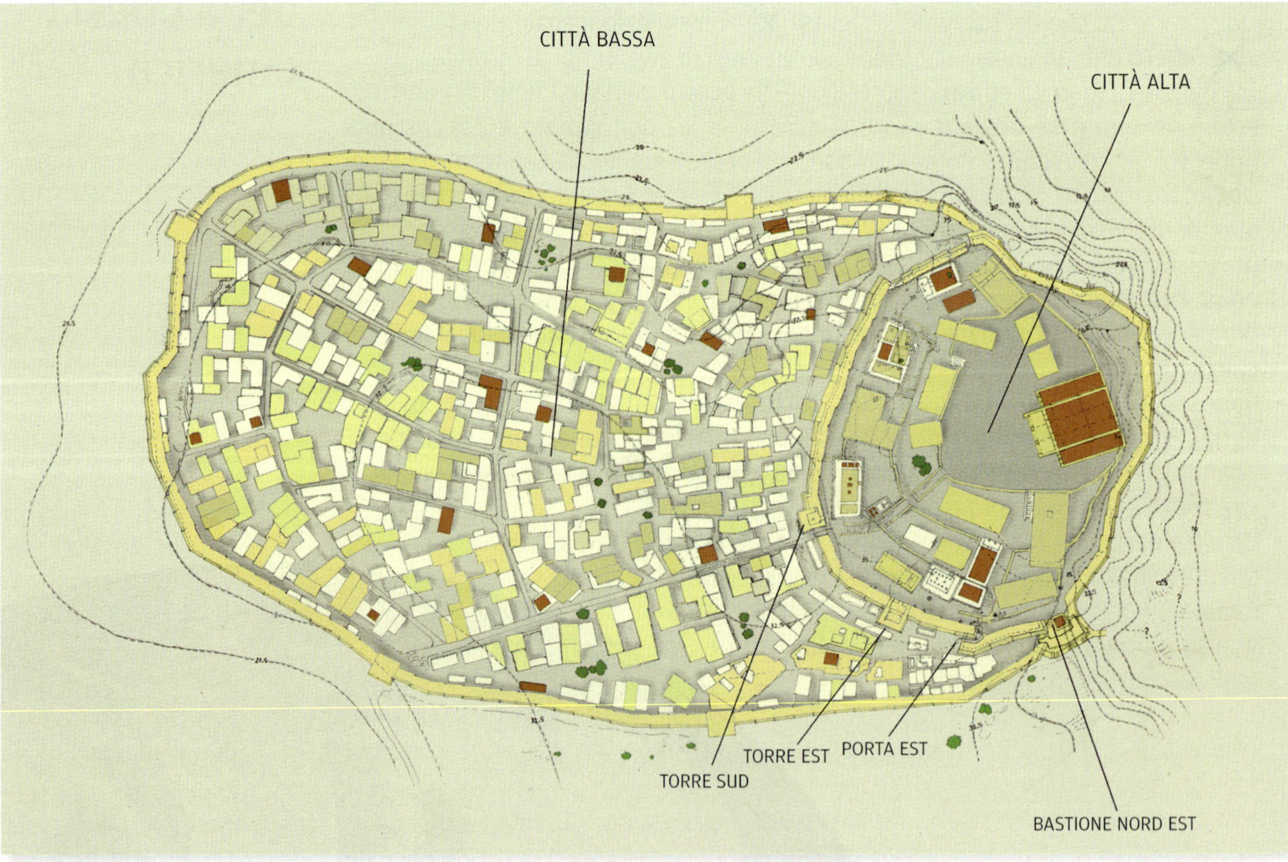

Ricostruzione della mappa della città di Troia ai tempi dell'*Iliade*.

Appassionato lettore dei poemi omerici, Schliemann si convinse che i dettagli paesaggistici e topografici descritti da Omero fossero troppo precisi per essere una pura invenzione.

Utilizzando l'*Iliade* come una sorta di mappa geografica, a partire dal 1870 egli impiegò le proprie ricchezze per finanziare diverse spedizioni archeologiche e l'anno seguente cominciò i lavori di scavo presso la collina di Hissarlik, nell'attuale Turchia: il ritrovamento di una gran quantità di oggetti, soprattutto in pietra e terracotta, gli diede la conferma che secoli prima quel sito archeologico era stato abitato, e dopo

molti tentativi vennero riportati alla luce le mura della città e molti reperti preziosi che furono definiti il "tesoro di Priamo", il mitico re di Troia.
Gli scavi archeologici condotti a Hissarlik continuano ancora oggi e hanno fatto emergere **nove diversi strati della città**, il più profondo - e quindi il più antico - dei quali è datato attorno al 2700 a.C., a dimostrazione del fatto che Troia fu più volte distrutta e ricostruita nello stesso luogo.
La città di cui parla Omero corrisponde probabilmente al settimo strato murario, in corrispondenza del quale sono state trovate tracce di un grande incendio, databile tra il 1220 e il 1200 a.C.: questi elementi sono compatibili con la cronologia tradizionale, che faceva risalire al 1184 a.C. la caduta e la distruzione di Troia, dovuta a un incendio.

Resti della città di Troia.

L'origine mitica della guerra di Troia

Nell'*Iliade* la guerra di Troia viene presentata come l'inevitabile conseguenza di un episodio mitico che coinvolge molte divinità (vedi pag. 64).
Alla festa per le nozze tra la dea Teti e il mortale Peleo non viene invitata la dea Eris (Discordia), che, per vendicarsi, nel bel mezzo del banchetto lancia una mela d'oro su cui c'è scritto: *Alla più bella*.
Tra le dèe Era, Atena e Afrodite si scatena immediatamente una lite poiché ciascuna ritiene che la mela spetti a lei; così, per risolvere la contesa, viene indetta una gara di bellezza sul monte Ida a cui fa da arbitro Paride, figlio del re Priamo.
Pur di aggiudicarsi la vittoria, Era promette al giovane il dominio sull'Asia, Atena la saggezza e la supremazia in tutti i combattimenti, Afrodite l'amore della donna più bella del mondo, e alla fine Paride porge la mela d'oro a quest'ultima, che fa innamorare di lui Elena, la bellissima moglie del re di Sparta Menelao.
Recatosi a Sparta, Paride convince Elena a fuggire con lui, ma Menelao non tollera l'affronto e con l'aiuto del fratello Agamennone, potente re di Micene e Argo, organizza una grande spedizione per punire il traditore troiano e riportare Elena a casa.
Un grande esercito, guidato dai re delle città greche sotto il comando supremo di Agamennone, stringe d'assedio Troia ma la città resiste per ben dieci anni e viene espugnata solo grazie a un inganno (il famoso cavallo di legno) ideato da Odisseo, re di Itaca, con la complicità di alcuni guerrieri greci.

Menelao si scaglia addosso a Elena per ucciderla, incisione del XIX secolo realizzata a partire da una decorazione di un vaso greco antico (Parigi, Biblioteca delle Arti Decorative).

Le cause reali della guerra di Troia

Oggi noi sappiamo che è avvenuto davvero uno scontro tra alcuni popoli provenienti dalla Grecia e gli abitanti di Troia, e che la città è stata effettivamente rasa al suolo intorno al 1200 a.C., come dimostrano i reperti riportati alla luce dagli scavi archeologici: ciò non è accaduto però a causa di una donna, come racconta il mito, ma per la necessità di controllare le rotte commerciali che dal mar Egeo giungevano al mar Nero.
La conquista di Troia viene infatti collegata all'**espansione territoriale dei Micenei** (chiamati così dalla loro città più importante, Micene), un popolo che domina la Grecia nell'età del bronzo e che probabilmente entra in conflitto con la potente e florida città di Troia quando cerca di espandersi verso Oriente: i Micenei avrebbero attaccato e distrutto Troia per conquistarsi il diritto di oltrepassare liberamente e senza pagare tributi lo stretto dei Dardanelli, il primo dei due passaggi che collegano il mar Egeo al mar Nero.

scheda

Le rotte commerciali tra l'Egeo e l'Asia

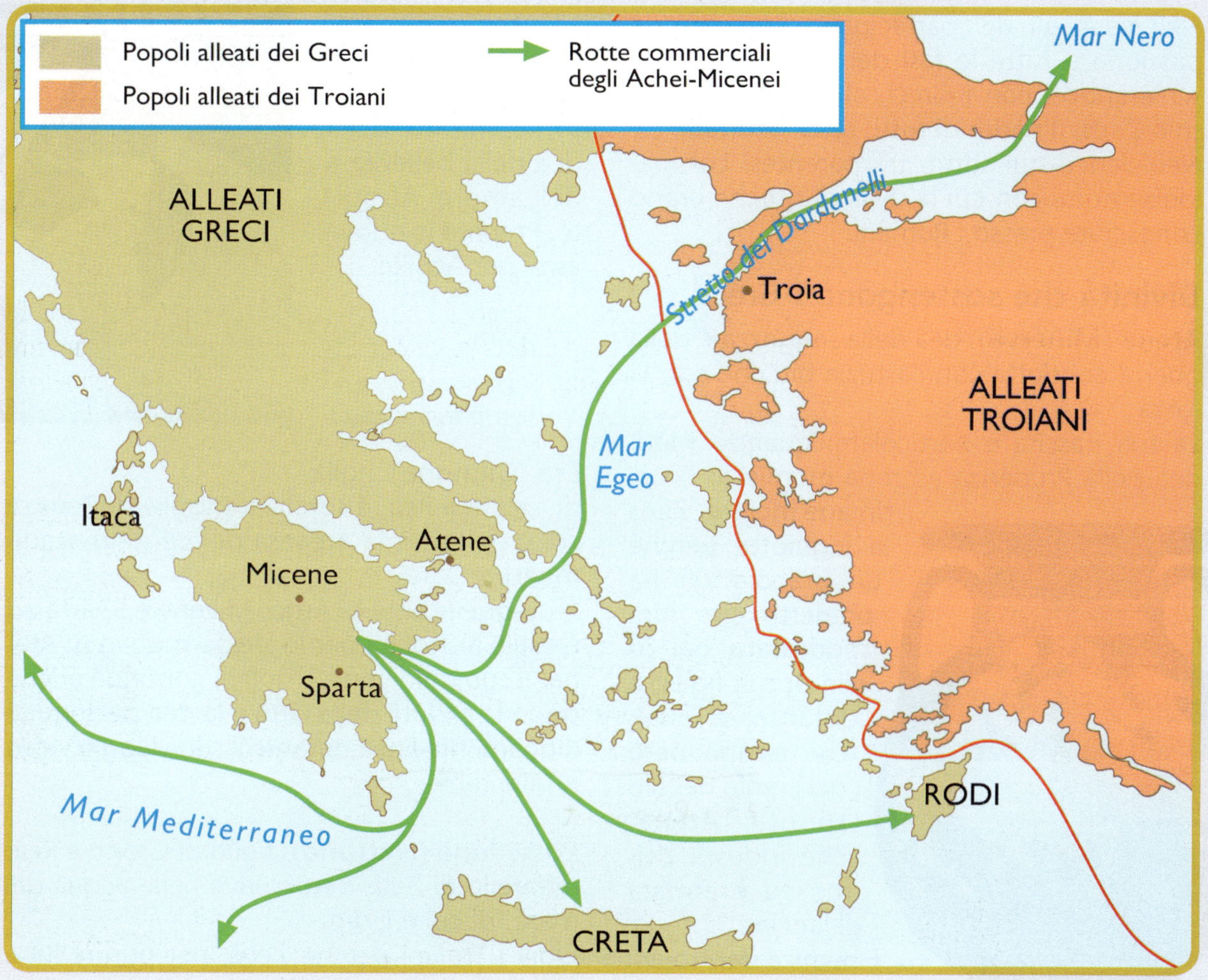

Gli dèi

Come molti popoli antichi anche i Greci sono **politeisti**, cioè credono in molti dèi. Le loro divinità sono **antropomorfe**, ossia hanno un aspetto fisico simile a quello degli uomini, a cui somigliano anche per comportamenti, sentimenti e reazioni: l'unica differenza tra uomini e dèi è che questi ultimi sono mortali.

Quasi tutte le più importanti divinità greche abitano sul monte Olimpo, mentre le divinità minori vivono immerse nella natura: le ninfe, ad esempio, si trovano in monti, fiumi e alberi e vengono venerate in particolari foreste e grotte e, soprattutto, nei pressi delle sorgenti.

Quando i Romani entrano in contatto con i Greci assorbono molte delle loro divinità di cui modificano il nome, mantenendo intatte caratteristiche e attributi: questo processo viene definito **assimilazione**.

scheda

Gli dèi del mondo greco

Nell'*Iliade* gli dèi partecipano con grande passione a tutte le fasi del conflitto, alcuni schierandosi con i Greci, altri con i Troiani: solo Zeus, il padre di tutti, resta neutrale.
Nell'elenco qui sotto, tra parentesi compaiono i nomi con cui le divinità greche erano conosciute presso i Romani.

Divinità che sostengono i Greci

Atena (Minerva): dea della saggezza e della guerra condotta con l'astuzia più che con la forza.
La sua nascita è particolare: quando Meti, dea della Prudenza e prima moglie di Zeus, rimane incinta, Zeus la inghiotte perché un oracolo gli ha predetto che sarà spodestato dal figlio di sua figlia; a distanza di qualche tempo però dal cranio del dio spunta Atena, che indossa l'elmo ed è armata di lancia.
È nemica dei Troiani a causa della decisione di Paride di attribuire la mela d'oro ad Afrodite e protegge in modo particolare Odisseo e la sua famiglia.

Atena e Poseidone, vaso della fine v secolo a.C. (Policoro, Matera, Museo archeologico nazionale della Siritide).

Efesto (Vulcano): figlio di Zeus ed Era, alla nascita viene scaraventato dall'Olimpo dal padre o dalla madre (a seconda delle versioni del mito) a causa della sua bruttezza. Signore del fuoco e della lavorazione dei metalli, abita all'interno del vulcano Etna e, nonostante il suo aspetto, è marito della dea della bellezza e dell'amore Afrodite. Prepara le nuove armi per Achille.

Efesto, particolare di pittura su vaso.

Era (Giunone): figlia di Crono e Rea, è sorella e moglie di Zeus di cui è gelosissima a causa dei continui tradimenti.
Protegge le città di Argo, Micene e Sparta ed è ostile ai Troiani per lo stesso motivo di Atena. Il suo odio verso i Troiani continua anche dopo la caduta della città e la dea perseguita lungamente Enea durante il suo viaggio verso nuove terre.

Poseidone (Nettuno): figlio di Crono e Rea, è fratello di Zeus e Ade. Vive nelle acque del mare, di cui è il dio.
Odia i Troiani perché Zeus, per punire lui e Apollo della loro ribellione, per un anno li ha resi schiavi del re di Troia Laomedonte, che prima ha fatto costruire loro le mura della città e dopo si è rifiutato di pagarli.

Divinità che sostengono i Troiani

Afrodite (Venere): è la dea della bellezza e dell'amore. Nata dalle onde del mare, è sposa di Efesto ma è innamorata di Ares, dio della guerra.
Parteggia per i Troiani per proteggere suo figlio Enea e perché Paride l'ha eletta la più bella tra le dee.

Venere giacente su una conchiglia, affresco (Pompei, Casa della Venere in Conchiglia).

Ares (Marte): figlio di Zeus ed Era, è il dio della guerra. La sua principale caratteristica è la forza fisica, mentre talvolta gli mancano la lucidità e l'intelligenza, motivo per cui non sempre esce vincitore dagli scontri.
Aiuta i Troiani in quanto rivale di Atena.

Apollo, detto anche **Febo** (anche i Latini lo chiamano Apollo): figlio di Zeus e Latona, è il fratello gemello di Artemide. Nato nell'isola di Delo, eccelle nell'uso della lira e dell'arco ed è il dio del canto, della medicina e delle profezie. I suoi luoghi di culto più famosi si trovavano a Delo e a Delfi.
Accogliendo la supplica del suo sacerdote Crise, invia la peste contro il campo acheo, come viene descritto all'inizio dell'*Iliade*.

Artemide (Diana): figlia di Zeus e Latona, è la sorella gemella di Apollo. È la dea della caccia e, come il fratello, è bravissima nell'uso dell'arco.

La dea Artemide.

Divinità neutrali

Zeus (Giove): figlio di Crono e Rea, è il sovrano dei dèi e il signore del fulmine. Suo padre ingoiava i propri figli appena nati, ma egli scampa a questo destino grazie alla madre, che al suo posto mette una pietra. Una volta cresciuto, spodesta Crono e libera i fratelli prigionieri nel ventre del padre, dividendo con loro il regno: a Poseidone va il dominio del mare, ad Ade quello dell'oltretomba, a lui quello del cielo e della terra.
È sposato con Era, ma ha moltissime amanti, cosa che suscita la collera della moglie.
Nella guerra di Troia mantiene una posizione di neutralità e si rimette alle decisioni del Fato.

Mercurio, I-II secolo d.C., da un originale greco del V secolo a.C. (Roma, Palazzo Altemps).

Ermes (Mercurio): figlio di Zeus e Maia, è il messaggero degli dei. È anche il dio del commercio e dei ladri e, secondo la tradizione, accompagna le anime dei morti nell'oltretomba. Indossa un grande copricapo, calzari con piccole ali e tiene in mano un bastone, il *cadùceo*.

Il contenuto dell'*Iliade*

Achille e Aiace giocano ai dadi durante l'assedio di Troia, vaso del 530 circa (Roma, Musei Vaticani).

L'*Iliade* è un poema costituito da ventiquattro libri in **esametri** (i versi lunghi e solenni tipici dell'epica greca e latina), nel quale Omero racconta circa cinquanta giorni alla fine del nono anno della guerra contro la città di *Troia* o *Ilio*.
Il tema principale del poema è l'**ira di Achille**, il più forte guerriero greco che si ritira dalla battaglia dopo essere stato offeso dal re Agamennone, fratello di Menelao e capo della spedizione greca.

Libro I — L'ira di Achille

Nel campo greco una terribile pestilenza sta provocando la morte di molti soldati. L'indovino Calcante spiega che ciò dipende da Apollo, offeso perché il suo sacerdote Crise è stato maltrattato da Agamennone che si è rifiutato di restituirgli la figlia Criseide, divenuta sua schiava (vedi pag. 124).
Durante l'assemblea dell'esercito greco, Agamennone è costretto a riconsegnare Criseide, ma pretende in cambio la bella Briseide, la schiava preferita di Achille.
In preda all'ira, Achille sta per uccidere Agamennone, ma viene fermato dalla dea Atena; decide allora di ritirarsi dalla guerra (vedi pag. 128) insieme ai suoi soldati, i Mirmidoni, mentre la dea Teti, madre dell'eroe, chiede a Zeus di procurare sconfitte all'esercito acheo.

Libri II-XV — I combattimenti tra Greci e Troiani

Ettore e Menelao si scontrano combattendo sul corpo di un caduto, piatto in terracotta, 600 a.C. (Londra, British Museum).

Senza il sostegno di Achille l'esercito greco entra in crisi, nonostante le gesta valorose di molti guerrieri: Menelao assale Paride, che fugge vilmente aiutato dalla dea Afrodite ma viene successivamente ferito da Pàndaro, abilissimo nell'uso dell'arco.
L'eroe greco che subito più si distingue per valore è Diomede, che uccide Pàndaro e colpisce addirittura la dea Afrodite, provocando l'intervento del dio della guerra Ares che tenta di frenarne la furia, ma viene a sua volta ferito.
Ritornato a Troia, Ettore incontra la moglie Andromaca e il figlioletto Astianatte: alla preoccupazione della donna risponde che combatterà fino alla fine anche se ciò gli costerà la vita, e subito dopo torna sul campo di battaglia (vedi pag. 132).
Mentre si svolgono numerosi duelli, lo schieramento greco comincia a cedere e Agamennone invia alla tenda di Achille i guerrieri Odisseo, Fenice e Aiace perché lo convincano a deporre l'ira e a rientrare in battaglia, ma i doni e i discorsi dei tre non fanno cambiare idea ad Achille.
Per incoraggiare i suoi uomini anche Agamennone scende in battaglia, ma i Troiani riescono ugualmente a prevalere, costringendo i nemici ad arretrare fino al muro che protegge le navi tirate a riva, mentre Ettore riesce quasi a dar fuoco alle imbarcazioni greche.

La morte di Patroclo

Libri XVI-XIX

Vedendo i Greci a un passo dalla sconfitta, Patroclo scongiura Achille di lasciargli almeno le sue armi e, vestito come lui, interviene nella battaglia capovolgendone temporaneamente le sorti. Dopo aver ucciso il valoroso Sarpèdone, insegue i Troiani in ritirata ma si spinge troppo avanti: ingannato da Apollo, viene affrontato da Ettore che lo uccide e si appropria delle gloriose armi di Achille.
Informato della morte di Patroclo, Achille non riesce a darsi pace e decide di tornare a combattere per cercare vendetta, indossando le nuove armi preparate del dio Efesto, tra cui c'è un bellissimo scudo adornato da splendide raffigurazioni.
Mentre è sul punto di riprendere il combattimento, per volontà della dea Era il suo cavallo Xanto inizia a parlare e gli predice la morte imminente.

Fabbricazione delle armi di Achille, affresco del I secolo d.C. ritrovato a Pompei (Napoli, Museo Archeologico Nazionale).

Il duello finale tra Ettore e Achille

Libri XX-XXII

Mentre gli dèi dell'Olimpo si scontrano, ciascuno sostenendo il proprio schieramento, sul campo di battaglia Achille fa una tale strage di Troiani da provocare l'ira del dio-fiume Scamandro, che cerca di travolgerlo e forse ci riuscirebbe se non fosse fermato dal fuoco scatenato da Efesto.
Intanto Ettore attende impavido l'arrivo di Achille per lo scontro finale; quando lo vede però è preso dalla paura e fugge, facendo tre volte il giro delle mura di Troia. Ingannato dalla dea Atena, alla fine accetta la sfida, ma viene ucciso da Achille che, animato dal desiderio di vendetta, ne lega il cadavere al carro trascinandolo nella polvere senza pietà (vedi pag. 141).

I funerali di Ettore

Libri XXIII-XXIV

Ritornati all'accampamento, i Greci celebrano giochi funebri in onore di Patroclo. Nove giorni dopo l'uccisione di Ettore, suo padre Priamo si reca di nascosto nella tenda di Achille, scongiurandolo di restituirgli il corpo del figlio in cambio di ricchi doni. Achille accetta, commosso dall'aspetto e dalle parole dell'anziano re che gli ricorda il suo vecchio padre, e finalmente Ettore ottiene una degna sepoltura (vedi pag. 145).

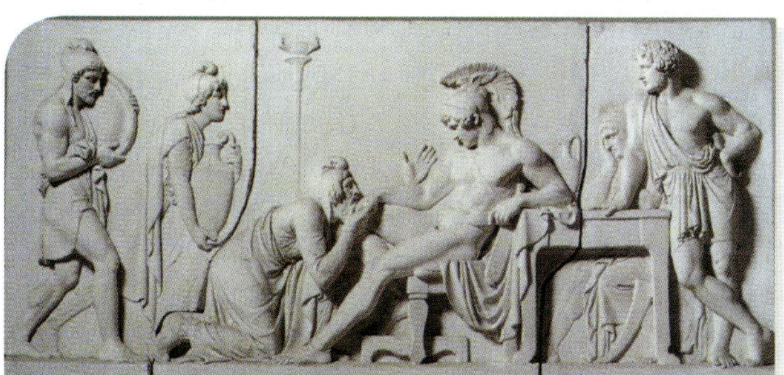

Bertel Thorvaldsen, *Priamo supplica Achille per la restituzione del corpo di Ettore*, 1815 (Roma, Accademia Nazionale di San Luca).

I protagonisti

Nel suo poema Omero descrive una società di guerrieri i cui valori più importanti sono la **forza fisica** e la capacità di dimostrare il proprio **coraggio**: talvolta i contendenti si comportano in un modo che a noi appare ingiustificatamente crudele e mettono continuamente a repentaglio la propria vita per ottenere la gloria al solo scopo di essere ricordati con **onore** dai posteri.

Il poema dà grande spazio alle scene di battaglia, durante le quali gli eroi si distin-

scheda

I protagonisti della guerra di Troia

Achei

Achille: figlio di Peleo e della ninfa Teti, che appena nato lo immerge nel fiume Stige e lo rende invulnerabile in tutto il corpo tranne che nel tallone.

Poiché il suo destino è morire giovane dopo aver ottenuto fama e gloria, Teti cerca di non farlo partecipare alla spedizione contro Troia e lo nasconde alla corte di Licomede, nell'isola di Sciro, travestito da fanciulla. Quando Odisseo porta alle figlie del re dei doni, l'unico a essere attratto dalle armi è Achille, che viene smascherato e costretto a partire.

Achille, immagine dipinta su un vaso greco, V secolo a.C.

Durante l'assedio a Troia si ritira dal combattimento dopo un violento scontro con Agamennone e torna in battaglia solo dopo la morte dell'amico Patroclo. Muore prima della caduta di Troia, colpito al tallone da una freccia di Paride.

Ha un figlio chiamato Neottòlemo o Pirro, che prende parte alla guerra di Troia.

Menelao: fratello di Agamennone e marito di Elena, è re di Sparta. Promuove la spedizione contro Troia per punire Paride che ha violato la sua ospitalità rapendo la moglie.

Agamennone: re di Micene, è il fratello di Menelao, su richiesta del quale guida l'esercito contro i Troiani. Prima di partire sacrifica ad Aulide la figlia Ifigenia per garantire una buona navigazione alle navi greche e per questo motivo al suo ritorno in patria la moglie Clitemnestra lo uccide, aiutata dall'amante Egisto.

Aiace: re di Salamina, ha una statura gigantesca ed è il più forte dei guerrieri greci dopo Achille.

Combatte con un grande e pesante scudo e quando i Greci rifiutano di dargli le armi di Achille impazzisce e massacra una mandria, convinto di trovarsi di fronte ai nemici. Il mattino seguente, ritornato in sé, per la vergogna si uccide.

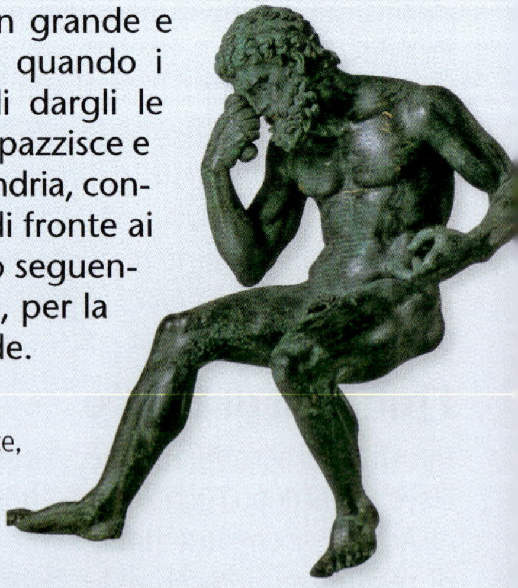

Statua bronzea di Aiace, I secolo a.C. (Londra, British Museum).

Diomede: figlio di Tideo, è uno degli eroi greci che spiccano maggiormente per forza e valore. È spesso in coppia con Odisseo nelle imprese più audaci e rischiose.

Odisseo (Ulisse): figlio di Laerte e marito della fedele Penelope, è re di Itaca. Si distinguono dal resto dell'esercito ingaggiando furiosi duelli che si concludono quasi sempre con la morte dell'avversario e il tentativo di sottrargli le armi.

Vaso greco con scena tratta dall'*Iliade*.

gue per la straordinaria astuzia. Alla fine della guerra, prima di ritornare a Itaca affronta un lungo e tormentato viaggio che viene raccontato nell'*Odissea*.

Odisseo, particolare del gruppo Odissea, marmo, grotta della villa di Tiberio, Sperlonga (Napoli, Museo Archeologico Nazionale).

Elena: figlia di Zeus e Leda, cugina di Penelope, è sposa di Menelao. Considerata la donna più bella del mondo, fugge con Paride a Troia provocando la guerra.

Troiani

Ettore: figlio di Priamo e di Ecuba e sposo di Andromaca, ha un figlio di nome Astianatte che dopo la caduta della città verrà gettato dalle mura dai Greci.
Durante la guerra è il principale difensore di Troia, amato e onorato dal popolo e dai guerrieri. Uccide Patroclo, scatenando la vendetta di Achille, che lo trafigge in duello e poi ne strazia il corpo legandolo al carro e facendo più volte il giro attorno alle mura di Troia.

Enea: figlio di Anchise e Afrodite, è uno guerrieri più valorosi e nobili di Troia dopo i figli di Priamo.
Nella notte della distruzione della città viene svegliato dal fantasma di Ettore che lo incita a fuggire per fondare una nuova patria. Scappa da Troia in fiamme con il padre sulle spalle e il figlio Ascanio per mano. Il racconto dell'ultima notte di Troia e delle sue vicende successive viene narrato da Virgilio nell'*Eneide*.

Enea in fuga da Troia con il padre Anchise e il figlio Ascanio, rilievo in terracotta.

Paride: figlio di Priamo ed Ecuba, è il responsabile della guerra di Troia perché, avendo offerto ad Afrodite la mela d'oro destinata alla dea più bella, riceve in cambio l'amore di Elena, moglie di Menelao, che per questo motivo organizza una spedizione militare contro i Troiani.
Poco prima della caduta della città colpisce mortalmente Achille, ma viene ucciso a sua volta dall'acheo Filottete.

Priamo: figlio di Laomedonte, marito di Ecuba, è il re di Troia al tempo della spedizione greca e ha cinquanta figli.
Prende le decisioni più importanti ma a causa della vecchiaia non combatte; quando i Greci penetrano nella città si arma, ma viene brutalmente ucciso da Neottolemo, il feroce figlio di Achille.

Priamo ed Elena, vaso del v secolo a.C. (Tarquinia, Museo).

La peste nell'accampamento greco

Un guerriero greco pensieroso sosta accanto a una tomba.

Gli antichi pensavano che le vicende degli eroi fossero "cantate", cioè raccontate in versi, direttamente dalla musa della poesia epica e che al poeta spettasse solo il compito di riferire con voce umana le parole della divinità.
Per questo motivo l'*Iliade* si apre con un'invocazione alla musa Calliope affinché ella narri le conseguenze sulla guerra di Troia dell'ira di Achille, provocata dal suo scontro con Agamennone, capo dell'esercito greco: il contrasto tra i due guerrieri, scaturito dal rifiuto di Agamennone di restituire a Crise, sacerdote di Apollo, la figlia Criseide, diviene violento quando il dio punisce i Greci colpendo il loro accampamento con una terribile pestilenza.

L'invocazione alla musa

Canta, o dea[1], l'ira d'Achille Pelide[2],
rovinosa, che infiniti dolori inflisse agli Achei,
gettò in preda all'Ade[3] molte vite gagliarde
d'eroi, ne fece il bottino dei cani,
di tutti gli uccelli – consiglio di Zeus si compiva[4] –
da quando prima si divisero contendendo
l'Atride signore d'eroi[5] e Achille glorioso.

La richiesta di Crise

Ma chi tra gli dèi li fece lottare in contesa?
Il figlio di Zeus e Latona[6]; egli, irato col re,
mala peste fe' nascere nel campo, la gente moriva,
perché Crise l'Atride trattò malamente,
il sacerdote[7]; costui venne alle navi rapide degli Achei

NAVI RAPIDE è una delle formule che si ripetono nel poema.

1 dea: Calliope, la musa ispiratrice della poesia epica. Le muse, figlie di Zeus e Mnemosyne, sono nove e proteggono le arti.

2 Pelide: figlio di Peleo. È un patronimico.

3 gettò in preda all'Ade: provocò la morte. I Greci chiamano *Ade* l'oltretomba.

4 consiglio di Zeus si compiva: secondo la volontà di Zeus.

5 l'Atride signore d'eroi: il re Agamennone, detto *Atride* perché figlio di Atreo.

6 Il figlio di Zeus e Latona: Apollo.

7 perché Crise l'Atride trattò malamente, il sacerdote: perché Agamennone (l'*Atride*) aveva trattato male il sacerdote Crise, padre di Criseide.

per liberare la figlia, con riscatto infinito,
avendo tra mano le bende d'Apollo che lungi saetta,
intorno allo scettro d'oro, e pregava tutti gli Achei
ma soprattutto i due Atridi[8], ordinatori d'eserciti:
«Atridi, e voi tutti, Achei schinieri robusti[9],
a voi diano[10] gli dèi, che hanno le case d'Olimpo,
d'abbattere la città di Priamo[11], di ben tornare in patria;
e voi liberate la mia creatura, accettate il riscatto,
venerando il figlio di Zeus, Apollo che lungi saetta».

CHE LUNGI SAETTA
epiteto che si riferisce all'abilità di Apollo nello scagliare frecce.

• Si tratta di un ....

La reazione di Agamennone

Allora gli altri Achei tutti acclamarono[12],
fosse onorato quel sacerdote, accolto quel ricco riscatto.
Ma non piaceva in cuore al figlio d'Atreo, Agamennone,
e lo cacciò malamente, aggiunse comando brutale:
«Mai te colga[13], vecchio, presso le navi concave,
non adesso a indugiare, non in futuro a tornare,
che non dovesse servirti più nulla lo scettro, la benda del dio[14]!
Io non la libererò: prima la coglierà vecchiaia
nella mia casa, in Argo, lontano dalla patria,
mentre va e viene al telaio e accorre al mio letto.
Ma vattene, non m'irritare, perché sano e salvo tu parta[15]».

• Si tratta di un ....

Crise prega Apollo

Disse così, tremò il vecchio, obbedì al comando,
e si avviò in silenzio lungo la riva del mare urlante[16];
ma poi, venuto in disparte, molto il vegliardo[17] pregò
il sire Apollo, che partorì Latona bella chioma:
«Ascoltami, Arco d'argento[18], che Crisa proteggi,
e Cilla divina, e regni sovrano su Tènedo[19],
Sminteo[20], se mai qualche volta un tempio gradito t'ho eretto,

• Le due espressioni evidenziate sono ....

8 i due Atridi: Agamennone e suo fratello Menelao.

9 schinieri robusti: dalle forti corazze. Gli *schinieri* sono placche di bronzo che proteggono la parte anteriore della gamba dal ginocchio al piede. È un epiteto utilizzato frequentemente da Omero per definire i guerrieri greci.

10 diano: concedano.

11 la città di Priamo: la città di Troia di cui Priamo è re.

12 acclamarono: approvarono.

13 Mai te colga: che io non ti sorprenda mai.

14 che non dovesse servirti più nulla lo scettro, la benda del dio: o non potrai più fare sacrifici al dio Apollo (perché ti ammazzerò).

15 perché sano e salvo tu parta: se vuoi andare via sano e salvo.

16 urlante: rumoroso.

17 vegliardo: vecchio.

18 Arco d'argento: si riferisce ad Apollo, detto *"Arco d'argento"* per la sua abilità con le frecce.

19 Crisa... Cilla... Tènedo: località sacre ad Apollo.

20 Sminteo: epiteto attribuito ad Apollo, detto *Sminteo* dalla località di Sminte a lui sacra.

e se mai t'ho bruciato cosce pingui[21]
di tori o capre, compimi questo voto:
paghino i Danai[22] le lacrime mie con i tuoi dardi».

La peste

Disse così pregando: e Febo[23] Apollo l'udì,
e scese giù dalle cime d'Olimpo, irato in cuore,
l'arco avendo a spalla, e la faretra chiusa sopra e sotto:
le frecce sonavano sulle spalle dell'irato
al suo muoversi; egli scendeva come la notte.
Si postò dunque lontano dalle navi, lanciò una freccia,
e fu pauroso il ronzìo dell'arco d'argento.
I muli colpiva in principio e i cani veloci,
ma poi mirando sugli uomini la freccia acuta
lanciava; e di continuo le pire dei morti ardevano, fitte[24].

da Omero, *Iliade*, libro I, trad. di R. Calzecchi Onesti, Einaudi

21 t'ho bruciato cosce pingui: ti ho offerto in sacrificio molte cosce di animali.

22 Danai: altro nome degli Achei.

23 Febo: epiteto attribuito ad Apollo.

24 le pire dei morti ardevano, fitte: molte cataste di legna bruciavano per cremare i morti.

competenze alla prova

LEGGO E...

... COMPRENDO

1. Quando all'inizio dell'opera il poeta invoca la dea, che cosa le chiede precisamente di cantare?
   - ☐ Tutta la guerra di Troia
   - ☒ Solo la fine di Troia
   - ☐ Solo l'ira di Achille
   - ☐ Tutta la storia di Achille
2. Crise è (puoi segnare più di una risposta):
   - ☒ sacerdote di Apollo
   - ☐ cugino di Agamennone
   - ☒ padre di Criseide
   - ☐ zio di Briseide
3. Che cosa chiede Crise ad Agamennone?
4. Quale risposta ottiene?
5. Chi interviene per punire la prepotenza di Agamennone?

... RICAVO DAL TESTO

6. Perché, secondo te, Agamennone maltratta Crise?
   - ☐ Perché Crise gli è antipatico
   - ☒ Perché si comporta da sovrano prepotente e arrogante
   - ☐ Perché si sente umiliato da Crise
   - ☐ Perché vuole punire Crise per il suo comportamento insolente

scheda

L'intervento degli dèi nella guerra

Nel mondo omerico gli dèi interferiscono in modo diretto nelle vicende umane, favorendo i loro protetti e perseguitando chi li ha offesi. Per questo motivo gli avvenimenti narrati nell'*Iliade* sono solo in parte frutto delle scelte dei guerrieri, mentre più spesso sono una conseguenza dell'intervento delle divinità: Elena, ad esempio, abbandona Menelao e segue Paride a Troia perché Afrodite la fa innamorare di lui, e durante le battaglie spesso gli dèi deviano colpi mortali per salvare la vita di un determinato guerriero.
Anche la sorte di Ettore, il più prode eroe troiano, è decisa da una divinità poiché egli viene convinto ad affrontare la furia di Achille, che lo ucciderà, dalla dea Atena che lo inganna assumendo l'aspetto di suo fratello Deifobo.
Più forte degli dèi però è la *Moira* (destino), una forza misteriosa alla quale anche gli dèi sono sottomessi e le cui decisioni sono irrevocabili: Zeus interviene nella battaglia per salvare la vita del figlio Sarpèdone, alleato dei Troiani, ma in un secondo momento non può evitarne la morte perché essa è scritta nel suo destino.

Scena ispirata al libro VII dell'*Iliade*: a sinistra Atena, raffigurata con elmo e lancia, trattiene Aiace Telamonio che sta per lanciarsi su Ettore caduto in ginocchio, mentre a destra Apollo fa un solenne gesto di protezione; coppa del pittore Douris, 490 a.C. circa (Parigi, Museo del Louvre).

7 **Perché Agamennone dice che porterà Criseide ad Argo?**

- ☐ Perché Argo è una località sacra ad Apollo
- ☒ Perché è la sua patria
- ☐ Perché Crise vive ad Argo
- ☐ Perché ad Argo si trova l'accampamento greco

... ANALIZZO E INTERPRETO

8 **Quando invoca Apollo nella sua preghiera, Crise rivolge al dio parole particolarmente gentili. Individua il passo e analizzalo.**

9 **Al termine dell'episodio, come appaiono le condizioni dei Greci?**

ORA SCRIVO IO

10 **Inventa un'altra vendetta di Crise contro Agamennone.**

C'È STILE E STILE

11 **Individua la similitudine utilizzata da Omero al verso 47 per descrivere la discesa di Apollo dall'Olimpo.**

UN MONDO DI PAROLE

12 **Sottolinea tutti i patronimici presenti nel testo: a quali personaggi si riferiscono?**

L'ira di Achille

Mentre la peste infuria sull'accampamento, ai Greci riuniti in assemblea l'indovino Calcante spiega che essa è stata mandata da Apollo, infuriato perché Agamennone ha offeso il suo sacerdote Crise che chiede la restituzione della figlia Criseide. Achille, re dei Mirmidoni, pretende allora che la ragazza venga riconsegnata e Agamennone, molto contrariato, è costretto ad acconsentire, chiedendo però Briseide, la schiava preferita di Achille, come risarcimento.
Offeso dall'arroganza del capo dell'esercito, Achille decide di non combattere più, scelta questa che indebolisce lo schieramento greco e ha enormi conseguenze sulla guerra.

L'ira di Achille, che divampa a causa del rapimento della sua schiava Briseide da parte di Agamennone, decorazione di vaso attico, 480 a.C. circa (Parigi, Museo del Louvre).

Allora, d'improvviso, accadde che morte e dolore piombarono sugli Achei. Per nove giorni, molte frecce uccisero uomini e animali e i roghi dei morti brillarono senza tregua. Il decimo giorno, Achille convocò l'esercito in assemblea. Davanti a tutti disse:
– Se continuerà così, per sfuggire alla morte saremo costretti a prendere le nostre navi e a tornarcene a casa. Interpelliamo[1] un profeta, o un indovino, o un sacerdote che sappia spiegarci cosa sta accadendo e possa liberarci da questo flagello.
Allora si alzò Calcante, che era il più famoso degli indovini. Sapeva le cose che furono, che sono, e che saranno.
Era un uomo saggio. Disse:
– Tu vuoi sapere il perché di tutto questo, Achille e io te lo dirò. Ma tu giura che mi difenderai, perché quello che dirò potrà offendere un uomo che ha potere su tutti gli Achei e al quale tutti gli Achei obbediscono. Io rischio la mia vita: tu giurami che la difenderai.
Achille gli rispose che non doveva avere paura, a dire quello che sapeva. Disse:
– Finché io sarò vivo nessuno tra gli Achei oserà alzare la mano su di te. Nessuno. Neanche Agamennone.
Allora l'indovino si fece coraggio e disse:
– Quando abbiamo offeso quel vecchio[2], il dolore è caduto su di noi. Agamennone ha rifiutato il riscatto e non ha liberato la figlia di Crise:

1 Interpelliamo: chiediamo il parere.
2 quel vecchio: il sacerdote Crise, che è andato da Agamennone con un ricco riscatto per chiedere la restituzione della figlia (vedi *La peste nell'accampamento greco*, vv. 17-21, pag. 125).

e il dolore è caduto su di noi. C'è solo un modo di scacciarlo: restituire a Crise quella fanciulla dagli occhi lucenti, prima che sia troppo tardi. Così parlò e poi si sedette.

Allora Agamennone si alzò, l'animo colmo di nero furore e gli occhi incendiati da lampi di fuoco. Guardò con odio Calcante e disse:

– Profeta di sciagure, mai che tu abbia buone notizie per me, solo il male ti piace svelare, il bene mai. E adesso vuoi privarmi di Criseide, che mi è più gradita della mia stessa sposa, Clitemnestra, e che potrebbe rivaleggiare con lei in bellezza, intelligenza e in nobiltà d'animo. Devo restituirla? Lo farò, perché voglio che l'esercito si salvi. Lo farò, se così dev'essere. Ma preparatemi subito un dono che la possa sostituire, perché non è giusto che io solo, fra gli Achei, rimanga privo di bottino. Voglio un altro dono per me.

Allora Achille disse:

– Come possiamo trovarti un dono, Agamennone? Tutto il bottino è già stato diviso, non è lecito tornare indietro, e rifare tutto da capo. Restituisci la fanciulla e ti ripagheremo tre quattro volte tanto quando prenderemo Ilio[3].

Agamennone scosse la testa.

– Non mi inganni, Achille. Tu vuoi tenerti il tuo bottino e lasciarmi senza niente. No, io restituirò quella fanciulla e poi verrò a prendermi quello che mi piacerà, e magari lo prenderò ad Aiace, o a Ulisse, e magari lo prenderò a te.

Achille lo guardò con odio:

– Uomo impudente[4] e avido – disse – E tu pretendi che gli Achei ti seguano in battaglia? Non son venuto qui per combattere i Troiani, non mi hanno fatto nulla, loro. Non mi hanno rubato né buoi né cavalli, non mi hanno distrutto il raccolto: montagne piene d'ombra dividono la mia terra dalla loro, e un mare fragoroso. È per seguire te che sono qui, uomo senza vergogna, per difendere l'onore di Menelao e il tuo. E tu, bastardo, faccia di cane, te ne freghi e minacci di togliermi il bottino per cui ho tanto penato? No, è meglio che io torni a casa, piuttosto che rimanere qui a farmi disonorare e a combattere per procurare a te tesori e ricchezze.

Allora Agamennone rispose:

– Vattene, se lo desideri, non sarò io a pregarti di rimanere. Altri si faranno onore al mio fianco. Tu non mi piaci Achille: ami le risse, lo scontro, la guerra. Sei forte, è vero, ma questo non è merito tuo[5]. Tornatene pure a regnare a casa tua, non mi importa nulla di te, e non ho paura della tua ira. Anzi, ti dirò questo: rimanderò indietro Criseide a suo padre, sulla mia nave, con i miei uomini. Ma poi verrò io stesso nella tua tenda e mi prenderò la bella Briseide, il tuo bottino, perché tu sappia chi è il più forte e perché tutti imparino ad aver paura di me. Disse così. E fu come se avesse colpito dritto nel cuore. Tanto che il figlio di Peleo[6] fece per sguainare la spada e certamente avrebbe ammazzato Agamennone se all'ultimo non fosse riuscito a dominare il suo furore e a fermare la mano sull'elsa[7] argentata.

3 Ilio: altro nome della città di Troia.

4 impudente: senza vergogna.

5 ma questo non è merito tuo: la forza di Achille dipende dal fatto che la madre, la dea Teti, alla nascita lo ha immerso nelle acque del fiume Stige rendendolo invincibile.

6 il figlio di Peleo: Achille.

7 elsa: impugnatura della spada.

Guardò Agamennone, e rabbioso gli disse:

– Faccia di cane, cuore di cervo, uomo vigliacco. Io giuro su questo scettro che arriverà il giorno in cui gli Achei, tutti, mi rimpiangeranno. Quando cadranno sotto i colpi di Ettore, allora mi rimpiangeranno. E tu soffrirai per loro, ma non potrai fare nulla. Potrai solo ricordarti di quando hai offeso il più forte degli Achei e impazzire dal rimorso e dalla rabbia. Verrà quel giorno, Agamennone. Io lo giuro.

Così disse, e scagliò a terra lo scettro ornato di borchie d'oro.

da A. Baricco, *Omero, Iliade*, libro I, Feltrinelli

Achille, immagine dipinta su un vaso greco del V secolo a.C.

competenze alla prova

LEGGO E...

... COMPRENDO

1. **Quanti giorni dura la pestilenza che colpisce l'accampamento greco?**
   - ☐ Tre giorni
   - ☐ Una settimana
   - ☒ Nove giorni
   - ☐ Un mese
2. **Quale eroe decide di convocare l'assemblea e che cosa propone?**
3. **Che cosa dice Calcante all'assemblea dei Greci?**
4. **Agamennone accetta di rinunciare a Criseide, ma che cosa annuncia di prendersi in cambio?**
   - ☐ Oro e pietre preziose
   - ☒ La schiava Briseide
   - ☐ Tutte le schiave che vuole
   - ☐ Il comando della spedizione

... RICAVO DAL TESTO

5. **Rispondi se la seguente affermazione è vera o falsa: quando Achille dice "*i Greci cadranno sotto i colpi di Ettore*", fa capire che i Greci possono perdere per il comportamento sbagliato di Agamennone.**
   V ☐ F ☒
6. **Che cosa intende Achille quando afferma di non avere nulla contro i Troiani e di aver preso parte alla guerra solo per difendere l'onore di Agamennone e di Menelao?**

... ANALIZZO E INTERPRETO

7. **Le violente parole con cui si affrontano Achille e Agamennone mettono in luce il carattere dei due guerrieri: sottolinea nel testo le ingiurie che si rivolgono reciprocamente, poi descrivi brevemente la loro personalità.**
8. **Il contrasto tra Achille e Agamennone non è solo causato dal possesso delle schiave, ma nasce principalmente dalla volontà di stabilire chi tra loro due è più importante: su che cosa basa Agamennone la propria superiorità? E Achille?**
9. **Alla fine del brano, Achille fa un giuramento ad Agamennone, che è anche una profezia: che cosa gli dice?**

scheda

Il bottino di guerra

Nell'antica Grecia dopo il saccheggio di una città nemica il bottino viene spartito secondo regole precise: una metà è suddivisa in parti uguali e attribuita mediante sorteggio a tutti i guerrieri che hanno partecipato all'azione militare, l'altra metà, costituita dai beni più preziosi, tra cui le donne dei nemici, viene distribuita a coloro che si sono distinti in battaglia per coraggio e valore.

Criseide viene fatta prigioniera in seguito alla conquista della città di Crise, nei pressi di Troia, mentre Briseide viene catturata quando i Greci prendono Lirnesso: per Agamennone e Achille è difficile rinunciare alle due schiave soprattutto perché ciò significherebbe non avere più un riconoscimento visibile del contributo dato in battaglia e quindi perdere prestigio e onore.

ORA SCRIVO IO

10 **Nell'episodio dell'*Iliade* che hai appena letto, i due guerrieri achei si affrontano sostenendo ognuno le proprie ragioni.**
Costruisci una tabella, indicando da una parte le ragioni di Agamennone, dall'altra quelle di Achille.

11 **E tu? Quale delle due posizioni condividi maggiormente? Per quali motivi?**

FILOFILE

12 **Nel dipinto puoi notare, a destra, un personaggio che prende Achille per i capelli. Nel brano qui riportato non si fa cenno a questo particolare, ma nell'*Iliade* c'è una divinità che interviene a bloccare l'eroe. Svolgi una ricerca, se vuoi anche su Internet, per scoprire di chi si tratta.**

ANALIZZO L'IMMAGINE

13 **Osserva con attenzione l'immagine: secondo te, a quale momento dell'episodio si riferisce?**

Giambattista Tiepolo, *L'ira di Achille*, 1757 (Villa Valmarana).

Ettore e Andromaca alle porte Scee

Mentre infuria la battaglia tra Greci e Troiani, Ettore torna a casa per vedere ancora una volta la moglie e il figlio, ma una schiava lo informa che Andromaca, preoccupata per la sua sorte, si è precipitata sulle mura della città a osservare l'esito dello scontro.
L'ultimo incontro tra Ettore e Andromaca ha un tono diverso rispetto a quello cui l'*Iliade* ci ha abituati, poiché in esso non prevalgono i temi del coraggio e dell'eroismo ma quelli dell'affetto e della tenerezza che lega i due coniugi. L'episodio mette in luce anche il lato "umano" di Ettore, che va incontro alla morte con tristezza ma anche con determinazione, conscio di dover difendere la patria fino in fondo senza poter sfuggire al proprio destino di morte.

• È uno degli epiteti con cui il poeta definisce le costruzioni.

Disse così la donna dispensiera[1], ed Ettore balzò fuori di casa
di nuovo per la stessa via, lungo strade ben costruite.
Quando, attraversata la grande città, giunse alle porte Scee[2],
per dove sarebbe fra poco riuscito alla pianura[3],
qui la sua sposa preziosa gli venne incontro di corsa,
Andromaca, figlia di Eetione magnanimo[4],
Eetione che un giorno[5] abitava sotto la Placo selvosa[6],
a Tebe Ipoplacia[7], signore di gente cilicia:
la figlia di lui era sposa di Ettore armato di bronzo.
Dunque gli venne incontro, e veniva con lei l'ancella
che teneva in braccio il bambino, piccolo piccolo, inconsapevole,
l'Ettoride[8] tanto amato, uguale a una stella splendente,
che Ettore chiamava Scamandrio[9], mentre gli altri gli davano [nome
Astianatte[10] dato che Ettore, anche da solo, era salvezza di Troia.
Sorrise, guardando il bambino in silenzio;
Andromaca a lui venne vicino, bagnando il viso di lacrime,
lo sfiorò con la mano, articolò la voce[11] e disse:
«Sventurato, il tuo ardore sarà la tua rovina, e tu non hai pietà

1 dispensiera: la schiava addetta alla cucina, che dice a Ettore che Andromaca si trova sulle mura della città con il piccolo Astianatte.

2 porte Scee: porte della città di Troia che si aprono sulla pianura dove gli eserciti stanno combattendo.

3 per dove sarebbe fra poco riuscito alla pianura: da cui tra poco sarebbe uscito per tornare a combattere.

4 magnanimo: generoso.

5 un giorno: un tempo.

6 sotto la Placo selvosa: sotto il monte Placo ricco di boschi.

7 Tebe Ipoplacia: *Ipoplacia* vuol dire "sotto il monte Placo". Tebe è la più importante città della Cilicia, una regione situata in Asia Minore. Questa città sarà distrutta da Achille.

8 Ettoride: patronimico che vuol dire "figlio di Ettore".

9 Scamandrio: l'altro nome del bambino deriva dal fiume Scamandro, che scorre nei pressi di Troia.

10 Astianatte: nome che significa "difensore della città".

11 articolò la voce: fece uno sforzo per parlare.

di tuo figlio che ancora non parla e di me disgraziata,
che vedova presto sarò di te: t'uccideranno presto gli Achei
tutti insieme saltandoti addosso; sarebbe meglio per me
scendere sotto terra, se restassi senza di te; perché non avrò
alcun altro conforto, quando tu abbia seguito il destino,
ma solo dolori: io non ho né padre né madre. [...]

Tu, Ettore, dunque per me sei padre e madre adorata
ed anche fratello[12], e sei il mio splendido sposo:
ma allora, su, abbi pietà e resta qui sulla torre,
non rendere orfano il figlio, non fare della tua donna una vedova;
schiera l'esercito al fico selvatico, dove è più facile
penetrare nella città e superare le mura[13].
Tre volte, accostatisi qui, hanno tentato i migliori[14]
intorno a entrambi gli Aiaci e al glorioso Idomeneo[15]
e intorno agli Atridi e al valoroso figlio di Tídeo[16]:

12 per me sei padre e madre adorata ed anche fratello: nei versi precedenti, che non abbiamo riportato, Andromaca spiega che il padre e i sette fratelli sono stati uccisi da Achille durante il saccheggio di Tebe, e che la madre, ridotta in schiavitù, è morta subito dopo essere stata liberata.

13 schiera l'esercito al fico selvatico, dove è più facile penetrare nella città e superare le mura: Andromaca consiglia a Ettore di difendere un punto scoperto della città (*al fico selvatico*) senza esporsi direttamente in battaglia.

14 i migliori: i soldati greci più valorosi.

15 entrambi gli Aiaci ... Idomeneo: sono guerrieri dell'esercito acheo, Aiace figlio di Oileo, Aiace di Telamone e Idomeneo, capo dell'esercito cretese.

16 figlio di Tídeo: Diomede.

Gaspare Landi, *L'incontro di Ettore e Andromaca*, 1795 (Piacenza, Palazzo Gazzola).

o gliel'ha detto qualcuno che bene conosce i responsi divini,
oppure li ha spinti e guidati il loro animo stesso».
A lei a sua volta diceva il grande Ettore dall'elmo ondeggiante:
«Preme certo anche a me tutto questo, donna; ma provo tremenda
vergogna di fronte a Troiani e Troiane dai pepli fluenti[17],
se come un vile m'imbosco al riparo della guerra;
né così mi detta il mio cuore, perché imparai ad essere prode
sempre e fra i Troiani a battermi in prima fila,
per fare onore alla splendida gloria del padre mio bene e di me
[stesso.
Questo so bene, in animo e in cuore:
verrà il giorno in cui dovrà perire la sacra Ilio[18]
e Priamo[19] e la gente di Priamo guerriero.
Ma non tanto dei Troiani m'affligge la pena avvenire[20],
né di Ecuba[21] stessa né di Priamo sovrano
né dei fratelli miei, che numerosi e gagliardi
cadrebbero in mezzo alla polvere per mano dei loro nemici,
quanto di te, allorché un Acheo vestito di bronzo
ti trascini piangente, portandosi via la tua libertà:
e allora, vivendo a Argo[22] a casa d'un'altra faresti la tela
e andresti a prendere acqua alle fonti Messeide o all'Iperea[23]
assai contro voglia, peserà su di te un dovere gravoso;
e un giorno qualcuno dirà vedendoti in lacrime:
'Questa è la moglie di Ettore, che primeggiava in battaglia
fra i Troiani domatori di cavalli, quando combattevano a Troia'.
Così qualcuno dirà: e sarà per te nuova pena,
in mancanza d'un uomo capace di strapparti alla vita da
[schiava.
Ma morto piuttosto mi copra la terra gettatami sopra,
prima ch'io senta il tuo urlo, oppure ti sappia rapita!».
Detto così, Ettore splendido tese le braccia a suo figlio:
ma si voltò indietro il bambino piangendo sul petto alla balia
dalla bella cintura, spaventato alla vista del padre,
perché ebbe timore del bronzo e del cimiero crinito[24]
come lo vide oscillare pauroso giù dalla testa dell'elmo.
Risero allora di cuore suo padre e la nobile madre;
subito l'elmo si tolse dal capo Ettore splendido,
e lo depose per terra tutto scintillante;
quando poi ebbe baciato e palleggiato in braccio suo figlio,
disse rivolto in preghiera a Zeus e a tutti gli dèi:
«Zeus e voi altri dèi, fate sì che mio figlio diventi
anche lui, come già io, glorioso fra tutti i Troiani,
altrettanto forte e capace di avere Troia in potere;
e un giorno dica qualcuno: 'è molto meglio del padre',
mentre ritorna dalla battaglia; e porti con sé le spoglie cruente[25]
dopo aver ucciso il nemico, ne goda in cuore la madre».
Detto così, rimise in braccio alla moglie

17 dai pepli fluenti: dalle morbide tuniche. Il *peplo* era l'abito indossato dalle donne di Troia.

18 dovrà perire la sacra Ilio: Ettore sa che la sua città sta per essere sconfitta e distrutta.

19 Priamo: re di Troia e padre di Ettore.

20 avvenire: futura.

21 Ecuba: moglie di Priamo e madre di Ettore.

22 Argo: città greca nella regione dell'Argolide.

23 fonti Messeide o all'Iperea: due sorgenti greche, la prima situata nella regione della Laconia, la seconda in Tessaglia.

24 cimiero crinito: elmo ornato da crini di cavallo.

25 le spoglie cruente: il bottino insanguinato.

suo figlio; quella lo prese sul petto odoroso
insieme ridendo e piangendo; ne ebbe pietà il marito a vederla,
la sfiorò con la mano, articolò la voce e disse:
«Mia cara, non affliggerti troppo in cuor tuo:
nessuno contro il destino potrà sprofondarmi nell'Ade;
ma penso che nessun uomo sia sfuggito alla sorte,
né un vile, né un valoroso, una volta venuto alla luce.
Tornata dentro la casa, datti da fare con i tuoi lavori,
con la tela e con la conocchia[26], e alle ancelle dà ordine
che attendano al loro; spetterà la guerra agli uomini,
a tutti – e soprattutto a me – quanti vivono a Troia».
Detto così, Ettore splendido riprese il suo elmo
a coda di cavallo; se n'andò a casa la sposa
voltandosi spesso all'indietro, piangendo lacrime amare.

da Omero, *Iliade*, libro VI, trad. di G. Cerri, Rizzoli

26 conocchia: attrezzo per filare.

scheda

Il matrimonio nel mondo omerico

A differenza di quanto accade ai giorni nostri, nell'antichità i matrimoni sono quasi sempre la conseguenza dell'accordo tra un uomo e il padre di una donna, mentre viene tenuta in scarsissima considerazione la volontà della sposa che può essere inviata nella casa del futuro marito senza averlo mai visto, portando con sé i ricchi doni che costituiscono la sua dote.
Nell'antica Grecia ci si sposa per generare figli legittimi e per rinsaldare i legami tra famiglie o clan, quasi mai per amore: mentre l'uomo ha il diritto di avere relazioni e figli con le schiave che vivono nella casa coniugale, la moglie è tenuta a essere fedele.
L'incontro tra Ettore e Andromaca ci mostra invece un rapporto matrimoniale fatto di tenerezza e dolcezza: pur avendo un ruolo sociale diverso – Ettore ha il compito di combattere, Andromaca quello di filare e tessere con le schiave – i due coniugi appaiono legati da affetto sincero e condividono l'atteggiamento sollecito e amoroso nei confronti del figlioletto.

Preparativi per il matrimonio, tavoletta di terracotta, 460 a.C. (Reggio Calabria, Museo Archeologico Nazionale).

competenze alla prova

LEGGO E...

... COMPRENDO

1) **Quali personaggi ci sono nell'episodio?**
- ☐ Solo Ettore e Andromaca
- ☐ Solo Ettore, Andromaca e Astianatte
- ☐ Solo Ettore, Andromaca, Astianatte e un'ancella
- ☐ Solo Ettore, Andromaca, Astianatte e Scamandrio

2) **Dove si svolge l'incontro tra Ettore e Andromaca?**

3) **Chi prende la parola per primo?**

4) **Per salvargli la vita, Andromaca suggerisce al marito di** ....

... RICAVO DAL TESTO

5) **Da che cosa si può comprendere la grande disperazione di Andromaca?**

6) **Per quale motivo Andromaca è particolarmente legata a Ettore?**

7) **Anche se è consapevole che la sua città è sul punto di cadere, Ettore decide di esporsi direttamente nella battaglia: quali motivi lo spingono a fare questa scelta?**

... ANALIZZO E INTERPRETO

8) **Pensando alla futura sconfitta di Troia, che cosa teme Ettore soprattutto?**

9) **Nel corso del colloquio con Andromaca, Ettore mostra di essere un padre affettuoso e un marito premuroso: sottolinea nel testo i punti in cui l'eroe troiano rivela un temperamento dolce e "umano".**

10) **Indica se le seguenti affermazioni sono vere V o false F.**
- Per Andromaca è meglio morire, piuttosto che essere privata del marito. V F
- Ettore è un marito poco gentile con la moglie, perché la rimprovera spesso. V F
- Ettore è un guerriero coraggioso. V F
- Ettore si preoccupa del bene della famiglia più di quello della città. V F
- Andromaca è legata a Ettore solo perché ammira la sua forza in guerra. V F
- Andromaca non teme la morte del marito, ma solo quella del piccolo Astianatte. V F

ORA SCRIVO IO

11) **Esponi con parole tue la concezione della vita e del futuro espressa da Ettore nei versi 487-488.**

C'È STILE E STILE

12) **Indica accanto alle espressioni elencate qui sotto se si tratta di patronimici, di epiteti o di versi formulari:**
- gli Atridi ➲ ....
- Ettore dall'elmo ondeggiante ➲ ....
- Troiani domatori di cavalli ➲ ....
- balia dalla bella cintura ➲ ....
- articolò la voce e disse ➲ ....

ANALIZZO L'IMMAGINE

13) **Questa immagine rappresenta l'ultimo incontro tra Ettore e Andromaca. Spiega per quali aspetti riproduce fedelmente il testo che hai letto e per quali se ne allontana.**

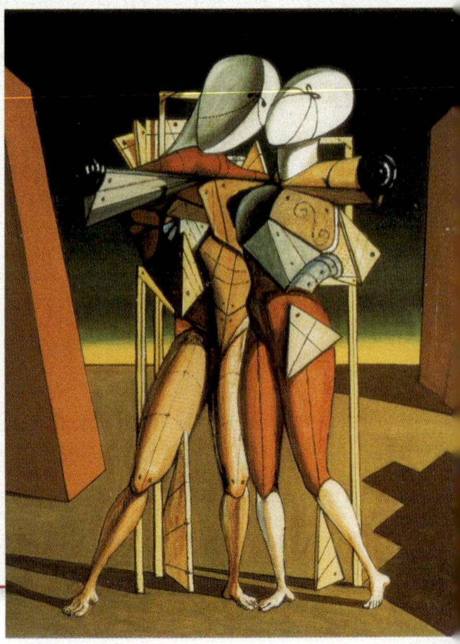

Giorgio de Chirico, *Ettore e Andromaca alle porte Scee*, 1917 (Roma, Galleria Nazionale d'Arte Moderna).

La morte di Patroclo

Da quando Achille, offeso da Agamennone, si è ritirato dalla guerra in preda all'ira, i Troiani hanno preso il sopravvento e, guidati da Ettore, hanno attaccato il campo greco dove erano poste, in secca sulla riva, le navi greche. Di fronte a una situazione così grave, con i Greci in estrema difficoltà, Patroclo decide di indossare le armi di Achille e di scendere in battaglia: i compagni, così, pensando che il forte eroe greco fosse di nuovo in campo, avrebbero ritrovato il coraggio, mentre i nemici perso la loro baldanza. Dopo i primi successi, però, il destino attende Patroclo al varco: anche per lui è arrivata ormai l'ultima ora.
L'episodio è fondamentale nel poema, perché segna una svolta decisiva. Patroclo e Achille erano legati da intima amicizia sin dall'infanzia: per questa ragione la morte di Patroclo spingerà Achille a riprendere la lotta per vendicare l'amico.

Finché il sole si trovava, nel suo giro, in mezzo al cielo, da entrambe le parti volavano i proiettili e uomini cadevano. Ma quando passava di là, verso l'ora di sciogliere i buoi dal giogo, allora gli Achei contro il volere del fato avevano il sopravvento. Ecco, trassero fuori dai tiri l'eroe Cebrione[1], lontano dal fracasso della mischia, e gli tolsero di dosso l'armatura.
Patroclo saltava con feroce risolutezza in mezzo ai Troiani. Tre volte allora li attaccò simile all'impetuoso Ares, con un urlo terribile, e per tre volte uccise nove guerrieri. Ma quando per la quarta volta si avventò pari a un demone, allora, o Patroclo, giunse per te la fine della vita! Ti veniva incontro Febo, nella violenta lotta, in tutta la sua tremenda potenza.
Ma l'eroe non lo scorse avanzare in mezzo al tumulto: ché[2] lo affrontava avvolto da una folta nebbia.
Si fermò dietro a lui e lo colpì sul dorso e sulle larghe spalle con la palma della mano: gli si stravolsero gli occhi.
Dal capo gli fece cadere, Febo Apollo, l'elmo: e rotolava là squillando sotto i piedi dei cavalli con il suo pennacchio e la visiera, e i crini del cimiero[3] si sporcarono di sangue e di polvere. Ah, in passato non era ammissibile che si insudiciasse così con la chioma equina al suolo, ma proteggeva la testa e la fronte piena di grazia d'un guerriero divino, di Achille, sì! Ma allora Zeus concesse ad Ettore di portarlo sul suo capo: era vicina però la sua fine.
Ed ecco, tutta gli si spezzò fra le mani la lancia dalla lunga ombra: la lancia pesante, grossa, massiccia, armata di bronzo in punta. Poi da tracolla gli crollò a terra con la cinghia lo scudo, che arrivava ai piedi. E gli sciolse la corazza il sovrano figlio di Zeus, Apollo.
Lo stordimento lo prese: gli si slegarono le belle membra. E lui restò là balordo[4].
Allora di dietro, sulla schiena, lo colpì da vicino con l'asta appuntita un uomo dardano[5], proprio in mezzo alle spalle. Era Euforbo figlio di Pantoo[6], che batteva i suoi coetanei nel tirare di lancia, nel guidare i cavalli e nella corsa a piedi. E anche allora aveva sbalzato dal cocchio

1 **Cebrione**: eroe troiano, figlio di Priamo.

2 **ché**: perché, per il fatto che.

3 **cimiero**: elmo.

4 **balordo**: stordito.

5 **dardano**: troiano. Dardano era il fondatore della città nominata Dardania, il primo nucleo di quella che poi sarebbe divenuta Troia.

6 **Pantoo**: anziano sacerdote troiano.

una ventina di uomini, al suo primo arrivo sul campo con il carro nel far pratica di guerra[7].

Fu costui il primo che ti vibrò[8] un colpo, o Patroclo valoroso auriga, ma non ti abbatté. Si ritirava di corsa a confondersi tra la massa, strappando via dal corpo la lancia di frassino, senza avere il coraggio di affrontare Patroclo, ormai disarmato, in mezzo alla strage. E Patroclo, prostrato dalla percossa del dio e dal colpo dell'asta, si ritraeva indietro tra le file dei suoi, cercando scampo alla morte.

Ettore, appena vide il magnanimo[9] Patroclo ritirarsi ferito com'era dall'acuto bronzo, subito gli venne, di tra le schiere, accosto, e lo urtava con l'asta al basso ventre, e gli cacciò la punta di metallo da parte a parte.

Stramazzava a terra con strepito: e gettò un grande sgomento tra l'esercito acheo.

Era come quando un leone vince nella lotta un indomito cinghiale. Ecco, si battono là sulla cima del monte, alteri[10] e superbi, per il possesso di una piccola sorgente d'acqua: tutt'e due vogliono bere. E alla fine il leone abbatte a viva forza, in un lungo rantolo[11], l'altro. Così Ettore il Priamide[12], con un colpo di lancia, a brevissima distanza, toglieva la vita al prode figlio di Menezio dopo tanta strage di Troiani.

E a lui con aria di trionfo rivolgeva parole: «Patroclo, certo tu credevi di saccheggiare la nostra città, di rendere schiave le donne troiane e di menarle sulle navi nella terra dei tuoi padri! Povero illuso! Ma in loro difesa si son lanciati di corsa in campo i cavalli di Ettore. Sì, son qua io, campione di lancia tra i battaglieri Troiani, a tener loro lontano il giorno della schiavitù. E te, qua, mangeranno gli avvoltoi! Infelice! Pur con tutta la sua prodezza[13] non ti è venuto, Achille, in soccorso. E forse laggiù, alla partenza, ti faceva tante raccomandazioni: "Non tornare, sai, o Patroclo, alle navi, prima di squarciar ad Ettore sul petto la tunica insanguinata!" Così, penso, ti ha detto: e riusciva, o sciocco, a convincerti.»

E a lui allora senza più forze dicevi, o Patroclo guidatore di cavalli: «Vantati pure forte, ormai! A te, lo so, han dato la vittoria Zeus Cro-

7 nel far pratica di guerra: nel combattere, nel guerreggiare.

8 ti vibrò: ti diede, ti inferse.

9 magnanimo: di nobile sentimento, buono, generoso di animo.

10 alteri: fieri, orgogliosi.

11 rantolo: respiro affannoso e sordo rumore che si emette in stato di agonia.

12 Priamide: patronimico, figlio di Priamo.

13 prodezza: coraggio, valore, eroismo.

nide[14] e Apollo. Son stati loro ad abbattermi con facilità: son stati loro, lo so, a disarmarmi. Avversari come te, anche se mi affrontavano in venti, tutti sarebbero caduti qua, atterrati sotto la mia lancia. È stato il destino funesto, con il figlio di Latona, a darmi il colpo mortale: e tra gli uomini, Euforbo. Tu sei arrivato terzo a finirmi. E un'altra cosa ti voglio dire, e tu mettitela bene in mente: neanche tu, sta' certo, hai molto ancora da vivere, ma già ti sta accanto la morte e l'inesorabile fato. Cadrai per mano di Achille, l'irreprensibile[15] Eacide.»
Così parlava e la morte l'avvolse. L'anima volando via dalle membra se n'andò alla casa di Ade, e lamentava la sua sorte nel lasciar la forza virile e la giovinezza. Ma anche dopo morto[16] gli diceva lo splendido Ettore: «Patroclo, perché mi predici la fine? Chi sa che Achille, il figlio di Tetide dalle belle chiome, non perda la vita prima lui, sotto i colpi della mia lancia!»
Così parlava. E dalla ferita estrasse la picca[17] di bronzo calcando col piede il cadavere, e lo respinse lontano a schiena in giù.

da Omero, *Iliade*, libro XVI, trad. di G. Tonna, Garzanti

Testa di cavaliere, 350-325 a.C. circa (Paestum, Museo Archeologico).

14 Cronide: patronimico, figlio di Crono.

15 irreprensibile: che non può essere criticato, perfetto.

16 dopo morto: dopo che Patroclo era ormai morto.

17 picca: arma simile a una lancia.

competenze alla prova

LEGGO E...

... COMPRENDO

1 Chi dà a Patroclo il primo colpo di lancia?

☒ Apollo ☐ Ettore
☐ Zeus ☐ Euforbo

2 Chi dà a Patroclo l'ultimo, decisivo colpo?

☒ Apollo ☐ Ettore
☐ Zeus ☐ Euforbo

3 Che cosa predice Patroclo a Ettore in punto di morte?

... RICAVO DAL TESTO

4 In quale momento della giornata si verifica l'episodio descritto? Motiva la tua risposta.

5 Come si chiama il padre di Patroclo?

6 Chi è il figlio di Latona, che, secondo Patroclo, è causa della sua morte?

... ANALIZZO E INTERPRETO

7 Il fatto che sia Apollo il primo a mettere in difficoltà Patroclo può significare:

☐ che è una divinità crudele e spietata
☐ che questa divinità ha un odio personale verso Patroclo
☐ che Patroclo ha meritato l'ira degli dèi e la loro punizione
☒ che la morte di Patroclo è inevitabile, perché voluta dagli dèi e dal destino

8 Qual è la reazione di Ettore, quando Patroclo gli predice la morte imminente?

....

ORA SCRIVO IO

9 Lo scontro tra Patroclo e Ettore è ambientato all'epoca della guerra di Troia: descrivi un duello tra altri due eroi a tua scelta, dopo aver inventato uno sfondo (ambientazione ed epoca) diverso.

C'È STILE E STILE

10 Nel brano compare una similitudine, per spiegare la lotta tra Ettore e Patroclo. Individuala.

UN MONDO DI PAROLE

11 Indica, con parole tue, il significato dei seguenti termini:

- sbalzato ➲ ....
- auriga ➲ ....
- prostrato ➲ ....
- percossa ➲ ....

12 Le seguenti parole, che nel testo sono sottolineate, hanno nel brano un significato diverso da quello più comune. Completa la tabella.

	nel brano significa...	mentre di solito significa...
confondersi	....	....
menarle	....	....
atterrati	....	....

La morte di Ettore

Dopo aver ottenuto da Agamennone la restituzione della schiava Briseide, Achille decide di tornare a combattere per vendicare la morte di Patroclo, il compagno ucciso mentre indossava le sue armi.
La sua improvvisa apparizione semina il panico tra i Troiani, che si rifugiano all'interno delle mura della città, e alla vista di Achille anche Ettore scappa, percorrendo per tre volte il perimetro di Troia.
Durante la fuga, Atena lo inganna assumendo le sembianze del fratello Deifobo e offrendosi di aiutarlo: il vero scopo della dea però è spingerlo a duellare con Achille e provocarne la morte.
Prima di iniziare il combattimento Ettore propone ad Achille un patto: il vincitore dovrà restituire il corpo del nemico per permettere la celebrazione della cerimonia funebre. Ma l'Acheo, accecato dall'odio e certo della sua imminente vittoria, è irremovibile e dichiara la propria intenzione di uccidere Ettore e di infierire sul suo corpo senza alcuna pietà.

La proposta di Ettore

«Non fuggirò più davanti a te, figlio di Peleo, come prima quando per tre volte ho corso intorno alla grande città di Priamo, e non avevo animo[1] di aspettare il tuo assalto. Adesso invece sento in me il coraggio di starti di fronte: ti ucciderò o mi ucciderai.
Ora però giuriamo davanti agli dèi, che saranno i testimoni migliori e i garanti del nostro patto: io non strazierò il tuo corpo in modo indegno se Zeus mi concederà di vincere e di toglierti la vita; ti spoglierò delle tue armi famose[2], Achille, ma il tuo corpo lo restituirò agli Achei. Anche tu restituisci il mio».
Guardandolo con odio gli rispose Achille dai piedi veloci.
«Ettore, dannato, non parlarmi di patti. Non esistono accordi fedeli tra gli uomini e i leoni, e lupi e agnelli non hanno sentimenti uguali: la discordia è fra loro, per sempre. Così anche tra me e te non potrà mai esserci amicizia, non vi saranno patti fra noi, prima che l'uno o l'altro muoia e sazi con il suo sangue Ares[3], l'indomabile dio della guerra.
Fa' appello a tutto il tuo valore; è adesso che devi mostrarti un audace e valoroso guerriero. Non hai più scampo perché Pallade Atena[4] e la mia lancia ti abbatteranno; pagherai in una sola volta tutto il dolore che mi hai dato uccidendo i miei compagni con la furia della tua lancia».

1 animo: coraggio.

2 ti spoglierò delle tue armi famose: sottrarre le armi al nemico sconfitto è l'obiettivo di tutti i guerrieri perché costituisce la prova tangibile della loro vittoria.

3 Ares: il dio della guerra, che presso i Romani corrisponde a Marte.

4 Pallade Atena: *Pallade*, cioè fanciulla, è uno degli appellativi della dea Atena.

Guerriero morente, particolare del frontone orientale del tempio di Atena Aphaia ad Egina, 500-490 a.C. (Monaco, Glipthoteck).

Ettore e Achille si affrontano dapprima scagliandosi a vicenda le lance, poi passano al combattimento con la spada fino a quando Achille riesce a colpire mortalmente l'avversario.

Il duello

Come la stella della sera che sale tra le altre stelle nel cuore della notte – Espero[5], l'astro più bello dell'universo – così splende la punta aguzza della lancia che Achille impugna nella destra, mentre medita la morte d'Ettore glorioso e spia sul suo bel corpo il punto che offre resistenza minore.

Tutto il corpo di Ettore era coperto dalle armi di bronzo, le belle armi che aveva tolto al forte Patroclo[6] dopo averlo ucciso. Ma là dove la clavicola[7] separa il collo dalle spalle – la gola – quel punto era scoperto. Quella è per la morte la via più breve ed è là che il divino Achille colpì con la lancia Ettore che gli si scagliava contro. La punta trapassò da parte a parte il collo delicato, ma la pesante arma di bronzo non recise la trachea[8] così che poteva proferire[9] ancora qualche parola.

Cadde nella polvere. E il divino Achille trionfante disse:

«Ettore, quando hai spogliato Patroclo delle sue armi ti credevi al sicuro, non ti curavi di me, che ero lontano. Illuso. Lontano da lui, presso le concave navi, c'era un guerriero molto più forte: io ero rimasto, io che ti ho ucciso. Cani e uccelli ti faranno a pezzi, vergognosamente; a lui invece gli Achei renderanno gli ultimi onori».

La supplica di Ettore

Gli rispose in un soffio Ettore dall'elmo splendente:

«Per la tua vita ti prego, per le tue ginocchia[10], per i tuoi genitori io ti supplico: non lasciare che i cani mi divorino presso le navi dei Danai[11] accanto alle navi degli Achei, accetta il bronzo, l'oro, quanto ne vuoi, accetta i doni che ti offriranno mio padre e mia madre, ma restituisci il mio corpo perché lo portino a casa, perché i Troiani e le loro spose lo consegnino alle fiamme del rogo».

Gli rispose, guardandolo con odio, Achille dai piedi veloci:

«Non supplicarmi, cane, né per le ginocchia né per i genitori. Ira e furore mi spingerebbero a farti a pezzi e divorare la tua carne cruda, tanto è il male che mi hai fatto. Nessuno potrà tenere i cani lontano da te, nemmeno se mi portassero qui e mi posassero davanti a un riscatto dieci, venti volte più grande e altrettanto me ne promettessero, nemmeno se Priamo, figlio di Dardano, volesse riscattarti a peso d'oro. La tua nobile madre non ti deporrà nel letto funebre, non potrà piangerti, lei che ti ha dato la vita. Cani ed uccelli ti divoreranno dalla testa ai piedi».

5 la stella ... Espero: *Espero*, nome greco del pianeta Venere, è il primo astro a sorgere la sera e l'ultimo a tramontare al mattino.

6 Patroclo: amico e compagno di armi di Achille, che Ettore ha ucciso in battaglia sottraendogli poi le armi.

7 clavicola: osso del torace che va dallo sterno alla scapola.

8 trachea: canale che dalla laringe porta l'aria ai bronchi.

9 proferire: pronunciare.

10 per le tue ginocchia: abbracciare le ginocchia è un gesto di supplica.

11 Danai: altro nome dei Greci.

Da' un titolo alla sequenza

La profezia di Ettore anticipa ad Achille la sua imminente fine

Gli rispose, mentre moriva, Ettore dall'elmo splendente:
«Basta vederti, per capire, piegarti non era possibile: hai nell'animo un cuore di ferro[12]. Ma bada che io non diventi per te causa dell'ira divina nel giorno in cui Paride e Febo Apollo, ti daranno la morte alle porte Scee, anche se sei valoroso».
Aveva appena parlato e la morte lo avvolse, l'anima abbandonò il corpo e volò verso l'Ade, piangendo il suo destino, la forza e la giovinezza perdute.
Era morto, e il divino Achille gli diceva:
«Tu, muori; io accoglierò il mio destino quando Zeus e gli altri dèi immortali vorranno che si compia».

Dopo che Achille ha spogliato Ettore delle sue armi, si avvicinano gli altri soldati greci che, uno dopo l'altro, colpiscono il cadavere.
Poi Achille decide di portare il corpo di Ettore all'accampamento greco dove verrà celebrata la cerimonia funebre per Patroclo, la cui morte è stata finalmente vendicata.

Da' un titolo alla sequenza

«Ora, giovani achei, torniamo alle concave navi cantando il peana[13] e portiamo con noi questo corpo: grande gloria è la nostra, abbiamo ucciso Ettore che i Troiani nella loro città veneravano come un dio».
Disse così, e intanto preparava per Ettore un oltraggio indegno. Nella parte posteriore dei piedi forò i tendini, tra caviglia e tallone, vi passò delle corregge[14] e le legò al carro, lasciando che la testa si trascinasse per terra. Poi salì sul carro sollevando le armi famose e con un colpo di frusta stimolò i cavalli che di slancio presero il volo. Una nuvola nera si leva intorno al corpo trascinato, i capelli bruni si spargono, nella polvere giace la testa che prima era bella e che ora Zeus ha abbandonato ai nemici perché le rechino oltraggio nella sua stessa patria. La testa era tutta coperta di polvere. E la madre, quando vide il figlio, diede un alto grido, gettò lontano il velo splendente e si strappava i capelli; scoppiò in singhiozzi dolorosi il padre, e tutti intorno, per la città, si abbandonavano al pianto e ai lamenti. Era come se la città intera, era come se l'alta città di Ilio bruciasse dalle fondamenta.

da Omero, *Iliade*, libro XXII,
trad. di M.G. Ciani, Marsilio

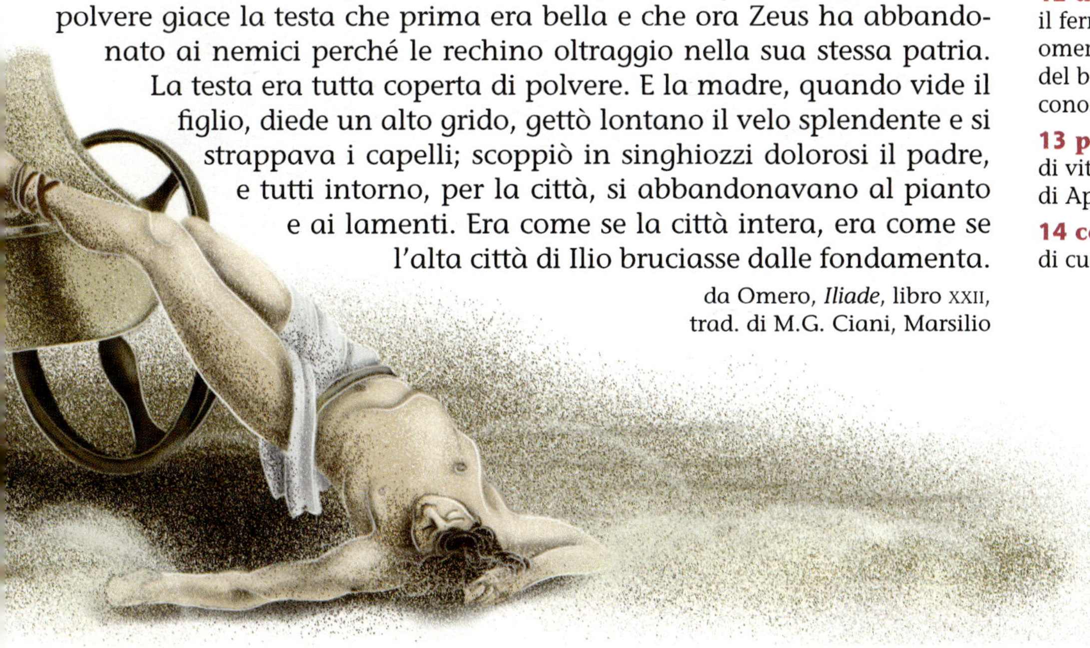

12 di ferro: duro come il ferro. Anche se gli eroi omerici vivono nell'età del bronzo, il poeta conosce già il ferro.

13 peana: canto corale di vittoria in onore di Apollo.

14 corregge: cinghie di cuoio.

competenze alla prova

LEGGO E...

... COMPRENDO

1. Chi sono i protagonisti del duello?
2. Con quale arma viene ucciso Ettore?
3. In che modo Achille oltraggia il cadavere di Ettore?

... RICAVO DAL TESTO

4. Perché Achille si mostra così crudele nei confronti di Ettore?
5. Quale patto propone Ettore ad Achille? Come reagisce l'eroe acheo?

... ANALIZZO E INTERPRETO

6. Scegli tra gli aggettivi che seguono quelli che, secondo te, meglio definiscono il carattere di Achille.

- [x] Vendicativo
- [ ] Compassionevole
- [ ] Generoso
- [ ] Crudele
- [ ] Insicuro
- [x] Violento

NO

ORA SCRIVO IO

7. Se dovessi immaginare una sfida moderna in cui due eroi come Ettore e Achille si fronteggiano, a che cosa penseresti? Racconta.

C'È STILE E STILE

8. Le due frasi sottolineate nel brano sono sostanzialmente uguali: come viene definito questo elemento tipico del linguaggio epico?
9. Individua la similitudine con cui il poeta descrive lo splendore della punta della lancia di Achille.

UN MONDO DI PAROLE

10. Spiega, con parole tue, il significato dei seguenti termini:

- straziero ➲ quando uno dice: "Ti distruggerò"
- scampo ➲ salvezza da un pericolo
- oltraggio ➲ offesa verso gli altri

Combattimento fra guerrieri greci; frammento del frontone del tempio delle Nereidi.

Il corpo di Ettore

Dopo aver ucciso Ettore, Achille porta il cadavere del nemico nell'accampamento acheo dove ogni giorno lo lega al carro trascinandolo per tre volte intorno alla tomba di Patroclo con la faccia nella polvere.
Trascorsi nove giorni, con l'aiuto di Ermes il re Priamo si reca di nascosto da Achille per scongiurarlo di restituirgli il corpo del figlio. Quando il feroce guerriero greco vede dinanzi a sé il vecchio sovrano non riesce a trattenere le lacrime ed è preso da compassione pensando al proprio padre, altrettanto anziano e lontano, e all'amarezza della vita che comporta dolore, morte, solitudine e desolazione per tutti.
Subito dopo però il suo spirito crudele prende di nuovo il sopravvento e accetta di restituire il corpo di Ettore solo per obbedire alla volontà di Zeus, promettendo che parte del riscatto portato da Priamo sarà sacrificato sulla tomba di Patroclo.

Priamo prega Achille di restituirgli il cadavere di suo figlio Ettore, particolare di sarcofago in marmo, II secolo d.C. (Beirut, Museo Nazionale).

Entrò non visto il gran Priamo, e standogli accanto
strinse tra le sue mani i ginocchi d'Achille, baciò quella mano
tremenda, omicida, che molti figliuoli gli uccise.
Come quando grave colpa ha travolto un uomo,
che, ucciso in patria qualcuno, fugge in altro paese,
in casa d'un ricco[1], stupore afferra i presenti;
così Achille stupì, vedendo Priamo simile ai numi[2],
e anche gli altri stupirono e si guardarono in faccia.
Ma Priamo prendendo a pregare gli disse parola:
«Pensa al tuo padre, Achille pari agli dèi,
coetaneo[3] mio, come me sulla soglia tetra[4] della vecchiaia,
e lo tormentano forse i vicini, standogli intorno,
perché non c'è nessuno che il danno e il male allontani.
Pure sentendo dire che tu ancora sei vivo,
gode in cuore, e spera ogni giorno
di vedere il figliuolo tornare da Troia.
Ma io sono infelice del tutto, che generai forti figli
nell'ampia Troia, e non me ne resta nessuno.

1 ucciso in patria qualcuno, fugge in altro paese, in casa d'un ricco: nella Grecia antica chi commetteva un grave delitto per evitare la vendetta dei parenti della vittima poteva scegliere l'esilio volontario.

2 numi: dèi.

3 coetaneo: che ha la stessa età.

4 tetra: cupa, buia.

Cinquanta ne avevo quando vennero i figli dei Danai[5],
e diciannove venivano tutti da un seno[6],
gli altri altre donne me li partorirono in casa[7]:
ma Ares[8] furente ha sciolto i ginocchi[9] di molti,
e quello che solo restava, che proteggeva la rocca[10] e la gente,
tu ieri l'hai ucciso, mentre per la patria lottava,
Ettore... Per lui vengo ora alle navi dei Danai,
per riscattarlo da te, ti porto doni infiniti.
Achille, rispetta i numi, abbi pietà di me,
pensando al padre tuo: ma io son più misero,
ho patito quanto nessun altro mortale,
portare alla bocca[11] la mano dell'uomo che ha ucciso i miei figli!»
Disse così, e gli fece nascere brama[12] di piangere il padre:
allora gli prese la mano e scostò piano il vecchio:
entrambi pensavano e uno piangeva Ettore il massacratore
a lungo, rannicchiandosi ai piedi d'Achille,
ma Achille piangeva il padre, e ogni tanto
anche Patroclo; s'alzava per la dimora quel pianto.
Ma quando Achille glorioso si fu goduto i singhiozzi[13],
passò dal cuore e dalle membra la brama,
s'alzò dal seggio a un tratto e rialzò il vecchio per mano,
commiserando la testa canuta, il mento canuto[14],
e volgendosi a lui parlò parole fugaci[15]:
«Ah misero, quanti mali hai patito nel cuore!
e come hai potuto alle navi dei Danai venire solo,
sotto gli occhi d'un uomo che molti e gagliardi[16]
figlioli t'ha ucciso? tu hai cuore di ferro[17].
Ma via, ora siedi sul seggio e i dolori
lasciamoli dentro nell'animo, per quanto afflitti:
nessun guadagno si trova nel gelido pianto.
Gli dèi filarono[18] questo per i mortali infelici:
vivere nell'amarezza: essi invece son senza pene». [...]

5 Danai: Greci.

6 venivano tutti da un seno: erano figli della stessa madre, Ecuba.

7 gli altri altre donne me li partorirono in casa: si riferisce all'usanza che permetteva all'uomo di avere relazioni e figli con altre donne che vivevano nella sua casa.

8 Ares: dio della guerra.

9 ha sciolto i ginocchi: ha provocato la morte.

10 rocca: città fortificata.

11 portare alla bocca: baciare.

12 brama: desiderio.

13 si fu goduto i singhiozzi: ebbe sfogato il suo pianto.

14 commiserando la testa canuta, il mento canuto: provando pietà per la sua vecchiaia. L'aggettivo *canuto* si riferisce ai capelli bianchi di Priamo.

15 fugaci: rapide.

16 gagliardi: forti.

17 hai cuore di ferro: sei coraggioso.

18 filarono: stabilirono come destino. Secondo gli antichi il destino umano era un filo, reciso il quale sopraggiungeva la morte.

E il vecchio Priamo pari ai numi rispose:
«Non farmi sedere sul seggio, figlio di Zeus, finché senza cure
Ettore giace straziato nella tua tenda, ma subito
rendimelo, che possa vederlo: e accetta il riscatto
abbondante che porto: e tu possa goderne, e tornare
nella tua patria terra, tu che mi lasci
vivere ancora, veder la luce del sole».
Ma guardandolo bieco Achille piede rapido disse:
«Non m'irritare ora, o vecchio; son io che voglio
renderti Ettore, perché messaggera mi venne da Zeus
la madre che mi partorì, figlia del vecchio marino[19].
Anche te o Priamo – lo so in cuore e non mi sfugge –
guidò qualcuno dei numi alle rapide navi degli Achei.
Non oserebbe venire un mortale, neppure nel fior dell'età,
nel nostro campo, né sfuggirebbe alle guardie, né il chiavistello
della mia porta potrebbe spostare senza fatica.
Perciò, tra tante pene[20], non mi gonfiare il cuore di più,
ch'io non ti lasci stare, o vecchio, neppur nella tenda,
benché supplice, e violi il comando di Zeus[21]!»
Disse così, e il vecchio tremò e obbedì alla parola.
Come leone il Pelide balzò alla porta della sua tenda,
non solo[22], i due scudieri andarono con lui,
l'eroe Automèdonte e Alcimo, che soprattutto
Achille onorava tra i suoi, dopo la morte di Patroclo.
Sciolsero essi, dunque, dal giogo mule e cavalli,
condussero dentro l'araldo, il banditore del vecchio[23]
e su un seggio l'assisero[24]; dal carro belle ruote
tolsero il prezzo infinito[25] del corpo d'Ettore,
ma lasciaron due lini e un ben tessuto chitone[26],
per restituire coperto il corpo da ricondurre a casa.
Poi, chiamate le schiave, Achille ordinò di lavarlo, d'ungerlo,
ma in altro luogo, ché Priamo non lo vedesse[27],

19 la madre che mi partorì, figlia del vecchio marino: Teti, figlia di Nereo, una divinità marina.

20 pene: sofferenze, dolori.

21 ch'io non ti lasci stare, o vecchio ... e violi il comando di Zeus: rischi che io, andando contro la volontà di Zeus, non ti permetta neppure di rimanere nella mia tenda, nonostante tu mi stia supplicando.

22 non solo: non da solo.

23 l'araldo, il banditore del vecchio: Ideo, l'araldo che ha accompagnato Priamo alla tenda di Achille.

24 l'assisero: lo fecero sedere.

25 il prezzo infinito: i ricchissimi doni che il re di Troia ha portato ad Achille per ottenere il corpo del figlio.

26 due lini e un ben tessuto chitone: due mantelli di lino e una bella tunica.

27 ché Priamo non lo vedesse: affinché Priamo non vedesse il corpo devastato del figlio.

e nel cuore angosciato non trattenesse più l'ira
alla vista del figlio, e l'animo si gonfiasse ad Achille,
e lo uccidesse, violasse il comando di Zeus[28].
Quando l'ebber lavato le schiave, l'ebbero unto con l'olio
intorno gli misero il bel lino e la tunica,
e sul feretro[29], alzandolo, Achille stesso lo pose;
poi i compagni lo sollevarono sul carro polito[30].

da Omero, *Iliade*, libro XXIV, trad. di R. Calzecchi Onesti, Einaudi

28 l'animo si gonfiasse ad Achille, e lo uccidesse, violasse il comando di Zeus: e Achille, in preda all'ira, lo uccidesse, non rispettando la volontà di Zeus.

29 feretro: bara.

30 polito: levigato, ben rifinito.

Donna con unguentario in mano, ritratto funebre proveniente da Er-Rubayat (Egitto), II secolo (Londra, British Museum).

competenze alla prova

LEGGO E...

... COMPRENDO

1 Per quale motivo il vecchio re troiano Priamo si reca nella tenda di Achille? Che cosa intende chiedergli?

2 Che cosa offre Priamo ad Achille per convincerlo a riconsegnare il corpo di Ettore?

- ☐ Il corpo di Patroclo
- ☐ Le armi di Patroclo
- ☐ Un ricchissimo riscatto
- ☐ Le armi di Ettore

3 Che cosa preannuncia il pianto di Achille?

- ☐ Che Priamo sarà cacciato in malo modo
- ☐ Che sarà restituito il cadavere di Ettore
- ☐ Che saranno celebrati i funerali di Patroclo
- ☐ Che Troiani e Greci faranno la pace

4 Al termine della sua supplica Priamo e il giovane eroe greco piangono, ciascuno pensando a persone diverse: Priamo piange pensando a ...., mentre Achille piange pensando a .... e a ....

5 Parlando ad Achille, Priamo si definisce "*infelice del tutto*" e lo collega al fatto che:

- ☐ sta per perdere il trono
- ☐ è vecchio e malato
- ☐ Troia è sul punto di essere distrutta
- ☐ molti dei suoi cinquanta figli sono morti

... RICAVO DAL TESTO

6 Appena entra nella tenda di Achille, Priamo compie un gesto inatteso. Quale?

7 Perché il re troiano inizia la supplica ricordando ad Achille il vecchio padre Peleo? È efficace la sua scelta?

scheda

Le cerimonie funebri

I Greci non danno importanza alla vita dopo la morte, poiché ritengono che nell'Ade gli uomini siano solo pallide ombre che rimpiangono ciò che hanno lasciato sulla terra. Attribuiscono invece grande peso ai rituali funebri perché essi testimoniano il valore e la dignità del morto e rinnovano il legame tra i sopravvissuti: per questo motivo durante le battaglie i guerrieri fanno ogni sforzo per recuperare il corpo dei compagni uccisi, in modo da poter assicurare loro un'adeguata sepoltura, la cui lunga e complessa procedura è descritta con precisione da Omero.

Il corpo del defunto viene lavato, unto d'olio, vestito e coperto dalle donne; successivamente viene esposto al *compianto* di compagni e parenti per un periodo che può durare anche diversi giorni.

In questo lasso di tempo familiari e amici evitano di mangiare, non si lavano e non si tagliano i capelli, come se volessero sperimentare su di sé il disfacimento del corpo del defunto.

Al termine del compianto viene preparata una catasta di legno (*pira*) su cui il cadavere, condotto in processione, viene collocato e bruciato. Dopo il rogo le ossa vengono raccolte e seppellite in una fossa insieme a vari oggetti che costituiscono il *corredo funebre*.

Il periodo di lutto si conclude con un banchetto che interrompe il digiuno e segna il ritorno alla vita della comunità.

Dopo la restituzione del cadavere di Ettore, Priamo ottiene da Achille che la guerra venga sospesa per dodici giorni in modo da poter celebrare le cerimonie funebri. Per nove giorni i Troiani preparano la pira portando legna in città e il decimo giorno il corpo di Ettore viene bruciato; successivamente le sue ossa vengono raccolte in una veste rosso porpora e custodite in un'urna d'oro; vengono poi sepolte in una fossa protetta da grandi pietre, e infine si svolge il banchetto funebre nella reggia di Priamo.

8 **Perché Achille non vuole che Priamo veda il corpo del figlio prima che le schiave lo abbiano ripulito?**

... ANALIZZO E INTERPRETO

9 **Anche quando compie un atto di pietà, il comportamento di Achille rivela un temperamento aggressivo e violento: sottolinea nel testo i punti che confermano questa affermazione.**

ORA SCRIVO IO

10 **Spiega con parole tue quale idea della condizione umana Achille esprime nei vv. 525-526, poi confronta le parole del guerriero acheo con quelle pronunciate da Ettore nel brano *Ettore e Andromaca alle porte Scee* (pag. 132) nei vv. 487-488: trovi che i due eroi esprimano punti di vista sulla vita simili o diversi? Per quale motivo?**

C'È STILE E STILE

11 **Quale figura retorica utilizza Omero per descrivere l'ingresso di Priamo nella tenda di Achille? Individuala e spiegane il significato.**

UN MONDO DI PAROLE

12 **Per ciascuna delle seguenti parole, trova un sinonimo:**

- stupore ➲ ....
- ho patito ➲ ....
- irritare ➲ ....
- violando ➲ ....

FILOFILE

13 **Utilizzando Internet, svolgi una breve ricerca su Peleo, padre di Achille; sintetizza poi i dati più importanti in un testo di circa 250 battute.**

Verifica delle abilità

Il duello tra Menelao e Paride

Nel III libro dell'*Iliade* si assiste al duello tra Menelao e Paride. Il greco, che da anni assapora il desiderio di vendetta, affronta in un combattimento testa a testa il rivale, l'uomo che gli ha portato via da casa la moglie, la bella Elena, dopo che era stato da lui ospitato a Sparta. Finalmente Menelao ha la possibilità di realizzare il sogno a lungo accarezzato, uccidere l'odiato Paride (chiamato anche Alessandro). Lo scontro, che qui è descritto, avviene secondo precisi patti: dopo tanti anni di guerra, ormai stanchi di dolori e lutti, Greci e Troiani sono d'accordo che al vincitore spetterà Elena con tutti i suoi averi e la guerra finalmente avrà termine.

Quando fuor[1] dalla folla, di qua e di là, si furono armati,
s'avanzarono in mezzo ai Troiani e agli Achei[2],
guardando ferocemente; stupore teneva, a mirarli,
i Troiani domatori di cavalli e gli Achei schinieri robusti[3].
I due si fermarono vicini, nello spazio misurato[4],
scuotendo l'aste, irati l'un contro l'altro;
e prima Alessandro scagliò l'asta ombra lunga,
e colpì lo scudo dell'Atride tutto tondo.
Ma il bronzo non lo stracciò, si piegò la sua punta
dentro il valido scudo; allora si levò col bronzo
l'Atride Menelao, pregando il padre Zeus:
«Zeus signore, fa' che mi vendichi di chi primo m'ha fatto del
[male,
d'Alessandro glorioso, uccidilo per mia mano,
perché ciascuno tremi, anche degli
[uomini che saranno,
di far del male a un ospite ch'abbia
[mostrato amicizia».
Disse, e palleggiandola[5] scagliò
[l'asta ombra lunga,
colpì lo scudo rotondo del figlio
[di Priamo;
passò l'asta greve traverso[6]
[allo scudo lucente,
nella corazza lavorata s'infisse
e lungo il fianco, diritta, stracciò
[la tunica

1 fuor: fuori.
2 Achei: altro nome dei Greci.
3 schinieri robusti: è un epiteto dei Greci: gli *schinieri* sono delle protezioni per le tibie.
4 misurato: stabilito con misurazioni.
5 palleggiandola: facendola oscillare.
6 l'asta greve traverso: l'asta pesante attraverso.

Vaso corinzio con scena dall'*Iliade*.

l'asta; ma quello, chinandosi, fuggì la Moira[7] nera.
L'Atride allora, traendo la spada a borchie d'argento,
l'alzò, colpì il frontale dell'elmo, ma intorno all'elmo
infranta in tre o quattro pezzi, la spada gli cadde di mano.
L'Atride gemette, rivolto al largo[8] cielo:
«Padre Zeus, nessuno dei numi è più rovinoso di te!
Credevo che avrei punito del suo delitto Alessandro,
e mi si spezza in mano la spada, l'asta lontano
dalle mie mani fuggì inutile: non l'ho colpito».
Disse e l'afferrò con un balzo per l'elmo chiomato,
lo rigirò, si mise a tirarlo verso gli Achei schinieri robusti;
e lo stringeva alla tenera gola il cinghio trapunto[9],
teso sotto il mento, sbarra dell'elmo chiomato.
Ormai riusciva a tirarlo, e gloria infinita acquistava,
se pronta non lo vedeva la figlia di Zeus Afrodite,
che spezzò la correggia[10], cuoio di bove[11] abbattuto.
Vuoto, dunque, l'elmo seguì la mano gagliarda,
e l'eroe fra gli Achei schinieri robusti
lo gettò roteandolo[12]; i fidi compagni lo presero.
Egli si volse subito, impaziente d'ucciderlo
con la lancia di bronzo; ma lo sottrasse Afrodite,
agevolmente, come una dea! e lo nascose in molta nebbia,
e lo posò nel talamo[13] odoroso di balsami.

da Omero, *Iliade*, libro III, trad. di R. Calzecchi Onesti, Einaudi

7 la Moira: il destino.
8 largo: ampio, grande.
9 il cinghio trapunto: la cinghia finemente lavorata o ornata.
10 la correggia: striscia o cinghia di cuoio.
11 bove: forma antiquata per "bue".
12 roteandolo: ruotandolo.
13 talamo: letto.

Leggi con attenzione il brano, poi rispondi alle domande.

totale punti: 24 **sufficienza punti: 14**

1 Qual è lo stato d'animo dei due combattenti all'inizio del duello? (2 punti)
- ☐ Solo Paride ha paura
- ☐ Solo Menelao ha paura
- ☒ Nessuno dei due ha paura
- ☐ Tutti e due hanno paura

2 Chi è il primo a scagliare la lancia? (1 punto)
Paride

3 Chi è l'Atride di cui si parla al v. 347? (1 punto)
Menelao

4 A chi rivolge la sua preghiera Menelao? (1 punto)
a Zeus

VERIFICA

5 **Nella preghiera che Menelao rivolge, si capisce chiaramente che chiede giustizia per un torto subito in passato, cui fa riferimento. Di quale torto si tratta? Indicalo e sottolinea nel testo il passo che fa riferimento a questo episodio.** (fino a 3 punti)

....

6 **Nel testo sono usate alcune espressioni formate da nomi seguiti da epiteti. Quale delle seguenti non lo è?** (2 punti)

☒ L'asta ombra lunga
☐ Un ospite ch'abbia mostrato amicizia
☐ Gli Achei schinieri robusti
☒ L'elmo chiomato

7 **Con quale altro verbo, tra i seguenti, potresti sostituire "stracciò" (v. 348)?** (2 punti)

☒ Spezzò
☐ Setacciò
☐ Scostò
☐ Scacciò

8 **Che cosa succede alla spada di Menelao?** (1 punto)

che si spezza

9 **Quali considerazioni si possono fare sull'elmo di Paride, rispetto alla spada di Menelao?** (fino a 2 punti)

Paride è più fortunato di Menelao

10 **Quale dei seguenti elementi non corrisponde a una delle caratteristiche dell'elmo di Paride?** (2 punti)

☐ Ha uno strato esterno di ferro
☐ Ha un frontale
☒ Ha un sottogola di cuoio robusto
☐ Ha una chioma decorativa sulla cima

11 **Che cosa fa Menelao a Paride, dopo che la sua spada si è spezzata?** (1 punto)

☐ Lo colpisce con l'elsa della spada
☒ Lo trascina per l'elmo
☐ Lo colpisce con l'elmo
☐ Lo trascina per i piedi

12 **Chi interviene a salvare Paride e come?** (fino a 2 punti)

interviene la dea Afrodite che spezza la coreggia

13 **Al v. 381, l'espressione "come una dea!" significa:** (2 punti)

☐ com'è ovvio che poteva fare perché è una dea
☐ tanto bene quanto una dea
☐ quasi bene quanto potrebbe farlo una dea
☒ non diversamente da come fa una dea

14 **Considera l'ultimo verso: secondo te, dove viene portato Paride?** (fino a 2 punti)

su di un letto

L'Odissea

Le caratteristiche del poema

L'*Odissea* è un poema epico in versi esametri formato da ventiquattro libri e composto tra il IX e l'VIII secolo a.C.
L'opera racconta il **lungo viaggio** che l'eroe acheo *Odisseo* (per i latini *Ulisse*) affronta per tornare a Itaca dopo la fine della guerra di Troia ed è costituita da due parti simmetriche di dodici libri ciascuna; la prima ha come tema principale la navigazione del protagonista verso casa, la seconda la lotta che, giunto a Itaca, ingaggia contro coloro che tentano di usurpargli il trono.
I primi quattro libri della prima parte vengono anche definiti *Telemachìa* perché trattano del viaggio compiuto da Telemaco per cercare notizie del padre Odisseo.

I racconti di viaggio

Nella Grecia antica la narrazione delle avventure affrontate da un eroe nel suo viaggio di ritorno verso casa (*nòstos*) era molto diffusa e attraverso questi racconti gli *aedi*, mescolando fantasia e realtà, istruivano chi li ascoltava sulle caratteristiche di luoghi ignoti e lontani.
Secondo la tradizione, l'autore dell'*Odissea* è Omero, che mostra di conoscere le storie di viaggio tramandate dagli *aedi* e le rielabora secondo lo stile dei poemi epici, come dimostra il frequente uso di epiteti, patronimici e versi formulari. Alcuni studiosi, però, dubitano che l'autore dell'*Odissea* possa essere lo stesso dell'*Iliade*, perché tra le due opere ci sono notevoli differenze.
La prima riguarda le caratteristiche dell'**ambientazione sociale**: mentre l'*Iliade* descrive una civiltà guerriera basata sul coraggio, sulla forza fisica e sul desiderio di gloria, nell'*Odissea* l'intelligenza appare la qualità principale che consente all'uomo di affrontare e superare le difficoltà.
Una seconda differenza tra i due poemi è costituita dal valore che l'autore dell'*Odissea* attribuisce al **lavoro umano**, in particolar modo all'agricoltura, un'attività che viene considerata il fondamento della civilizzazione: ad esempio, al modello di vita dei Feaci (gli abitanti dell'odierna Corfù), abili agricoltori che coltivano una terra fertilissima conducendo un'esistenza pacifica e comportandosi con generosa cortesia nei confronti degli ospiti, si può contrapporre quello del Ciclope Polifemo, la cui violenza testimonia il minore grado di civiltà, confermato dall'incapacità del gigante di coltivare la terra e di conseguenza la sua completa ignoranza del vino, motivo che gli costerà sconfitta e rovina.

Piccola galera mercantile in navigazione, riprodotta in un vaso attico, 510 a.C. circa.

Il viaggio di Odisseo tra realtà storica e fantasia

Poiché il poema è caratterizzato da un **forte realismo descrittivo**, è possibile ricavare dal racconto dei viaggi del protagonista informazioni attendibili su usi, costumi e istituzioni politiche della Grecia antica.

Il modo in cui è governata Itaca, ad esempio, ci fa capire che in quell'epoca molte città greche sono monarchie in cui il re è affiancato da un'assemblea popolare, e che il potere non è ereditario in modo automatico - altrimenti una volta divenuto adulto, Telemaco avrebbe preso il posto di suo padre - ma si fonda sulla forza e sulla capacità di controllare gli avversari, che nell'*Odissea* sono i Proci, i nobili pretendenti di Penelope.

Anche l'itinerario del viaggio di Odisseo offre interessanti spunti di riflessione: l'eroe parte dall'Asia Minore e tocca le coste di molti paesi del mar Mediterraneo, luoghi che a partire dall'VIII secolo i Greci cominciano effettivamente a esplorare a causa dell'aridità e della mancanza di risorse della loro regione, fondando numerose colonie, tra cui quelle della *Magna Grecia* nell'Italia meridionale.

scheda

Le tappe del viaggio di Odisseo

Mentre nell'*Iliade* tutta la vicenda si svolge nel territorio attorno alla città di Troia, le avventure di Odisseo si sviluppano in uno spazio molto più ampio poiché egli percorre in lungo e in largo tutto il mar Mediterraneo. Ecco la mappa dei suoi spostamenti: tra parentesi trovi l'indicazione dell'attuale nome dei luoghi visitati da Odisseo.

1 Troia (Hyssarlik in Turchia)
Alla fine della guerra Odisseo parte da Troia con i compagni, diretto a Itaca.

2 Terra dei Ciconi (Tracia)
Combatte contro il popolo dei Ciconi e perde alcuni compagni.

Per questo motivo possiamo considerare i territori visitati da Odisseo **spazi reali e immaginari** allo stesso tempo: *reali* perché richiamano indirettamente le esperienze che il popolo greco vive in quegli anni, *immaginari* perché non sempre corrispondono a luoghi effettivamente esistenti, dal momento che nelle descrizioni del poeta confluiscono elementi che sono anche frutto dei fantasiosi racconti dei marinai tornati in patria.

Scene dall'*Odissea*, affresco dalla Casa dell'Esquilino (Città del Vaticano, Biblioteca Apostolica).

3 Terra dei Lotofagi (costa del Nord Africa, probabilmente Tunisia)
Giunge dai Lotofagi (i *Mangiatori di loto*), un popolo che si nutre di una pianta che fa perdere la memoria.

4 Terra dei Ciclopi (Italia meridionale, probabilmente Sicilia o Campania)
Approda nella terra dei Ciclopi (giganti con un solo occhio), dove viene fatto prigioniero da Polifemo che divora alcuni compagni. Liberatosi con l'astuzia, suscita le ire del dio Poseidone che per vendetta ostacola il suo ritorno a Itaca.

5 Terra di Eolo (isole Eolie)
Sbarca nell'isola di Eolo, dove il re dei venti gli dona un otre in cui racchiude i venti di tempesta, ma i compagni lo aprono, facendo nuovamente allontanare le navi da Itaca.

6 Terra dei Lestrìgoni (Sardegna)
Giunge nella terra dei Lestrìgoni, giganti cannibali che lo attaccano distruggendo tutte le navi greche tranne quella di Odisseo.

7 Isola Eèa (Circeo nel Lazio)
Approda nella terra di Circe, una maga che dopo aver trasformato i suoi uomini in bestie, lo trattiene presso di sé per un anno. Prima di ripartire scende nell'Ade per conoscere il suo destino.

8 Isola delle Sirene (Costa della Campania)
Legato all'albero della nave ascolta senza pericoli il canto delle Sirene che attirano i marinai sulla loro isola e poi li uccidono.

9 Scilla e Cariddi (Stretto di Messina)
Sfugge a fatica a Scilla e Cariddi, due mostri che si fronteggiano sullo stretto di Messina attaccando i naviganti.

10 Isola Trinacría (Sicilia)
Sbarca sull'isola con i compagni superstiti che mangiano le mucche sacre al dio Sole e per questo muoiono durante una tempesta. Sopravvive solo Odisseo che prosegue il viaggio.

11 Isola di Ogigia (probabilmente Ceuta di fronte allo stretto di Gibilterra)
Naufraga nell'isola di Ogigia dove la ninfa Calipso lo trattiene per circa sette anni finché Zeus non le impone di lasciarlo ripartire.

12 Isola di Scheria (Corfù in Grecia)
Arriva su una zattera alla terra dei Feaci dove il re Alcìnoo, ascoltato il racconto delle sue sventure, lo fa riaccompagnare a Itaca.

13 Itaca (Grecia)
Dopo vent'anni ritorna in patria; qui affronta e uccide i Proci, i pretendenti alla mano di Penelope.

scheda

I protagonisti dell'*Odissea*

Dal punto di vista narrativo l'*Odissea* può essere considerata una prosecuzione dell'*Iliade* sotto vari aspetti. Innanzitutto, protagonista del poema è uno dei guerrieri greci che hanno lungamente assediato Troia; nel corso della narrazione fanno inoltre la loro apparizione personaggi dello schieramento acheo che hanno partecipato alla guerra, come Menelao, re di Sparta, e Nestore, re di Pilo, dai quali Telemaco viene informato della morte di Achille, ucciso da una freccia scagliata da Paride, e di quella di Agamennone, assassinato a tradimento dalla moglie Clitemnestra e dal suo amante Egisto.
Oltre a quelle che già conosciamo, molte nuove figure popolano il poema: tra esse ci sono genti dalle strane usanze che vivono in luoghi remoti, divinità che come nell'*Iliade* prendono attivamente parte alle vicende umane, creature magiche e mostruose che condizionano le sorti del viaggio dell'eroe greco.
Ecco una breve presentazione dei principali protagonisti del poema.

Guerrieri in combattimento, particolare di anfora di terracotta, 540 a.C. (Melbourne, National Gallery of Victoria).

Esseri umani

Alcìnoo, re dei Feaci e padre di Nausicaa. Accoglie Odisseo dopo il naufragio e lo aiuta a fare ritorno a Itaca.

Antìnoo, capo dei Proci. È il più insistente e odioso tra i pretendenti di Penelope; attenta alla vita di Telemaco, sfida Odisseo e per questo è il primo a essere ucciso.

Eurìclea, schiava di Laerte e nutrice di Odisseo. Quando l'eroe torna a Itaca con l'aspetto di un mendicante, lo riconosce a causa di una cicatrice sul ginocchio che si è procurato da bambino.

Nausìcaa, figlia di Alcìnoo. Dopo il naufragio nella terra dei Feaci è la prima soccorritrice di Odisseo, che vorrebbe come sposo.

Laerte, padre di Odisseo. Durante l'assenza del figlio si ritira in campagna dove trascorre una triste vecchiaia. Al ritorno di Odisseo la dea Atena lo ringiovanisce per consentirgli di aiutare il figlio a fronteggiare i genitori dei Proci uccisi.

Odisseo (Ulisse), protagonista del poema e re di Itaca. È figlio di Laerte e Antìclea e marito di Penelope, da cui ha il figlio Telemaco, che lascia bambino per seguire l'esercito di Agamennone nella spedizione contro Troia. Affronta le situazioni più difficili e complesse con prudenza, astuzia, saggezza e intelligenza.

Penèlope, figlia di Icario e moglie di Odisseo. Simboleggia la fedeltà coniugale: per rinviare le nuove nozze volute dai Proci afferma che sceglierà il marito dopo aver terminato la tessitura del lenzuolo funebre per Laerte, ma di notte disfa il lavoro fatto di giorno.

Telèmaco, figlio di Odisseo e Penelope. È protagonista dei primi quattro libri dell'*Odissea* (*Telemachìa*), che raccontano il suo viaggio alla ricerca del padre.
Successivamente aiuta Odisseo a compiere la sua vendetta.

La dea Atena, anfora del 470 a.C.

Divinità maggiori

Le divinità favorevoli a Odisseo sono **Atena**, dea della saggezza e della guerra, che lo protegge a causa della sua intelligenza, **Zeus**, **Ermes** (per entrambi vedi pag. 119) ed **Eolo**, dio dei venti che dona all'eroe un otre in cui racchiude i venti di tempesta per consentirgli di tornare presto a Itaca.

Il principale nemico di Odisseo è **Poseidone** (vedi pag. 118) che odia l'eroe perché ha accecato suo figlio, il Ciclope Polifemo.

Creature soprannaturali magiche o mostruose

Calipso, ninfa che vive nell'isola di Ogigia. Dopo il naufragio accoglie Odisseo e lo trattiene per sette anni promettendogli l'immortalità se resterà con lei per sempre.

Circe, figlia del dio Sole e della ninfa Perseide (o di Ecate, secondo varianti del mito), è una maga che abita nell'isola di Eèa. Trasforma in maiali alcuni compagni di Odisseo ma non lui, che resiste all'incantesimo grazie all'aiuto di Ermes.

Polifemo, figlio di Poseidone e Toosa, è un Ciclope, cioè un gigante con un solo occhio. Imprigiona nella sua grotta Odisseo e alcuni uomini, ma l'eroe lo acceca e si libera con l'astuzia.

Scilla e Cariddi, mostri marini generati da Poseidone che vivono sulle sponde opposte dello stretto di Messina attaccando i naviganti: ***Scilla*** abita in una caverna sulla costa della Calabria, ulula come un cane, ha dodici zampe e sei teste poggiate su colli lunghissimi con i quali cattura le sue prede; ***Cariddi*** vive sulla costa della Sicilia e per tre volte al giorno assorbe l'acqua del mare poi la vomita risucchiando le navi di passaggio.

Quando le navi di Odisseo si avvicinano troppo alla caverna di Scilla, il mostro afferra e divora sei dei suoi compagni.

Sirene, figlie del fiume Acheloo e della musa Melpomene, hanno busto di donna e corpo di uccello.

Vivono su isolotti rocciosi e con il loro canto attirano i marinai, spingendoli a gettarsi in mare.

Per ascoltare la loro voce senza subirne il maleficio, Odisseo tappa con la cera le orecchie dei suoi uomini, poi si fa legare all'albero della nave.

Scilla, placca di terracotta, 460-450 a.C. (Londra, British Museum).

Storia e narrazione

Odisseo trascorre lontano da Itaca vent'anni, dieci spesi nell'assedio di Troia e altrettanti nel difficoltoso viaggio di ritorno in patria; gli eventi narrati nel poema omerico invece coprono un arco di tempo relativamente breve, circa sei settimane che vanno dal momento in cui l'eroe lascia l'isola di Ogigia a quello in cui sconfigge i Proci.
La narrazione, tuttavia, è frequentemente interrotta da momenti in cui è il protagonista stesso a rievocare, con il suo racconto, avvenimenti del passato: il più ampio e articolato di questi è alla corte dei Feaci, quando Odisseo espone al re Alcìnoo quanto gli è accaduto durante la lunghissima e avventurosa navigazione nel Mediterraneo.

La modernità di Odisseo

Se l'*Iliade* può essere considerato un poema corale perché si sviluppa intorno alle gesta collettive di due schieramenti nemici, l'*Odissea* è un **poema "individuale"** in quanto si basa sulla vicenda di un unico protagonista di cui prima vengono narrate le avventurose peripezie, poi la vendetta sui prepotenti Proci.
Oltre a fornirci indirette informazioni sulle conoscenze geografiche dell'epoca, il viaggio di Odisseo può essere anche letto in modo simbolico come il **percorso di formazione** di un uomo che passa dalla giovinezza all'età adulta superando prove e difficoltà: Odisseo, che avverte una profonda nostalgia per la patria lontana e attribuisce notevole importanza ai valori familiari, è un eroe più moderno dei protagonisti dell'*Iliade*, anche perché le sue azioni non sono dettate dalla volontà di dimostrare forza fisica o coraggio in battaglia ma dal desiderio di conoscenza e dalla capacità di affrontare efficacemente le avversità utilizzando la ragione.

Odisseo nell'Ade sacrifica un montone per propiziare l'incontro con l'indovino Tiresia, vaso del IV secolo a.C. (Parigi, Biblioteca Nazionale).

Il contenuto dell'*Odissea*

Itaca: le ricerche di Telemaco

Libri I-IV

A dieci anni dalla fine della guerra di Troia, gli dèi dell'Olimpo decidono che per Odisseo è giunto il momento di ritornare a Itaca e ordinano di lasciarlo partire alla ninfa Calipso, che lo trattiene con sé sull'isola di Ogigia perché innamorata di lui.
Intanto la moglie Penelope deve fronteggiare i Proci, uomini arroganti e insolenti che, convinti della morte di Odisseo, hanno preso possesso della reggia e pretendono che la regina scelga come marito uno di loro.
Per prendere tempo Penelope afferma che si sposerà solo quando avrà terminato la tela funebre per Laerte, il vecchio padre di Odisseo, ma inganna i Proci e durante la notte disfa il lavoro fatto di giorno.
Improvvisamente la dea Atena compare sotto false sembianze a Telemaco, figlio di Odisseo, esortandolo a cercare notizie di suo padre. All'insaputa della madre il giovane parte prima per Pilo e poi per Sparta, dove rispettivamente Nestore e Menelao lo informano sulla sorte di alcuni eroi greci, comunicandogli che probabilmente Odisseo è ancora vivo, anche se nessuno sa dove si trovi.

all'insaputa che il padre era vivo

Arnold Böcklin, *Odisseo e Calipso*, 1883 (Basilea, Kunstmuseum).

Odisseo naufraga sull'isola dei Feaci

Libri V-VII

Dopo aver costruito una zattera di legno, Odisseo parte da Ogigia, ma il dio del mare Poseidone gli scatena contro una terribile tempesta, facendolo naufragare sull'isola di Scheria.
Sulla spiaggia Odisseo incontra Nausicaa, figlia del re dei Feaci Alcìnoo, che gli suggerisce di presentarsi a corte e di supplicare i genitori di aiutarlo.
Con l'aiuto di Atena Odisseo raggiunge senza difficoltà il palazzo di Alcìnoo dove, sebbene venga accolto benevolmente, per prudenza inizialmente non rivela la sua identità.

Libri VIII-XII

Odisseo racconta le proprie disavventure

In onore dell'ospite, Alcìnoo organizza danze e giochi sportivi e fa allestire un banchetto durante il quale l'aedo Demodoco canta le imprese della guerra di Troia. Ascoltandolo, Odisseo scoppia a piangere e quando i presenti gliene chiedono il motivo l'eroe finalmente rivela il proprio nome e racconta la storia del lungo viaggio che ha affrontato dalla fine della guerra di Troia al momento del naufragio.
Nel corso della narrazione egli passa in rassegna le sue più straordinarie avventure: la morte dei suoi uomini uccisi nello scontro con i Ciconi; il pericolo corso nella terra dei Lotofagi; l'incontro con il malvagio **Ciclope Polifemo** (vedi pag. 164); l'incantesimo con cui la **maga Circe** trasforma alcuni compagni in maiali; l'incredibile discesa agli Inferi per consultare l'indovino Tiresia e conoscere il proprio destino; il modo in cui si è salvato dall'ammaliante canto delle Sirene (vedi pag. 176) e dalla furia di Scilla e Cariddi; le funeste conseguenze del sacrilegio compiuto dai suoi uomini che si sono nutriti delle mandrie del dio Sole (vedi pag. 190); il naufragio sull'isola di Ogigia dove la ninfa Calipso lo trattiene per sette anni e infine il suo approdo nella terra dei Feaci.

Libri XIII-XVII

Il ritorno a Itaca

Dopo aver ascoltato le disavventure di Odisseo, Alcìnoo ordina ai suoi uomini più valenti di ricondurlo a Itaca, dove essi lo lasciano addormentato sulla spiaggia.
Al suo risveglio Odisseo trova accanto a sé un giovane pastore: in realtà è la dea Atena, che lo rende irriconoscibile trasformandolo in un vecchio mendicante e gli spiega come comportarsi da quel momento in poi.
Travestito da mendicante, Odisseo si presenta al vecchio porcaro Eumeo, uno dei pochi uomini rimastigli fedeli, che lo informa su quanto accade alla reggia. Poco dopo sopraggiunge Telemaco che, tornando da Sparta, è sfuggito a stento a un agguato mortale preparato dai Proci.
Inizialmente il giovane non sa di trovarsi di fronte al padre, ma quando Odisseo gli rivela la sua identità, insieme organizzano un piano per vendicarsi dei Proci e riprendere possesso della reggia.
Subito dopo Odisseo si presenta al palazzo reale dove nessuno intuisce la sua vera identità se non il suo vecchissimo cane Argo, che muore subito dopo aver rivisto il padrone.

Libri XVIII-XXIV

La lotta contro i Proci

Nella reggia Odisseo ha modo di osservare direttamente i soprusi e l'arroganza dei Proci che lo trattano in modo sprezzante, costringendolo persino a lottare con un altro mendicante per aggiudicarsi qualche avanzo di cibo.
Neanche Penelope lo riconosce, ma per senso di ospitalità ordina che gli vengano lavati i piedi; per questo incarico viene scelta Eurìclea, un'anziana donna che ha allevato Odisseo fin da bambino, la quale identifica il padrone da una vecchia cicatrice sul ginocchio causata dalle zanne di un cinghiale. A lei Odisseo ordina di non svelare a nessuno ciò che sa per non ostacolare i suoi piani.
Intanto i Proci hanno scoperto l'inganno della tela e Penelope, costretta a scegliere un marito tra loro, dichiara che sposerà chi riuscirà a superare la prova dell'arco, che consiste nel far passare una freccia attraverso gli anelli di dodici scuri.

Gustave Boulanger, *Ulisse riconosciuto dalla nutrice Euriclea*, 1849 circa (Parigi, École Nationale des Beaux-Arts).

I vari contendenti però non riescono neanche a tendere la durissima corda dell'arco e fallisce anche Telemaco, che ha affrontato la prova per permettere a sua madre di non risposarsi.

Tra le risate beffarde dei Proci, anche Odisseo ottiene il permesso di provare. A differenza dei suoi rivali, egli ben conosce le caratteristiche del suo arco: dopo averlo a lungo controllato, per essere certo che il passare del tempo non lo abbia danneggiato, all'improvviso tende la corda e scaglia la freccia, centrando il bersaglio.

Con la seconda freccia colpisce poi Antìnoo, il più violento e volgare dei pretendenti, e uno dopo l'altro uccide tutti i Proci e le serve che erano passate dalla loro parte.

Solo a questo punto egli rivela la propria identità a **Penelope** ma la donna, pur accettando il verdetto della gara, non è del tutto convinta che lo sconosciuto mendicante sia il marito e con astuzia lo mette alla prova, ordinando che si porti nella sala il letto nuziale. Subito **Odisseo** replica che ciò è impossibile perché egli ha intagliato il letto direttamente nel tronco di un ulivo e sa che non può essere spostato: poiché l'unico a conoscere questo particolare è il marito, Penelope comprende di trovarsi davvero davanti a Odisseo (vedi pag. 186).

L'eroe si reca poi dal vecchio padre Laerte e insieme a lui e al figlio Telemaco affronta i genitori dei Proci uccisi: quando l'intervento della dea Atena impone la pace ai contendenti, Odisseo torna a essere l'incontrastato re di Itaca.

L'invocazione alla Musa

Come accade nell'*Iliade*, anche l'*Odissea* si apre con l'invocazione del poeta alla musa affinché essa ispiri le sue parole.
Subito dopo l'autore presenta il contenuto dell'opera che racconterà il lungo e avventuroso viaggio del guerriero greco Odisseo a partire dalla caduta di Troia – di cui egli è uno dei principali artefici perché ha suggerito la costruzione del cavallo di legno – fino al momento in cui rimane solo a causa della morte dei suoi compagni di navigazione.
I primi versi sottolineano quella che può essere considerata una delle principali novità tematiche del poema: esso, a differenza dell'*Iliade*, non parlerà del conflitto tra due eserciti, ma del viaggio avventuroso di un singolo individuo.

L'uomo ricco d'astuzie[1] raccontami, o Musa[2], che a lungo
errò[3] dopo ch'ebbe distrutto la rocca sacra di Troia;
di molti uomini le città vide e conobbe la mente,
molti dolori patì[4] in cuore sul mare,
lottando per la sua vita e pel ritorno dei suoi[5].
Ma non li salvò, benché tanto volesse,
per loro propria follia si perdettero[6], pazzi!,
che mangiarono i bovi del Sole Iperìone,
e il Sole distrusse il giorno del loro ritorno[7].
Anche a noi di' qualcosa di queste avventure, o dea, figlia di Zeus.

da Omero, *Odissea*, libro I, trad. di R. Calzecchi Onesti, Einaudi

1 L'uomo ricco d'astuzie: è Odisseo, re di Itaca e guerriero acheo, di cui già dal primo verso viene indicata l'astuzia come principale caratteristica.

2 Musa: si tratta di Calliope, la musa ispiratrice della poesia epica. Le muse, figlie di Zeus e Mnemosyne, sono nove e proteggono la musica, la danza e la poesia.

3 errò: vagò.

4 patì: soffrì.

5 pel ritorno dei suoi: per il ritorno dei suoi compagni di viaggio.

6 si perdettero: persero la vita.

7 mangiarono i bovi del Sole Iperìone ... ritorno: il poeta si riferisce all'episodio in cui Odisseo sbarca in Sicilia con i suoi uomini ed essi, nonostante gli avvertimenti, mangiano i buoi sacri al Sole, figlio del titano Iperìone, il quale si vendica scatenando una tempesta nella quale muoiono tutti tranne Odisseo, che ha rispettato il divieto (vedi pag. 190).

Andrea Appiani, *Il Parnaso*, 1811, affresco (Milano, Villa Reale).
La scena rappresenta Apollo circondato dalle Muse.

competenze alla prova

LEGGO E...

... COMPRENDO

1. A chi si rivolge il poeta, perché gli racconti le imprese di Odisseo?
2. Stando a quanto dice il poeta, per quale motivo sono morti i compagni di Odisseo?

... RICAVO DAL TESTO

3. Nei versi iniziali dell'*Odissea* il poeta fa intendere che il racconto riguarderà in particolare (segna una sola risposta):
   - [ ] la fine della guerra di Troia
   - [ ] lo scontro tra Achille e Agamennone
   - [ ] la sconfitta dei Proci
   - [x] i viaggi di Odisseo
   - [ ] la guerra tra le città greche
   - [ ] la morte dei compagni di Odisseo
4. Già dai primi versi del poema vengono messe in rilievo diverse caratteristiche tipiche di Odisseo e della sua esperienza di vita. Tra le seguenti, quale non è una delle caratteristiche evidenziate?
   - [ ] L'astuzia
   - [x] La follia
   - [ ] Il lungo girovagare
   - [ ] La sopportazione di molti dolori
   - [ ] La conoscenza di molti popoli e delle loro usanze
   - [ ] L'affetto e il desiderio di protezione dei suoi uomini

... ANALIZZO E INTERPRETO

5. Confronta il brano con i versi 1-5 dell'*Iliade* (vedi *La peste nell'accampamento greco*, pag. 124): ti sembrano costruiti secondo lo stesso schema o noti qualche differenza tra essi?
6. Trovi che l'inizio dell'*Odissea* si possa legare per qualche aspetto all'*Iliade*? In che senso?

ORA SCRIVO IO

7. Svolgi la parafrasi del brano.

Il Ciclope Polifemo

Dopo aver accolto Odisseo con generosità e benevolenza, il re dei Feaci Alcìnoo lo invita a partecipare a un banchetto, durante il quale l'eroe non riesce a trattenere le lacrime sentendo l'aèdo Demodoco cantare le tristi vicende della guerra di Troia. Alle domande di Alcìnoo Odisseo rivela la propria identità e racconta ai presenti le mille avventure capitategli dal momento in cui è partito da Troia a quello in cui è giunto nell'isola dei Feaci.
Uno degli episodi più drammatici del suo viaggio è l'incontro con il Ciclope Polifemo, un gigante mostruoso con un occhio solo che fa il pastore e vive in una grotta dove Odisseo si avventura spinto da un inarrestabile desiderio di conoscenza: il Ciclope però si rivela rozzo, violento e sprezzante delle norme che regolano i rapporti tra gli esseri umani e divora alcuni dei compagni di Odisseo, promettendo la stessa sorte agli altri.
Anche in questa occasione il protagonista mostra di essere astuto e prudente ed escogita un modo per salvare se stesso e i suoi uomini dal terribile pericolo, guadagnandosi in tal modo l'odio eterno del dio del mare Poseidone, padre di Polifemo. È un episodio centrale dell'opera perché, oltre a spiegare il motivo per cui Odisseo è stato costretto a vagare per dieci anni nel Mediterraneo, contiene alcuni temi caratteristici del poema: si afferma l'idea che l'intelligenza può superare la forza bruta e si delinea la netta contrapposizione tra chi è civilizzato, e quindi ubbidisce agli dèi rispettando la legge dell'ospitalità, e chi vive allo stato selvaggio, simile in tutto a un animale.

La caverna di Polifemo

Quando arrivammo a quella terra che non era lontana, scorgemmo nella parte estrema, nei pressi del mare, una spelonca[1] alta, ricoperta come da un tetto di lauri[2]. Qui soleva pernottare[3] molto bestiame, pecore e capre. E intorno alla corte[4] era costruito un recinto alto con pietre affondate nel terreno, e alti pini e querce dalla larga chioma. Qui giaceva la notte un essere smisurato che amava pascolare le sue bestie da solo, in disparte, né mai frequentava gli altri. Se ne stava appartato, selvaggio ed empio[5]. Era un mostro gigantesco, non rassomigliava a un uomo che mangia pane, ma sì[6] a un picco selvoso tra alte montagne, che appare alla vista isolato.
Agli altri dissi di restare lì e di guardare la nave: ed io m'avviai con i dodici compagni che mi ero scelto, i più valorosi. Portavo con me un otre di pelle caprina pieno di vino nero, dolcissimo. E portavo anche vivande dentro un sacco di pelle. Perché io ebbi subito qui, in cuore, il presagio che ci sarebbe venuto incontro un uomo vestito di grande forza, selvaggio, e ignorante di costumi civili e di norme morali.
Ben presto giungemmo alla spelonca, ma lui, dentro, non lo trovammo. Era al pascolo con le sue grasse bestie.
Entrando nell'antro, guardavamo con stupore ogni cosa. I graticci[7] eran carichi di formaggi, gli stabbi erano stipati[8] di agnelli e di ca-

1 spelonca: grotta.
2 ricoperta come da un tetto di lauri: coperta da rami di lauro, una pianta simile all'alloro.
3 soleva pernottare: di solito trascorreva la notte.
4 intorno alla corte: intorno allo spiazzo dove si trovavano le bestie.
5 empio: senza rispetto per le regole umane e divine.
6 sì: piuttosto.
7 graticci: strutture di legno intrecciato.
8 gli stabbi erano stipati: le stalle erano piene.

pretti. Separati e distinti per età, branco per branco, stavano al chiuso: c'erano in un recinto i primaticci, in un altro i mezzani, in un altro ancora i più teneri[9]. Traboccavano di siero[10] tutti i vasi, secchie e conche, lavorate con arte: dentro egli ci soleva mungere.

Qui i compagni mi dicevano e mi pregavano di prendere formaggi, di tornar indietro, e in gran fretta cacciar sulla nave capretti e agnelli fuor dai recinti e rimetterci in mare. Non gli diedi retta: e sarebbe stato molto meglio! Volevo vederlo, questo uomo, se mi dava ospitalità. Purtroppo la sua comparsa non doveva riuscire gradita ai miei compagni.

Accendemmo il fuoco, facemmo offerta agli dèi di formaggio: e anche noi ne prendevamo e ci mettemmo a mangiare. Così lo aspettavamo, là dentro, stando seduti.

Giulio Romano e collaboratori, *Polifemo*, affresco, XVI secolo (Mantova, Palazzo Te).

L'arrivo del Ciclope

Ed ecco arrivò con le sue greggi. Portava un carico pesante di legna secca, che gli servisse per la cena. Dentro l'antro[11] lo buttò giù, sollevando un grande frastuono: e noi spaventati fuggimmo in fondo alla caverna. Egli sospinse nella vasta spelonca le sue grasse bestie, tutte quelle che aveva da mungere: i maschi, montoni e capri, li lasciò di fuori, nella corte cinta dal muro.

Levò in alto un grosso pietrone, e lo posò sull'entrata: era di un peso enorme, neanche ventidue carri solidi, a quattro ruote, l'avrebbero rimosso dal suolo. Tanto grande era la rupe scoscesa che egli mise nel vano della porta!

Poi sedeva a mungere le sue pecore, mungeva le capre belanti, tutto con ordine, e sotto a ogni madre avviava il suo piccolo. Subito dopo fece cagliare[12] una metà di quel bianco latte: lo ammassava e stringeva, e poi lo depose in canestri di vimini. L'altra metà la mise nei vasi per averne da bere quando voleva, e anche per servirsene da cena.

Quando ebbe sbrigato quelle sue faccende, accendeva il fuoco. E allora ci scorse.

9 primaticci ... mezzani ... più teneri: quelli nati prima (*primaticci*), quelli di età intermedia (*mezzani*), e i più giovani (*più teneri*).

10 siero: liquido giallognolo che resta come residuo della fabbricazione del formaggio, dopo che si è separata la parte solida.

11 antro: caverna.

12 cagliare: solidificare.

Il Ciclope chiede agli inattesi visitatori chi siano e per quale motivo si trovino lì e Odisseo risponde che sono guerrieri provenienti da Troia, supplicandolo di dar loro ospitalità, come è consuetudine presso i popoli civili, se non vuole incorrere nell'ira di Zeus che protegge gli stranieri.

Ed egli subito mi rispose con cuore spietato: «Uno sciocco sei, forestiero, o arrivi ben di lontano, tu che mi inviti a temere gli dèi, a schivarne la collera. Sappi che i Ciclopi[13] non si danno pensiero di Zeus armato di egida[14], e tanto meno degli altri dèi, perché noi siamo molto più forti. Né io, per evitare l'ira di Zeus, intendo risparmiare te e i tuoi compagni, se non è la mia voglia a comandarlo. Ma dimmi dove fermasti all'arrivo la nave, se in qualche posto là in fondo o invece qui presso, tanto per saperlo».
Così parlava tentandomi. Ma non mi sfuggì la sua mira, son troppo esperto del mondo. E a lui rispondendo dicevo parole d'inganno: «La nave me la spaccò Posidone l'Enosigeo[15], buttandola contro le rocce ai confini della vostra terra. Contro uno scoglio la sbatté: il vento la portava dal largo. Solo io e questi miei evitammo la morte».

Le prime vittime del Ciclope

Così dicevo. Nulla mi rispose, quello spietato. Ma balzando su gettava sui miei compagni le mani. Due ne abbrancò[16] in una volta, e come cuccioli li percoteva[17] contro terra. Le cervella colavano giù, bagnavano il suolo. Poi tagliandoli via membro a membro, se ne fece la cena. E mangiava come un leone cresciuto sui monti, non lasciava niente: mangiava le viscere, le carni, le ossa con dentro il midollo.
Quando il Ciclope si fu riempito il gran ventre mangiando carni di uomini e bevendoci su purissimo latte, si metteva a giacere dentro l'antro, lungo disteso in mezzo alle bestie.
Subito mi venne l'idea di andargli vicino, di trarmi dal fianco la spada tagliente, e tastando con la mano, colpire là, al petto, dove il diaframma[18] avvolge il fegato. Ma un altro pensiero mi trattenne: lì dentro saremmo periti anche noi di mala morte. Mai avremmo potuto smuovere con le mani dall'alta imboccatura il pietrone pesante che ci aveva messo. E così, sospirando e gemendo, aspettammo la divina aurora.

13 Ciclopi: giganti con un solo occhio in mezzo alla fronte.

14 armato di egida: armato di scudo. È uno degli epiteti con cui viene definito Zeus, perché si chiama *egida* il suo scudo ricoperto di pelle di capra e ornato con la testa della Gorgone.

15 Enosigeo: è un epiteto riferito a Poseidone, che significa "scuotitore della terra".

16 abbrancò: afferrò.

17 percoteva: sbatteva.

18 diaframma: è un muscolo che separa la cavità toracica da quella addominale.

Al risveglio, dopo aver divorato altri due uomini, il Ciclope porta al pascolo le sue bestie. Nel frattempo Odisseo studia un piano per vendicarsi e liberare sé e i suoi compagni.

Il dono di Odisseo

C'era, del Ciclope, stesa a terra accanto a uno steccato, una grossa mazza, ancor verde di oleastro[19]: se l'era tagliata da portare per i pascoli, quando fosse secca.

Mi ci misi accosto[20]: ne tagliai via un troncone della misura di una tesa[21], e lo passai ai compagni: dissi loro di raschiare.

Essi lo resero liscio. Poi mi ci misi io, gli feci la punta, lo presi su di peso, l'arroventavo[22] dentro il fuoco ardente. E lo nascosi tutto ben bene sotto il letame che giaceva sparso da ogni parte a grandi mucchi nella spelonca.

Agli altri ordinai di tirare a sorte chi doveva insieme a me con coraggio sollevare il palo e sfregarglielo dentro l'occhio, quando il dolce sonno lo prendeva. Saltarono fuori quelli che avrei voluto scegliermi io. Quattro erano ed io fui quinto con loro.

A sera arrivò dal pascolo con le sue bestie dai bellissimi velli[23]. E subito le sospinse dentro la vasta spelonca. Levò in alto il grosso pietrone, lo posò sull'entrata: poi sedeva a mungere le sue pecore.

Quando ebbe sbrigato quelle sue faccende, due uomini abbrancò, ancora una volta, e se ne fece la cena.

Allora io mi feci avanti tenendo fra le mani una ciotola colma di vino nero. Dicevo: «Ciclope, to' bevi vino ora che hai mangiato carni d'uomo. Così saprai che sorta di bevanda è questa che la nave nostra teneva in serbo. Io ti portavo una libagione[24], se mai avevi pietà di me e mi rimandavi a casa. Ma tu fai il furioso, non sei più sopportabile. Sciagurato! E come potrà venir qui da te, un domani, qualche altro dei tanti uomini della terra? Non ti comporti a dovere[25]».

Così dicevo. Egli prese la ciotola e bevve fino in fondo: e gustò visibilmente la dolce bevanda, e me ne chiedeva ancora, una seconda volta: «Dammene ancora, da bravo. E dimmi il tuo nome subito, ora. Voglio fartelo, il dono ospitale: e tu ne sarai contento. Anche ai Ciclopi produce la terra vino da grossi grappoli; ma questo è uno zampillo di nettare e d'ambrosia[26]».

Così diceva. E io gli porsi ancora una volta di quel vino rosso. Tre volte gliene diedi e tre volte egli bevve d'un fiato, nella sua stoltezza.

19 una grossa mazza, ancor verde di oleastro: un grande ramo verde di ulivo selvatico.

20 Mi ci misi accosto: mi ci avvicinai.

21 tesa: unità di misura corrispondente all'incirca all'apertura delle braccia.

22 l'arroventavo: lo rendevo incandescente.

23 velli: pelle di pecore, capre e montoni.

24 libagione: cerimonia religiosa che consiste nel versare o spargere a terra o su un altare latte o vino in onore degli dèi o dei defunti.

25 Non ti comporti a dovere: non rispetti le regole dell'ospitalità.

26 ambrosia: è il nutrimento degli dèi.

Il dono di Polifemo

E quando il vino gli andò giù, mi rivolgevo a lui con dolci parole: «Ciclope, tu mi domandi il mio nome. Ed io te lo dirò. Ma tu dammi il dono ospitale come promettesti. *Nessuno* è il mio nome: *Nessuno* mi chiamano la madre e il padre e anche tutti i compagni».

Così parlavo. Ed egli subito mi rispose, lo spietato: «*Nessuno*, io, per ultimo me lo mangerò, fra i suoi compagni: quegli altri là, prima. Questo sarà per te il mio dono ospitale».

Così disse. E rovesciandosi indietro cadde supino. E là giaceva immobile, con la grossa cervice[27] piegata da un lato. Lo soggiogava il sonno che tutto doma. E dalla gola gli venivano su sgorghi di vino e bocconi di carne umana. Ruttava e vomitava, ubriaco com'era.

La vendetta di Odisseo

E allora io cacciai quel palo d'oleastro dentro le braci sotto il mucchio di cenere, in attesa che si arroventasse. E intanto facevo coraggio a tutti i compagni: temevo che qualcuno mi si tirasse indietro per la paura. Essi afferrarono con salde mani il troncone acuminato in punta e lo ficcarono dentro l'occhio: ed io dal di sopra, appoggiato, lo facevo girare. Era come quando un artigiano trafora una tavola da nave col trapano, e gli altri di sotto lo smuovono con la cinghia, tirando chi di qua e chi di là: ed esso scorre continuamente senza fermarsi. Così noi tenendo dentro il suo occhio quel palo dalla punta infuocata, lo facevamo girare. E intorno il sangue colava da ogni parte.

Tutte le palpebre e le sopracciglia gli abbrustolì la vampa: ardeva la pupilla, ne crepitavano al fuoco le radici. Un urlo mandò, lunghissimo, spaventoso: intorno risuonava la rupe. E noi atterriti fuggimmo via.

Egli si tolse dall'occhio il palo lordo[28] di molto sangue, e lo scagliò lontano da sé, agitando le mani come un forsennato[29]. E chiamava a gran voce i Ciclopi che abitavano all'intorno, dentro spelonche, su per le cime ventose.

Man mano che udivano il grido, accorrevano essi, chi di qua e chi di là: e fermandosi presso la caverna domandavano che male aveva. Dicevano: «Cosa c'è, Polifemo, che ti dà tanta pena e ti fa gridare così nella notte e svegli noi dal sonno? Qualcuno degli uomini ti ruba, a tuo dispetto, le bestie? O c'è qualcuno che vuole ucciderti per via d'inganno o con la forza?»

E a loro dall'antro diceva il gagliardo Polifemo: «Amici, *Nessuno* mi vuol uccidere per via d'inganni e non con la forza».

E quelli rispondevano: «Se dunque nessuno ti fa violenza e tu sei solo, il male ti viene dal grande Zeus e non c'è modo di aver scampo. Ma tu raccomandati al padre tuo, a Poseidone sovrano».

27 cervice: parte posteriore del collo, nuca.

28 lordo: sporco.

29 forsennato: pazzo.

Odisseo e i suoi compagni si accingono a infilare il palo incendiato nell'occhio di Polifemo, V secolo a.C. (Londra, British Museum).

Dopo aver accecato il Ciclope, Odisseo escogita un sistema per uscire dalla caverna: lega ciascuno dei suoi uomini al ventre di un montone, poi si aggrappa a sua volta sotto la bestia più grande e aspetta che Polifemo tolga il macigno che chiude l'ingresso della caverna per mandare gli animali al pascolo.
Il Ciclope tasta gli animali per controllare che i prigionieri non scappino, senza accorgersi che sono nascosti sotto il ventre delle bestie, e così essi possono allontanarsi da quel luogo maledetto e raggiungere la barca dei compagni. Dalla nave però Odisseo cerca ancora di umiliare Polifemo.

Polifemo cerca Odisseo nascosto sotto la pancia dell'ariete, mosaico del III secolo d.C. (Roma, Museo Nazionale Romano).

La furia di Polifemo

«Ciclope, non un uomo dappoco era, come vedi, quel tale a cui tu intendevi mangiare i compagni nella spelonca con violenza, da prepotente. Ben dovevano ricadere su di te le tue malvagie azioni, o sciagurato: chè non avevi ritegno[30] a divorarti gli ospiti di casa tua. E perciò Zeus ti punì, e anche gli altri dèi».
Così dicevo. E quello s'infuriò ancora di più. Divelse un cocuzzolo[31] d'un grande monte e lo lanciò: lo scagliò giù proprio davanti alla nostra nave.
Si sconvolse il mare sotto l'urto della rupe. E subito un'ondata rifluendo fragorosa portava verso terra la nave: era un grosso flutto che correva dall'aperta distesa[32]. Ma io afferrai con le mani una pertica lunghissima e risospinsi al largo deviando di fianco. E ai compagni ordinai di buttarsi sui remi.
Ma quando correndo sul mare fummo lontano due volte tanto, ancora io volevo parlare al Ciclope. E i compagni intorno, chi qua, chi là, cercavano di trattenermi con buone parole:
«Temerario, perché vuoi provocare quell'uomo selvaggio? Anche or ora gettò in mare una pietra e spinse la nave di nuovo a terra e credevamo proprio di morire là. Se avesse sentito una voce, una parola, ci fracassava le teste e le tavole della nave colpendoci con un'aspra roccia. Con tanta violenza egli tira!»

30 chè non avevi ritegno: poiché tu non hai avuto vergogna.
31 Divelse un cocuzzolo: staccò la cima.
32 era un grosso flutto che correva dall'aperta distesa: era una grande onda proveniente dal mare aperto.

Così dicevano ma non persuadevano il mio magnanimo[33] cuore. E mi rivolgevo a lui, gli parlavo con animo sdegnato:
«Ciclope, se qualcuno ti domanda, tra gli uomini mortali, di questo sconcio[34] accecamento dell'occhio, dirai che ti accecò Odisseo, il distruttore di città: sì, il figlio di Laerte, che ha in Itaca le sue case».
Così dicevo. Ed egli rivolgeva una preghiera a Poseidone sovrano, levando le mani verso il cielo:
«Ascolta, Poseidone sposo della Terra, dio dalla chioma azzurra: se è vero che io sono tuo figlio e tu sei mio padre, concedimi che non torni mai in patria Odisseo distruttore di città, il figlio di Laerte che ha in Itaca le sue case. Ma se per lui è destino rivedere i suoi cari e giungere a casa e alla terra dei padri, tardi ci arrivi e malamente[35], dopo aver perduto tutti i compagni, su nave d'altri, e trovi nella sua casa dei guai».
Così diceva pregando. E lo ascoltò il dio dalla chioma azzurra.

rid. e adatt. da Omero, *Odissea*, a cura di G. Tonna, libro IX, Garzanti

33 magnanimo: coraggioso.
34 sconcio: vergognoso.
35 malamente: con difficoltà.

competenze alla prova

LEGGO E...

... COMPRENDO

1 Numera le sequenze nell'ordine corretto, aggiungendo le parti mancanti.

- [2] I compagni consigliano a Odisseo di .... alla nave carichi di agnelli e capretti.
- [6] Odisseo chiede al Ciclope .... e doni.
- [1] Odisseo con alcuni compagni entra nella .... grotta........ del Ciclope.
- [4] Odisseo dà il vino........................ al Ciclope e gli dice di chiamarsi Nessuno..................
- [7] Polifemo ritorna alla caverna con dei .... velli...........................
- [3] Odisseo .... i compagni .... e riesce a farli uscire dalla caverna.
- [9] Il Ciclope invoca il padre Posidone.................. perché lo vendichi.
- [5] Polifemo esce dalla caverna per portare a....... valle.................... il suo gregge.
- [8] Il Ciclope non concede .... e mangia alcuni compagni di Odisseo.
- [10] Odisseo e alcuni compagni .... Polifemo addormentato, usando .... arroventato.

... RICAVO DAL TESTO

2 L'ambiente dove vive il Ciclope è:

- [x] aspro e selvaggio
- [ ] dolce e ridente
- [ ] irreale e di fantasia
- [ ] senza particolari caratteristiche

3 Qual è la principale fonte di sopravvivenza del Ciclope?

- [ ] L'agricoltura
- [ ] La pesca
- [x] L'allevamento
- [ ] Il commercio

4 Completa la frase: le parole dette dal Ciclope "*con cuore spietato*" fanno capire che, nei confronti degli uomini, si sente migliore..................

5 Per quale motivo Odisseo riesce a ubriacare così facilmente Polifemo?

... ANALIZZO E INTERPRETO

6 Nel corso di questo episodio Odisseo mostra di essere prudente e astuto: completa le afferma-

scheda

Raccoglitori e agricoltori

In una parte precedente del brano, a proposito del modo in cui vivono i Ciclopi, Omero scrive: «Essi sono prepotenti e selvaggi. Lasciano fare agli dèi: non piantano un albero con le loro mani, non arano [...]. E poi non hanno assemblee per le decisioni, non norme di legge morale: ma abitano su per le cime degli alti monti dentro spelonche profonde, e ognuno fa legge da sé per i figli e la moglie. Non si curano l'uno dell'altro».
Dalle parole del poeta comprendiamo che per i Greci essere *civili* significa coltivare la terra, vivere in gruppo, prendere collettivamente le decisioni e seguire leggi comuni.

Storicamente l'agricoltura nasce nel X millennio a.C. ed è all'origine delle prime città, poiché trasforma gli uomini nomadi in sedentari: vivendo lontani l'uno dall'altro e limitandosi a pascolare bestie e raccogliere frutti della terra, i Ciclopi dimostrano di essere rimasti fermi a uno stadio evolutivo precedente, quasi selvaggio, e ciò spiega la loro assurda violenza e l'inosservanza delle leggi su cui si fonda la vita civile.

Coppa attica che rappresenta scene di lavoro nei campi.

zioni che seguono, spiegando i reali motivi del comportamento dell'eroe.

Quando il Ciclope chiede dove sono le navi dei Greci, Odisseo risponde che erano lontane perché il dio del vento le aveva portate a largo.

Quando il Ciclope ha mangiato i primi compagni, Odisseo non lo uccide subito, anche se ne ha l'impulso, perché sarebbe morto anche lui con i suoi uomini.

Quando Odisseo offre il vino al Ciclope, non lo fa per gentilezza ma perché vuole il suo dono di ospitalità.

Quando il Ciclope gli chiede il suo nome, Odisseo risponde Nessuno perché non vuole rivelare la sua identità.

7 **In quali occasioni i compagni consigliano a Odisseo di non provocare Polifemo? Da quale sentimento sono spinti? Qual è, invece, la reazione dell'eroe?**

ORA SCRIVO IO

8 **Utilizzando le sequenze individuate nella domanda 1, riassumi l'episodio.**

C'È STILE E STILE

9 **Nella prima descrizione del Ciclope, a che cosa è paragonato, con una similitudine, questo essere mostruoso?**

10 **A quale attrezzo da lavoro Omero, con una similitudine, paragona il movimento di Odisseo e dei suoi compagni quando conficcano il palo nell'occhio del Ciclope?**

- ☐ Livella
- ☒ Trapano
- ☐ Pialla
- ☐ Martello

11 **Individua nel brano due esempi di epiteto.**

UN MONDO DI PAROLE

12 **Spiega il significato delle parole evidenziate nelle seguenti espressioni:**

- un uomo **vestito** di grande forza
- separati e **distinti** per età
- non **si danno pensiero** di Zeus
- così parlava **tentandomi**
- non mi sfuggì **la sua mira**
- quando **ebbe sbrigato** quelle faccende

scheda

Dal testo al fumetto

Le peripezie di Odisseo hanno affascinato i lettori di tutti i tempi, dando origine a riletture di vario genere: ti proponiamo una versione a fumetti del suo incontro con Polifemo.

da E. Biagi, *La nuova storia del mondo a fumetti*, Mondadori

L'incontro con Achille nell'Ade

Odisseo, su consiglio della maga Circe, è sceso nell'Ade, il regno dei morti, per interrogare l'indovino Tiresia sul suo futuro. Dopo aver parlato con il profeta, Odisseo incontra le anime di molte persone a lui care, tra cui anche quella della madre Anticlea, che aveva lasciato ancora in vita a Itaca. Poi a lui si avvicinano grandi eroi come Agamennone, che racconta la sua triste fine per mano della moglie Clitemnestra, e Achille, che appare molto diverso da quell'eroe furioso e indomabile, assetato di gloria quale è descritto nell'*Iliade*. L'episodio è raccontato da Odisseo stesso, alla corte dei Feaci di Alcinoo.

E mi conobbe l'anima del piede rapido Eacíde[1],
e sospirando parole fugaci[2] diceva:
«Divino Laerziade, ingegnoso Odisseo,
ah pazzo! che altra fatica maggiore mediterai nell'animo?
Come osasti scendere all'Ade, dove fantasmi
privi di mente han dimora, parvenze[3] d'uomini morti?»
Così parlava, e io rispondendogli dissi:
«O Achille, figlio di Peleo, fortissimo fra gli Achei,
venni per bisogno a Tiresia, se qualche consiglio
mi desse, come in Itaca petrosa[4] verrò.
Perché non ho ancora toccato l'Acaia[5], la mia
terra non ho raggiunta, ma sempre ho travagli. Ma di te, Achille,
nessun eroe, né prima, né poi, più felice:
prima da vivo t'onoravamo come gli dèi
noi Argivi[6], e adesso tu signoreggi tra i morti,
quaggiù; perciò d'esser morto non t'affliggere, Achille».
Io dicevo così: e subito rispondendomi disse:
«Non lodarmi la morte, splendido Odisseo.
Vorrei esser bifolco[7], servire un padrone,
un diseredato, che non avesse ricchezza,
piuttosto che dominare su tutte l'ombre consunte[8].»

da Omero, *Odissea*, libro XI, trad. di R. Calzecchi Onesti, Einaudi

1 **Eacíde**: forma di patronimico: Eaco è il padre di Peleo, dunque il nonno di Achille.

2 **fugaci**: rapide, veloci.

3 **parvenze**: forme simili, somiglianti.

4 **petrosa**: ricca di pietre, rocciosa.

5 **l'Acaia**: la Grecia, la terra degli Achei.

6 **Argivi**: Greci (lett. abitanti di Argo).

7 **bifolco**: umile e rozzo contadino.

8 **consunte**: consumate, logore.

Discesa di Ulisse agli inferi, fine del I secolo a.C., pannello dipinto di una casa sull'Esquilino (Roma).

competenze alla prova

LEGGO E...

... COMPRENDO

1 Perché Odisseo vuole consultare Tiresia?

- ☐ Per avere notizie della moglie Penelope
- ☐ Perché vuole sapere come si è concluso l'assedio di Troia
- ☐ Per sapere come (e se) potrà giungere a Itaca
- ☐ Per conoscere la sorte della madre Anticlea

2 Perché, secondo Odisseo, Achille deve essere felice nell'Ade?

- ☐ Perché si sono incontrati di nuovo
- ☐ Perché è insieme ai vecchi compagni
- ☐ Perché signoreggia sui morti
- ☐ Perché la vita nell'aldilà è più felice

... RICAVO DAL TESTO

3 Che reazione ha Achille vedendo Odisseo nell'Ade?

- ☐ Di stupore
- ☐ Di rabbia
- ☐ Di gioia
- ☐ Di incertezza

4 Riguardo alla sua vita nell'aldilà Achille è:

- ☐ per nulla contento
- ☐ abbastanza contento
- ☐ non molto contento
- ☐ molto contento

... ANALIZZO E INTERPRETO

5 Da quale affermazione si può comprendere che cosa Achille pensa della vita nell'aldilà?

6 Per quale ragione, secondo te, si può sostenere che l'Achille dell'*Odissea* è molto diverso da quello dell'*Iliade*?

ORA SCRIVO IO

7 Riassumi brevemente l'episodio dell'incontro tra Odisseo e Achille.

FILOFILE

8 Svolgi una ricerca su come i Greci immaginavano l'Ade e produci poi un breve testo di circa 500 battute.

Le Sirene

L'episodio delle Sirene, esseri metà donne e metà uccello che con i loro canti attirano i marinai per poi ucciderli, è uno dei più suggestivi dell'*Odissea* e mette bene in evidenza due caratteristiche tipiche di Odisseo: la sete di conoscenza e la straordinaria astuzia. Per conoscere che cosa dicono le Sirene, Odisseo infatti segue i consigli di Circe e adotta un ingegnoso stratagemma: riuscirà così a sapere ciò che vuole senza perdere la vita.

Io dunque tutto le dissi[1] per ordine,
e poi mi parlava parole Circe sovrana:
«Così tutto questo è compiuto; ma ora tu ascolta
come io ti parlo: te lo rammenterà[2] ancora il dio.
Alle Sirene prima verrai[3], che gli uomini
stregano tutti, chi le avvicina.
Chi ignaro approda e ascolta la voce
delle Sirene, mai più la sposa e i piccoli figli,
tornato a casa, festosi l'attorniano,
ma le Sirene col canto armonioso lo stregano,
sedute sul prato: pullula in giro la riva di scheletri
umani marcenti[4]; sull'ossa le carni si disfano.
Ma fuggi e tura gli orecchi ai compagni,
cera sciogliendo profumo di miele[5], perché nessuno di loro
le senta: tu, invece, se ti piacesse ascoltare,
fatti legare nell'agile nave i piedi e le mani
ritto sulla scarpa[6] dell'albero, a questo le corde ti attacchino,
sicché tu goda ascoltando la voce delle Sirene.
Ma se pregassi i compagni, se imponessi di scioglierti,
essi con nodi più numerosi che ti stringano». [...]

Intanto rapidamente giunse la nave ben fatta
all'isola delle Sirene, ché[7] la spingeva buon vento.
Ed ecco a un tratto il vento cessò; e bonaccia[8]
fu, senza fiati[9]: addormentò l'onde un dio.
Balzati in piedi i compagni la vela raccolsero,
e in fondo alla nave la posero; quindi agli scalmi
seduti[10], imbiancavano l'acqua con gli abeti politi[11].
Ma una gran ruota di cera col bronzo affilato
io tagliavo a pezzetti, li schiacciavo tra le mani gagliarde[12].
In fretta s'ammorbidiva la cera, ché la premeva gran forza
e la vampa del sole[13], del sire Iperìone;
così, in fila, gli orecchi a tutti i compagni turai.
Essi poi nella nave legarono me mani e piedi,
dritto sulla scarpa dell'albero, a questo le corde fissarono.
Quindi, seduti, battevano il mare schiumoso coi remi.
Ma come tanto fummo lontani, quanto s'arriva col grido,

1 **tutto le dissi**: Odisseo racconta a Circe ciò che ha visto e sentito nel suo viaggio nell'Ade, il regno dei morti.

2 **rammenterà**: ripeterà, racconterà.

3 **verrai**: arriverai.

4 **marcenti**: in putrefazione.

5 **cera sciogliendo profumo di miele**: sciogliendo della cera dal profumo di miele.

6 **ritto sulla scarpa**: in piedi sulla base.

7 **ché**: perché.

8 **bonaccia**: termine marinaresco che indica mancanza di vento.

9 **senza fiati**: senza un soffio di vento.

10 **agli scalmi seduti**: seduti ai remi. Lo *scalmo* è il punto su cui poggia il remo.

11 **imbiancavano l'acqua con gli abeti politi**: facevano schiumare l'acqua con i remi fatti di legno d'abete levigato.

12 **gagliarde**: robuste.

13 **ché la premeva gran forza e la vampa del sole**: perché era modellata dalla mia forza e dal calore del sole.

correndo in fretta, alle Sirene non sfuggì l'agile nave
che s'accostava: e un armonioso canto intonarono.
«Qui, presto, vieni, o glorioso Odisseo, grande vanto degli Achei,
ferma la nave, la nostra voce a sentire.
Nessuno mai si allontana di qui con la sua nave nera,
se prima non sente, suono di miele, dal labbro nostro la voce;
poi pieno di gioia riparte, e conoscendo più cose.
Noi tutto sappiamo, quanto nell'ampia terra di Troia
Argivi e Teucri[14] patirono per volere dei numi;
tutto sappiamo quello che avviene sulla terra nutrice[15]».
Così dicevano alzando la voce bellissima, e allora il mio cuore
voleva sentire, e imponevo ai compagni di sciogliermi,
coi sopraccigli accennando[16]; ma essi a corpo perduto[17] remavano.
E subito alzandosi Perimède ed Eurìloco[18],
nuovi nodi legavano e ancora più mi stringevano.
Quando alla fine le sorpassarono, e ormai
né voce più di Sirene udivamo, né canto,
in fretta la cera si tolsero i miei fedeli compagni,
che negli orecchi avevo a loro pigiato, e dalle corde mi sciolsero.

da Omero, *Odissea*, libro XII, trad. di R. Calzecchi Onesti, Einaudi

14 Argivi e Teucri: Greci e Troiani.
15 nutrice: che nutre e dà la vita.
16 coi sopraccigli accennando: facendo dei cenni con i sopraccigli.
17 a corpo perduto: con il corpo piegato sui remi.
18 Perimède ed Eurìloco: compagni di Odisseo.

Ulisse e le Sirene, frammento di affresco ritrovato a Pompei, I secolo d.C. (Londra, British Museum).

competenze alla prova

LEGGO E...

... COMPRENDO

1. Chi è il personaggio che ai vv. 37-54 parla a Odisseo?

2. Completa le affermazioni:
   - Le Sirene sono il .... che Odisseo deve affrontare.
   - Le Sirene attirano i naviganti mediante ....
   - Si capisce che le Sirene sono estremamente pericolose dal fatto che ....

... RICAVO DAL TESTO

3. Per quale motivo Odisseo viene avvisato dei pericoli che dovrà affrontare?
   - ☐ Perché si spaventi e non parta più, restando lì dove si trova
   - ☐ Perché questo è il volere di un dio
   - ☐ Perché chi lo avvisa lo vuole aiutare
   - ☐ Perché chi gli parla sta tramando un inganno ai suoi danni

... ANALIZZO E INTERPRETO

4. Odisseo segue o no i consigli che gli dà Circe? Motiva la tua risposta.

5. Promettendo che cosa le Sirene cercano di attirare Odisseo?

ORA SCRIVO IO

6. Inventa una storia spiegando come mai le donne-uccello dell'*Odissea* si sono poi trasformate nelle donne-pesce, le sirene come le immaginiamo oggi noi.

C'È STILE E STILE

7. Nel testo viene utilizzato un epiteto per indicare il sole. Sottolinealo.

8. Per indicare la bellezza, la dolcezza del canto delle Sirene, è usata una metafora. Quale?

UN MONDO DI PAROLE

9. Per ognuno dei termini seguenti cancella la parola che non ha un significato simile:
   - *stregano*: incantano - ammaliano - inducono - affascinano
   - *ascoltare*: sentire - ordire - udire - intendere
   - *se imponessi*: se ordinassi - se incappassi - se intimassi - se ingiungessi
   - *rapidamente*: celermente - prontamente - speditamente - inevitabilmente
   - *pigiato*: schiacciato - compresso - bistrattato - premuto

ANALIZZO L'IMMAGINE

10. Nella figura riportata a fianco, tratta da un vaso greco antico, c'è un particolare che non leggiamo nel testo dell'Odissea. Quale?

Odisseo e le Sirene, vaso del v secolo a.C. (Londra, British Museum).

Il riconoscimento di Eurìclea

Sotto le spoglie di un mendicante Odisseo giunge finalmente alla sua reggia, dove i Proci spadroneggiano comportandosi con violenza e arroganza. Nessuno lo riconosce, neanche la moglie Penelope che tuttavia, secondo le regole della civiltà greca, gli offre ospitalità e chiede alle serve di lavare i piedi allo straniero. Odisseo accetta quest'ultima offerta solo a condizione che il compito venga svolto da una persona che nella vita ha sofferto quanto lui, e Penelope sceglie l'anziana Eurìclea, che è stata la nutrice di Odisseo bambino.
Inizialmente ella non riconosce il suo padrone, poi nota una cicatrice che le svela la vera identità del miserabile forestiero, che con tono fermo le impone di mantenere il segreto, recuperando d'un colpo l'antica autorità.

1 Il lavaggio dei piedi

Così parlava; intanto la vecchia aveva preso il lebete[1] lucente,
per lavare i suoi piedi, e in abbondanza versava
acqua fredda, poi aggiunse la calda; Odisseo
al focolare sedeva, ma verso il buio si volse di scatto;
d'un tratto in cuore gli venne paura che ella toccandolo
la cicatrice riconoscesse, e tutto fosse scoperto.

2 Il riconoscimento

Lei, dunque, lavava il suo re, standogli accanto; e davvero
la cicatrice conobbe[2], che gli fece un cinghiale con la candida [zanna,
quando al Parnaso salì, con Autòlico e i figli,
col nobile padre della madre, che tra i mortali eccelleva
per ruberie e spergiuri[3]: un dio gli fece simile dono
Ermete, che a lui gradite cosce bruciava
d'agnelli e capretti[4]; perciò lo aiutava, benigno. [...]

1 lebete: recipiente simile a un catino.

2 conobbe: riconobbe.

3 con Autòlico ... per ruberie e spergiuri: con Autòlico, nonno materno di Odisseo. Autòlico, figlio di Ermes e Chione, viveva sul monte Parnaso da cui partiva per compiere malefatte che erano sempre coronate dal successo, perché sapeva rendersi invisibile e cambiare aspetto.

4 che a lui gradite cosce bruciava d'agnelli e capretti: al quale offriva in sacrificio cosce di agnelli e di capretti.

Scena di caccia, affresco (Pompei, Casa di Marco Lucrezio Frontone).

AURORA DITA ROSATE: si tratta di una personificazione, cioè di una figura retorica che consiste nell'attribuire caratteristiche o aspetto umano a un concetto o un oggetto.

3 ....

Ma come[5] figlia di luce, brillò l'Aurora dita rosate,
andarono a caccia; coi cani ci andarono
i figli[6] d'Autòlico, fra loro Odisseo luminoso
andava; e salirono il monte scosceso vestito di boschi
del Parnaso, e in fretta arrivarono fra le gole[7] ventose.
Il sole, dunque, batteva da poco le piane[8],
uscito dall'Oceano profondo, che scorre senza rumore,
quando a una gola i cacciatori arrivarono: avanti,
cercando le tracce, andavano i cani, e dietro
i figli d'Autòlico; fra loro Odisseo luminoso
andava, vicino ai cani, squassando l'asta ombra lunga.
Là in una forra folta aveva tana un gran verro[9]. [...]

4 ....

Intorno al verro giunse il suono dei passi d'uomini e cani
che a stanarlo venivano; allora a duello uscì dalla macchia[10],
con le setole irte, con gli occhi di fuoco,
si parò avanti a loro; primissimo appunto Odisseo
balzò, alta levando la lunga lancia nella mano gagliarda,
di ferire da presso bramoso[11]; ma più veloce, il verro colpì
sopra il ginocchio, strappò con la zanna un gran lembo di carne
balzando obliquo: ma l'osso dell'eroe non toccò.
E lo ferì da presso[12] Odisseo, colpendo la spalla destra,
da parte a parte la trapassò la punta dell'asta lucente:
cadde grugnendo giù nella polvere, volò via la vita. [...]

5 La commozione di Eurìclea

Ora la vecchia, toccando la cicatrice con le due mani aperte,
la riconobbe palpandola, e lasciò andare il piede.
Dentro il lebete cadde la gamba, risonò il bronzo
e s'inclinò da una parte: in terra si sparse l'acqua.
A lei gioia e angoscia insieme presero il cuore, i suoi occhi
s'empirono[13] di lacrime, la florida voce era stretta[14].

5 **come**: appena.

6 **i figli**: nel senso di discendenti.

7 **gole**: stretti passaggi tra due pareti montuose.

8 **piane**: pianure.

9 **Là in una forra folta aveva tana un gran verro**: là, in una profonda gola tra le rocce (*forra*) c'era la tana di un grande cinghiale.

10 **a duello uscì dalla macchia**: uscì dal bosco per combattere.

11 **di ferire da presso bramoso**: desideroso di colpirlo da vicino.

12 **da presso**: precisamente.

13 **s'empirono**: si riempirono.

14 **la florida voce era stretta**: la sua voce forte si era bloccata in gola.

Carezzandogli il mento, disse a Odisseo:
«Oh sì, Odisseo tu sei, cara creatura! E non ti ho conosciuto
prima d'averlo tutto palpato il mio re!...»
Disse e a guardar Penelope si rivolse con gli occhi,
volendo dirle ch'era tornato il suo sposo.

6 ....

Ma lei non poté vederla in viso né accorgersi,
perché Atena le distrasse la mente; e Odisseo
la mano afferrò della vecchia, la strinse con la destra alla gola,
con l'altra la tirò a sé, le disse:
«Balia, perché mi vuoi perdere[15]? Eppure tu m'hai nutrito
al tuo petto; e ora, dopo aver sopportato gran pene,
arrivo dopo vent'anni alla terra dei padri.
Ma, giacché l'hai capito, un dio te l'ha messo nel cuore,
taci, che nessun altro nel palazzo lo sappia.
Perché questo ti dico, e certo avrà compimento[16]:
se per mia mano un nume abbatta i pretendenti alteri,
neppure perché mi nutristi t'avrò riguardo[17], quando
massacrerò l'altre donne nel mio palazzo».

7 Un segreto condiviso

E gli rispose Eurìclea prudente:
«Creatura mia, che parola t'uscì dalla siepe dei denti[18]!
Tu sai che il mio cuore è saldo e indomabile:
sarò come una dura roccia, come un pezzo di ferro.
Altro ti dico e tu ponilo in cuore:
se per tua mano un nume abbatta i pretendenti alteri,
allora una per una nominerò le donne di casa,
quali non ti rispettano e quali sono innocenti».
Ma rispondendole disse l'accorto Odisseo:
«Balia, perché vuoi dirmele[19] tu? Non c'è bisogno.
Le capirò da solo, saprò ben conoscerle tutte;
tu serba[20] il segreto, e lascia fare ai numi».
Così parlava; e la vecchia riattraversò la sala,
a prender lavacro pei piedi: l'altro s'era tutto versato.

15 perché mi vuoi perdere?: perché vuoi rovinarmi?

16 certo avrà compimento: di sicuro accadrà.

17 se per mia mano ... t'avrò riguardo: se con l'aiuto di un dio riuscirò a uccidere i Proci, non risparmierò nemmeno te. Odisseo non sta minacciando la sua nutrice, ma vuole farle capire che sarà inflessibile con chi lo ha tradito.

18 dalla siepe dei denti: dalla bocca, che separa i denti dall'esterno come una siepe.

19 dirmele: indicarmele.

20 serba: conserva.

Poi, come l'ebbe lavato, unto d'olio abbondante,
di nuovo accanto al fuoco tirò il sedile Odisseo
per scaldarsi, ma la cicatrice con i cenci coprì[21].

da Omero, *Odissea*, libro XIX, trad. di R. Calzecchi Onesti, Einaudi

21 ma la cicatrice con i cenci coprì: ma nascose la cicatrice con gli abiti miseri e logori.

competenze alla prova

LEGGO E...

... COMPRENDO

1. **Quale compito svolge per Odisseo la serva Eurìclea?**
2. **Perché quando la vecchia nutrice comincia a preparare l'acqua Odisseo s'innervosisce?**
3. **Quando e in che modo Odisseo si è procurato la cicatrice al ginocchio?**

... RICAVO DAL TESTO

4. **Perché Odisseo chiede alla vecchia nutrice di non rivelare a nessuno la sua identità?**
5. **Quale reazione ha Eurìclea nel momento in cui riconosce il suo re?**
6. **Anche in questo episodio notiamo che gli dèi intervengono nella vicenda di Odisseo: in quale occasione?**

... ANALIZZO E INTERPRETO

7. **Nei vv. 487-490 Odisseo rivolge a Eurìclea parole dure e minacciose: qual è, secondo te, il suo scopo?**
   - ☐ Intimidire la serva per imporle il silenzio
   - ☐ Annunciarle che sta per ucciderla
   - ☐ Convincerla a denunciare i traditori
   - ☐ Riaffermare la propria autorità su quelli che vivono a corte
8. **Nella Grecia antica lavare i piedi a un mendicante straniero viene ritenuto una forma di ospitalità: quali gesti compie Eurìclea nel portare a termine questo compito?**
9. **Anche nella cultura cristiana si pratica un lavaggio dei piedi rituale: sai dire in quale occasione si svolge e qual è il suo significato?**

ORA SCRIVO IO

10. **Ad alcune delle sette parti in cui è stato suddiviso il brano manca il titolo. Completa inserendo i titoli mancanti.**
11. **Individua i versi in cui viene descritta la battuta di caccia di Odisseo e riscrivi la scena con parole tue.**

C'È STILE E STILE

12. **Nel brano sono presenti due personificazioni e una similitudine: individuale e trascrivile sul tuo quaderno.**

La prova dell'arco

A causa delle continue insistenze dei Proci, alla fine Penelope è costretta a cedere alle loro richieste: ispirata dalla dea Atena, proclama che sposerà il vincitore di una gara con l'arco, che consiste nel far passare una freccia attraverso gli anelli di dodici scuri poste in fila. Nessuno dei partecipanti, però, riesce neppure a tendere l'arco, nemmeno Telemaco, che si era cimentato nella speranza, in caso di vittoria, di liberare la madre dall'obbligo di prendere un nuovo marito. A quel punto Odisseo, presente a corte nelle vesti di un mendicante, chiede di partecipare alla prova, tra le proteste e le risa dei Proci. Ma Telemaco s'impone e ordina di consegnare all'ospite l'arco, che gli permetterà di ottenere la giusta vendetta.

Allora il porcaro[1] prese su l'arco e lo stava portando. E i Proci tutti gridavano insieme nella sala: e più d'uno diceva, di quei giovani prepotenti: «Dove lo porti, quell'arco, miserabile porcaro, o vagabondo? Ben presto, stai pur sicuro, accanto ai porci i cani ti mangeranno, e sarai là solo, lontano da tutti. Sì, proprio i cani che tu allevavi, se Apollo ci sarà propizio, e così anche gli altri dei immortali.» Così dicevano. Ed egli allora lo posò lì a terra per la paura, perché molti gridavano insieme nella sala. Ma Telemaco dall'altra parte alzava minaccioso la voce: «Pa'[2], porta avanti quell'arco! Non ti andrà bene ubbidire a tutti. Via, se non vuoi che ti cacci in campagna, anche se sono più giovane, a sassate. Di forza, lo sai bene, sono superiore a te. Oh, fossi superiore così per vigore di braccia a tutti i Proci che sono nella sala: allora subito, in malo modo, ne caccerei via qualcuno dalla nostra casa, poiché tramano azioni malvagie.» Così diceva. E i Proci tutti ridevano di gusto alle sue parole, e lasciarono cadere la fiera collera cedendo alla volontà di Telemaco. E allora il porcaro portava attraverso la sala l'arco e lo posò nelle mani di Odisseo. Poi Eumeo chiamò fuori la nutrice Euriclea[3], le diceva: «Telemaco ti ordina, Euriclea, di chiudere a chiave la porta della stanza. E se qualcuna delle ancelle sente lamenti o rumori in casa, nel nostro recinto di uomini[4], non esca fuori, ma stia là dentro in silenzio al lavoro.» Così disse: e lei non ribatté, non le uscì di bocca parola. Chiuse la porta della stanza. In silenzio Filezio andò svelto fuori della sala e serrò il portone della corte. C'era là sotto il portico una fune da nave, fatta di papiro: e con questa appunto legò la porta e tornava dentro. Andava a sedere, il bovaro, sullo scanno[5] di dove s'era prima alzato, e guardava Odisseo. Questi già maneggiava il suo arco: lo girava e rigirava, lo provava di qua e di là nel timore che i tarli[6] avessero roso il corno mentre era lontano. E qualcuno diceva volgendo lo sguardo al vicino: «Certo è un intenditore, lo si vede bene, un esperto di archi: o ne ha di uguali anche lui a casa, o pensa di farsene uno così. Guarda come se lo rigira fra le mani, di qua e di là, quel vagabondo! È capace di tutto.» E un altro diceva, di quei giovani prepotenti: «Oh, gli auguro tanta fortuna a costui! Proprio come gli può riuscire di tendere qui l'arco.» Così dice-

1 porcaro: Eumeo, il guardiano dei porci di Odisseo a lui fedele.

2 Pa': abbreviazione di "padre", espressione che Telemaco utilizza come segno di affetto verso Eumeo.

3 la nutrice Euriclea: Euriclea era la nutrice di Odisseo, che lo aveva riconosciuto quando gli aveva lavato i piedi per via di un'antica cicatrice causata dalla ferita di un cinghiale (vedi pag. 179).

4 nel nostro recinto di uomini: espressione poetica che significa "nel gruppo di noi uomini".

5 scanno: sedile di legno.

6 tarli: insetti che si nutrono della polpa del legno.

vano i Proci. E Odisseo, dopo che ebbe tastato e riguardato il grande arco da ogni parte – come quando un uomo esperto di cetra e di canto facilmente tende la corda intorno alla chiavetta[7] nuova, fermando da un lato e dall'altro il budello di pecora, ben ritorto – così appunto Odisseo tese senza fatica il grande arco. Con la mano destra prendeva la corda: la tentò. Ed essa cantò bene, parve uno strido di rondine. I Proci allora ebbero grande dolore e sbiancarono tutti in volto. E Zeus tuonò forte, mostrando un segno di augurio. Gioiva in cuore l'eroe, il divino paziente[8] Odisseo, che gli avesse mandato un prodigio, il figlio di Crono, del dio dai tortuosi pensieri[9]. Prese la freccia che gli stava vicino, nuda, sulla mensa: le altre erano dentro, nel cavo della faretra. E ben presto gli Achei[10] le dovevano assaggiare! La prendeva e posava sul gomito dell'arco: tirava la corda e la cocca di lì, dal suo scanno, stando seduto. Lanciò la freccia mirando diritto. Di tutte le scuri, non sbagliò l'anello del manico: da parte a parte andò fuori la freccia di pesante bronzo. Ed egli disse a Telemaco: «Telemaco, non ti reca vergogna questo straniero che siede nella tua casa. Non sbagliai la mira, né faticai a lungo a tendere l'arco. Ho ancora salda la mia forza. Non sono come i Proci insultandomi mi rimproverano. E ora è tempo che si prepari agli Achei una cena in piena luce, e che ci si diverta in altri modi con musica e cetra: esse sono ornamento del banchetto.» Disse e con le ciglia fece un cenno. Ed egli cinse la spada acuta, Telemaco, il caro figlio del grande Odisseo, e impugnò la lancia. E accanto a lui si piantò presso a un alto seggio. Era armato di bronzo scintillante.

da Omero, *Odissea*, libro XXI, trad. di G. Tonna, Garzanti

7 chiavetta: parte degli strumenti a corda che serve a regolare la tensione di ciascuna corda e ad armonizzare il suono.

8 divino paziente: epiteti tipici di Odisseo: il primo termine indica l'eccezionalità, la grandezza del personaggio, il secondo la sua capacità di sopportazione delle disavventure affrontate.

9 dai tortuosi pensieri: dai pensieri non lineari, cioè difficili da comprendere (per i mortali).

10 gli Achei: i Greci.

scheda

L'ospitalità nel mondo greco

Il mondo greco considera i visitatori che chiedono ospitalità come figure sacre, tutelate da Zeus che nell'*Odissea* viene definito "protettore dei supplici": chi non accoglie adeguatamente un forestiero non solo si comporta in modo incivile ma commette un sacrilegio, perché dietro ogni viaggiatore può celarsi un dio che ha assunto l'aspetto di un uomo.

L'ospitalità è regolamentata da leggi non scritte il cui elemento principale è il *dono ospitale*, un regalo che viene offerto allo straniero quando riparte e il cui valore è proporzionale alla ricchezza di chi lo ha accolto.

Il dono crea tra gli ospiti un legame che si trasmette da una generazione all'altra, tanto che nell'*Iliade* il troiano Glauco e il greco Diomede smettono di combattere appena scoprono che i loro nonni sono stati legati da un antico rapporto di ospitalità.

Oltre al dono, colui che accoglie deve offrire all'ospite cibo, bevande, possibilità di lavarsi, vesti pulite e ricovero per la notte; da parte sua chi viene ospitato è tenuto a restituire ospitalità e doni a tutti i membri della famiglia, qualora essi giungano nella sua terra, e deve comportarsi in modo discreto e rispettoso: la competenze alla prova

LEGGO E...

... COMPRENDO

1. Chi porta l'arco a Odisseo?
   - ☐ Telemaco
   - ☒ Eumeo
   - ☐ Penelope
   - ☐ Filezio
2. Perché i Proci protestano, quando viene consegnato l'arco a Odisseo?
3. Che compito ha Euriclea?
4. Che cosa fa subito Odisseo, non appena ha in mano il suo arco?

... RICAVO DAL TESTO

5. Perché i Proci ridono di gusto, dopo che Telemaco ha parlato?
6. Di che materiale è l'arco di Odisseo?
7. Chi è il figlio di Crono, per il cui prodigio Odisseo si rallegra?

... ANALIZZO E INTERPRETO

8. Quale stato d'animo provano i Proci, quando vedono il modo con cui Odisseo maneggia l'arco?

ORA SCRIVO IO

9. Mentre avviene la gara con l'arco, Penelope è nelle sue stanze e, non sapendo ancora che Odisseo è arrivato, pensa che ormai dovrà andare in sposa a un altro uomo e cambiare vita. Immagina i suoi pensieri, il suo stato d'animo, le sue emozioni.

12 righi

C'È STILE E STILE

10. Per descrivere il comportamento di Odisseo quando prova l'arco, è usata un'efficace similitudine con una particolare arte. Quale? Sottolinea il passo nel testo.
11. Quando Odisseo tende la corda per la prima volta, per indicarne il rumore è usata un'altra similitudine. Rintracciala e sottolineala nel testo.

FILOFILE

12. Traccia un breve profilo di Penelope, spiegando la famiglia di origine e le sue parentele: utilizza Internet se vuoi e componi un breve testo di circa 500 battute.

guerra di Troia è provocata dalla violazione di queste regole da parte di Paride che, pur essendo ospite del re di Sparta Menelao, rapisce sua moglie Elena e gli sottrae ingenti ricchezze.
Nel corso del suo viaggio di ritorno verso Itaca, più volte Odisseo si trova nella condizione di dover richiedere ospitalità, che gli viene quasi sempre concessa insieme a doni di vario genere: fanno eccezione il Ciclope Polifemo e il capo dei Proci Antìnoo, che tratta con disprezzo il mendicante-Odisseo e per questo viene rimproverato dai compagni.

Viandante, bassorilievo.

Le incertezze di Penelope

Dopo essere riuscito, unico tra tutti i contendenti, a far passare una freccia attraverso l'anello di dodici scuri, Odisseo rivela ai presenti la sua identità e con l'aiuto del figlio Telemaco e dei fidi Eumeo e Filezio passa alla vendetta, uccidendo i Proci.
Subito la nutrice Eurìclea corre ad avvisare Penelope dell'accaduto, annunciandole il ritorno dello sposo, ma la donna, le cui speranze sono state troppe volte deluse, non vuole credere alle sue parole e decide di mettere alla prova lo straniero affrontando un argomento che solo il vero Odisseo può conoscere. Quando l'uomo le dà la risposta giusta, Penelope si convince finalmente di essere di fronte al marito e manifesta i suoi veri sentimenti, abbandonandosi tra le sue braccia.
Nel poema Penelope incarna le migliori qualità della donna greca: la pazienza, la fedeltà, l'onestà, a cui ella aggiunge la prudenza e l'astuzia, doti per le quali assomiglia molto al marito.

Così parlava[1] e scendeva dalle stanze di sopra. Dentro il suo cuore a lungo incerta meditava se dovesse interrogare suo marito in disparte, o andargli vicino e prendergli la testa e le mani, e baciarle. Ma quando entrò nella sala varcando la soglia di pietra, si metteva a sedere di fronte a Odisseo al chiarore del fuoco, dall'altra parte: lui stava seduto ad un'alta colonna[2] e guardava a terra attendendo che gli dicesse una parola, la forte sposa, a vederlo.

Ella sedeva in silenzio lungamente: stupore la invadeva. Con lo sguardo ora lo mirava[3] fissa in volto e le pareva di ravvisarlo[4], ora non lo riconosceva più con quelle misere vesti addosso.

E Telemaco aspramente la rimproverò: le si rivolgeva e disse:

«Madre mia, madre snaturata, un animo insensibile tu hai. Perché ti tieni così lontana da mio padre e non ti metti a sedere lì accanto a lui, e non lo interroghi con le tue parole, e domandi? Un'altra donna non starebbe lontano con animo tanto ostinato da suo marito, che soffrendo molte sciagure le giungesse dopo vent'anni in patria. Ma il tuo cuore è più duro di un sasso, sempre».

E a lui rispose la savia Penelope: «Figlio mio, l'animo mi rimane pieno di stupore, e non ho la forza di dire una parola né di domandare né di guardarlo in viso di fronte. Ma se davvero è Odisseo ed è giunto a casa, certo noi due ci riconosceremo ben presto l'un l'altro anche meglio. Abbiamo segni che sappiamo noi e son segreti agli altri».

1 parlava: il soggetto è Penelope che ha appena parlato a Eurìclea.
2 ad un'alta colonna: vicino a un'alta colonna.
3 mirava: guardava.
4 ravvisarlo: riconoscerlo.

Ulisse, travestito da mendicante, si presenta a Penelope; rilievo in terracotta proveniente da Milo, 450 a.C. circa (Parigi, Museo del Louvre).

Frattanto, per evitare che i parenti dei Proci uccisi giungano al palazzo in cerca di vendetta, Odisseo ordina all'aèdo Femio di cantare in modo da far pensare a tutti che alla reggia si sta svolgendo una festa di nozze. Subito dopo si fa lavare per cancellare le tracce di sangue e di stanchezza.

Intanto Odisseo magnanimo nella sua casa lo lavò Eurinome la dispensiera e lo unse di olio, e gli mise indosso una tunica e un bel mantello. E sulla testa gli diffuse molta bellezza Atena. Lo rese più alto e più robusto da vedere, e gli mandò giù dal capo le chiome ricciute. Uscì dal bagno simile nell'aspetto agli dèi immortali.
Sedeva ancora nel suo seggio di dove si era prima alzato, proprio di fronte alla sua sposa, e le rivolse la parola: «Cara, a te, certo, più che a tutte le altre donne, diedero un cuore duro gli dèi che hanno le case sull'Olimpo. Un'altra donna non starebbe lontano con animo tanto ostinato da suo marito, che soffrendo molte sciagure le giungesse dopo vent'anni in patria. Ma via, mamma[5], preparami un letto! Voglio dormire anche da solo. Costei, si vede, ha proprio un cuore di ferro».
E a lui rispose la savia Penelope: «Caro, non faccio, credi, la superba e non ti disprezzo né mi stupisco troppo: lo so bene com'eri quando andavi via da Itaca sopra la nave. Su, Eurìclea, preparagli un buon letto fuori della stanza nuziale: il letto, voglio dire, che fece lui. Glielа collocate là fuori, la lettiera, e vi stendete sopra il saccone[6] e velli[7] e coperte e splendidi tappeti colorati».
Così parlava mettendo alla prova il marito. E Odisseo si rattristò e diceva alla sposa buona e fedele: «Donna, ben dolorosa è questa parola che dicesti. E chi mi collocò il letto da un'altra parte? Sarebbe difficile, penso, anche per uno molto esperto, a meno che non venga un dio in persona a metterlo con facilità in un altro posto, se vuole. Ma nessun uomo vivo di questo mondo, neppure se molto giovane e forte, lo può smuovere agevolmente con leve, perché c'è un grande segreto nel letto lì, ben lavorato. Lo feci io, non un altro. Ricordo bene: cresceva dentro il cortile una macchia[8] d'ulivo dall'ampio fogliame. Era un ulivo in pieno rigoglio, fiorente: aveva un tronco massiccio come una colonna. E appunto intorno a questo tronco ci misi la stanza nuziale e la costruivo con un solido muro di pietra finché l'ebbi finita: e poi la ricoprii bene di tetto al di sopra, e ci posi le porte fornite di cardini, saldamente chiuse. Ma non so, o donna, se ancora è saldo il mio letto o se ormai qualche uomo lo collocò altrove, tagliando al di sotto il ceppo[9] di ulivo».
Così parlava. E a lei si sciolsero le ginocchia[10], venne meno il cuore, al riconoscere i segni che con tanta esattezza Odisseo le aveva indicato. Scoppiò in lacrime allora, gli corse incontro, gli gettava, al suo Odisseo, le braccia al collo, gli baciò la testa e diceva:
«Odisseo, non adirarti con me, non sdegnarti se subito, appena ti vidi, non ti accolsi con affetto, così. Sempre, credi, il cuore mi tremava dalla paura che venisse qualcuno ad ingannarmi con le sue chiacchiere: molti, lo sai bene, meditano malvagie trame. Ma adesso giac-

5 mamma: Odisseo si rivolge alla nutrice Eurìclea.

6 saccone: sacco imbottito di foglie utilizzato come materasso.

7 velli: pelli di animali.

8 una macchia: una pianta.

9 ceppo: tronco.

10 si sciolsero le ginocchia: si emozionò.

ché ormai dicesti chiaramente il segreto del nostro letto, segreto che nessun altro mortale aveva veduto, ma solo tu ed io, ed un'unica ancella che vegliava alle porte della nostra solida stanza nuziale, adesso persuadi sì il mio cuore, se pur è molto insensibile[11]».
Così diceva, e piangeva l'eroe tenendo tra le braccia la sposa cara, buona e fedele.

rid. e adatt. da Omero, *Odissea*, a cura di G. Tonna, libro XXIII, Garzanti

11 adesso persuadi sì il mio cuore, se pur è molto insensibile: adesso hai finalmente convinto il mio cuore che è molto ostinato.

F. Primaticcio, *Ulisse e Penelope*, 1563 circa (Toledo, Museum of Art).

competenze alla prova

LEGGO E...

... COMPRENDO

1. **Perché Telemaco rimprovera la madre?**
2. **Che cosa ribatte Penelope al figlio, per giustificare il proprio atteggiamento?**
3. **A quale prova Penelope sottopone Odisseo per essere sicura della sua identità?**
4. **Perché il letto di Odisseo e Penelope non può essere trasportato fuori dalla camera in cui si trova?**
5. **Perché, riferendosi al letto nuziale, Penelope utilizza più volte il termine *segreto*?**

... RICAVO DAL TESTO

6. **Con quali stati d'animo Penelope entra nella sala della reggia?**
7. **In che modo la dea Atena interviene sull'aspetto fisico di Odisseo? Qual è, secondo te, il suo obiettivo?**
8. **Che tono hanno le prime parole che Odisseo rivolge alla sua sposa?**
   - ☐ Di preoccupazione
   - ☐ Di dubbio
   - ☐ Di gioia
   - ☐ Di rimprovero

... ANALIZZO E INTERPRETO

9. **Prova a disegnare il letto costruito da Odisseo, poi spiega quale delle virtù elencate potrebbe meglio simboleggiare, motivando la tua risposta.**
   - ☐ Abilità manuale
   - ☐ Amore per la natura
   - ☐ Solidità del matrimonio
   - ☐ Attenzione al risparmio

(10) Nell'incontro con Odisseo, in Penelope si alternano diversi stati d'animo e atteggiamenti. Indica in che ordine si presentano e sottolinea nel testo i passi che ti hanno aiutato a rispondere.

- ☐ Commozione
- ☐ Stupore
- ☐ Razionalità
- ☐ Dubbio

(11) Nella parte conclusiva del brano, Odisseo piange tenendo tra le braccia la sposa. Secondo te, quale significato ha questo pianto?

... ORA SCRIVO IO

(12) Il comportamento di Penelope nella difficile situazione in cui si trova viene diversamente interpretato dagli altri personaggi. Osserva le parole evidenziate nel testo: quali di esse esprimono il giudizio dell'autore su di lei, quali quello di Telemaco, quali quello di Odisseo?

- Giudizio dell'autore ➲ ....
- Giudizio di Telemaco ➲ ....
- Giudizio di Odisseo ➲ ....

(13) Quale di questi giudizi, secondo te, si avvicina di più alla vera natura di Penelope? Perché? Scrivi la tua opinione.

FILOFILE

(14) Dopo questo suo felice ritorno a casa, un altro destino attende Odisseo, come gli ha predetto l'indovino Tiresia nell'XI canto dell'*Odissea*. Con l'aiuto di Internet se necessario, documentati e spiega, in un breve testo di non più di cento battute, di che cosa si tratta.

Verifica delle abilità

Odisseo e il bestiame del dio Sole

Odisseo è alla corte dei Feaci e sta raccontando al re Alcinoo e ai suoi ospiti le terribili e al tempo stesso affascinanti avventure che ha affrontato nel viaggio di ritorno da Troia, nel corso di ben dieci anni. Nel passo qui proposto, l'eroe rievoca in particolare uno dei momenti decisivi del viaggio, quando i suoi compagni, disobbedendo alle sue indicazioni, non hanno rispettato il sacro bestiame del dio Sole e hanno attirato su di loro la vendetta del dio, che li porterà tutti, tranne Odisseo, alla morte.

Sfuggiti a Scilla e Cariddi[1] arriviamo alla meravigliosa isola del Sole. Già dal mare sento il muggito delle vacche e il belare delle pecore e mi ricordo dei moniti[2] di Tiresia e di Circe. Questo è un luogo da evitare se non vogliamo incorrere in qualche sciagura. Avverto i compagni del pericolo e ordino di superare velocemente l'isola. Essi non accolgono con animo lieto le mie parole ed Euriloco interviene in maniera odiosa. Mi accusa di crudeltà, dice che io sono forte, fatto di ferro e non mi rendo conto che i marinai sono sfiniti, hanno bisogno di riposo. La notte è piena di pericoli, possono infuriare all'improvviso i venti e sconquassare la nave, anche contro il volere degli dei. Egli consiglia di sbarcare sull'isola, di preparare la cena e aspettare l'alba prima di spingere di nuovo la nave al largo. Mi accorgo che c'è lo zampino di un dio maligno nelle sue parole, che purtroppo ottengono subito l'approvazione dei compagni. Sono forzato a sottostare alla volontà di Euriloco, perché mi hanno messo in minoranza. Però faccio una raccomandazione che riguarda le mandrie e il gregge del Sole: devono promettermi di non uccidere né vacche né pecore. Circe li ha riforniti di ogni ben di Dio, sfruttino quelle provviste. Fanno solenni giuramenti. Ancoriamo la nave nella parte più interna e riparata di un porto, vicino a un'acqua dolce. I compagni preparano la cena e, dopo aver mangiato e bevuto, sono presi da una gran voglia di pianto al pensiero dei marinai divorati da Scilla. E il sonno li sorprende con il volto bagnato di lacrime.
Durante la notte, quando già le stelle stanno declinando[3], Giove scatena Noto e nuvoloni neri coprono terra e cielo. Con la prima luce dell'alba mettiamo la nave al riparo in una grotta profonda, dove le ninfe vivono e danzano. Riunisco i miei uomini e di nuovo li diffido dal[4] toccare il bestiame del Sole, il quale dall'alto tutto vede e sente. Li convinco perché abbiamo ancora cibo e bevande, ma per un mese intero soffiano furiosi, senza tregua, i venti. Quando

1 **Scilla e Cariddi**: due mostri situati sui due lati dello Stretto di Messina (vedi pag. 157).

2 **moniti**: avvertimenti.

3 **declinando**: calando.

4 **li diffido dal**: li ammonisco a non.

le scorte sono finite, i compagni, spinti dalla fame, vanno a caccia e cercano di prendere tutto ciò che capita loro fra le mani, uccelli o pesci.
Io mi rifugio in un posto tranquillo, lontano dalla riva, per pregare gli dei, con la speranza che uno di loro mi offra la soluzione per riprendere il mare, a discapito dei venti. Gli occhi mi si chiudono e cedo a un dolce sonno.
Nel frattempo Euriloco spinge i compagni a impadronirsi delle vacche del Sole. Non c'è morte più brutta della morte per fame, e nell'isola hanno la possibilità di saziarsi con il bestiame del dio. Per tenerselo buono faranno un primo sacrificio, e, più tardi, in patria, gli costruiranno un tempio e gli offriranno splendidi doni. Se invece il Sole si dovesse adirare per la cattura delle vacche e gli dei si alleassero con lui per distruggere la nave, è in ogni caso preferibile morire d'un colpo, sopraffatti dalle onde, piuttosto che languire per tanto tempo in un luogo deserto.
I compagni non se lo fanno dire due volte e catturano le vacche più belle che pascolano nei pressi della nave. Invocano gli dei, raccolgono tenere foglie di quercia e scannano e scuoiano le bestie. Arrostiscono le viscere e, non avendo più vino, fanno le libagioni con l'acqua. Riempiono gli spiedi con grandi pezzi di carne.
Intanto io mi risveglio e mi incammino verso la spiaggia. Man mano che mi avvicino sento buon odore d'arrosto e allora impreco, con il pianto in gola, contro gli dei che mi hanno fatto dormire mentre i compagni compivano un tremendo delitto.
Lampezia, figlia del Sole, avverte il padre dell'uccisione delle mucche e questi, furibondo, chiede ai numi di punire i compagni di Ulisse. Hanno fatto a pezzi le vacche che lo rendevano felice quando saliva nel cielo stellato e quando discendeva a terra. Se non verrà fatta giustizia ha intenzione di inabissarsi nell'Ade e di offrire la sua luce ai defunti.
Giove lo tranquillizza, vuole che continui a splendere per immortali e mortali. Ci penserà lui con il suo fulmine a mandare in pezzi la nave di Ulisse, solo sfiorandola.

Di questi avvenimenti Calispo era stata informata da Ermete e me li aveva preannunciati.
Giunto sulla spiaggia, rimprovero aspramente i miei uomini ma ormai le vacche sono state uccise e non c'è più rimedio. All'improvviso si compiono strano prodigi: le pelli si agitano, muggiscono le carni sullo spiedo, cotte e crude; si ode il verso delle mucche.

da *Vincenzo Cerami racconta l'Odissea*, Einaudi Scuola

Leggi con attenzione il brano, poi rispondi alle domande.

totale punti: 26 **sufficienza punti: 15**

1 **Dopo aver affrontati quali altri pericoli, Odisseo e i suoi arrivano all'isola del Sole?** (1 punto)

....

2 **Che cosa avevano detto Tiresia e Circe a Odisseo riguardo all'isola del Sole?** (2 punti)

....

3 **Come reagiscono i compagni quando Odisseo spiega che cosa devono fare?** (2 punti)

- ☐ Dimostrano gioia
- ☐ Dimostrano indifferenza
- ☐ Dimostrano fastidio
- ☐ Dimostrano freddezza

4 **Quale dei compagni appare particolarmente ostile a Odisseo nelle sue parole?** (1 punto)

....

5 **Che cosa vuol dire che Odisseo è "*fatto di ferro*"?** (2 punti)

- ☐ Che ha un fisico robusto
- ☐ Che ha una forte corazza
- ☐ Che ha il cuore duro
- ☐ Che ha buona salute

6 **Quando Euriloco propone di sbarcare a terra, Odisseo pensa:** (2 punti)

- ☐ che ci sia un dio dietro alla decisione dei suoi compagni
- ☐ che i suoi compagni non tengano conto della decisione degli dèi
- ☐ che i suoi compagni diano la colpa dell'accaduto agli dèi
- ☐ che un dio non si preoccupi abbastanza della loro sorte

7 **Quando Odisseo deve accettare la decisione dei compagni, che cosa chiede almeno?** (fino a 2 punti)

....

....

8 **L'espressione "*e il sonno li sorprende*" significa:** (2 punti)

- ☐ che il sonno arriva all'improvviso
- ☐ che il sonno è più profondo del solito
- ☐ che il sonno tarda ad arrivare
- ☐ che mentre dormono fanno sogni sorprendenti

9 **Quale situazione negativa spinge i compagni di Odisseo a mangiare il bestiame del dio Sole?** (fino a 3 punti)

....

....

....

10 **Il passo che va da "*Non c'è morte più brutta della morte per fame*" a "*piuttosto che languire per tanto tempo in un luogo deserto*" corrisponde al pensiero:** (fino a 3 punti)

- ☐ del dio
- ☐ di Odisseo
- ☐ di Euriloco
- ☐ del poeta che sta narrando

11 **Mentre i compagni mangiano il bestiame del dio Sole, Odisseo:** (1 punto)

- ☐ sta cacciando
- ☐ sta pescando
- ☐ sta di guardia
- ☐ sta dormendo

12 **Mentre si avvicina, Odisseo dice "*impreco, con il pianto in gola*". Questa espressione significa:** (2 punti)

- ☐ che è furioso e triste al tempo stesso
- ☐ che è molto triste, ma non furioso
- ☐ che è molto furioso, ma non vuole farlo vedere
- ☐ che trattiene a stento l'ira, anche se ha voglia di punire i compagni

13 **Chi avvisa il dio Sole dell'accaduto?** (1 punto)

....

14 **Chi si incarica di punire i colpevoli?** (1 punto)

- ☐ Lampezia
- ☐ Il dio Sole
- ☐ Giove
- ☐ Poseidone

15 **Dopo l'uccisione degli animali, quale dei seguenti prodigi non si verifica?** (1 punto)

- ☐ La nave si spezza per un fulmine
- ☐ Le pelli si agitano
- ☐ Muggiscono le carni sulle spiedo
- ☐ Si ode il verso delle mucche

l'epica latina: l'Eneide

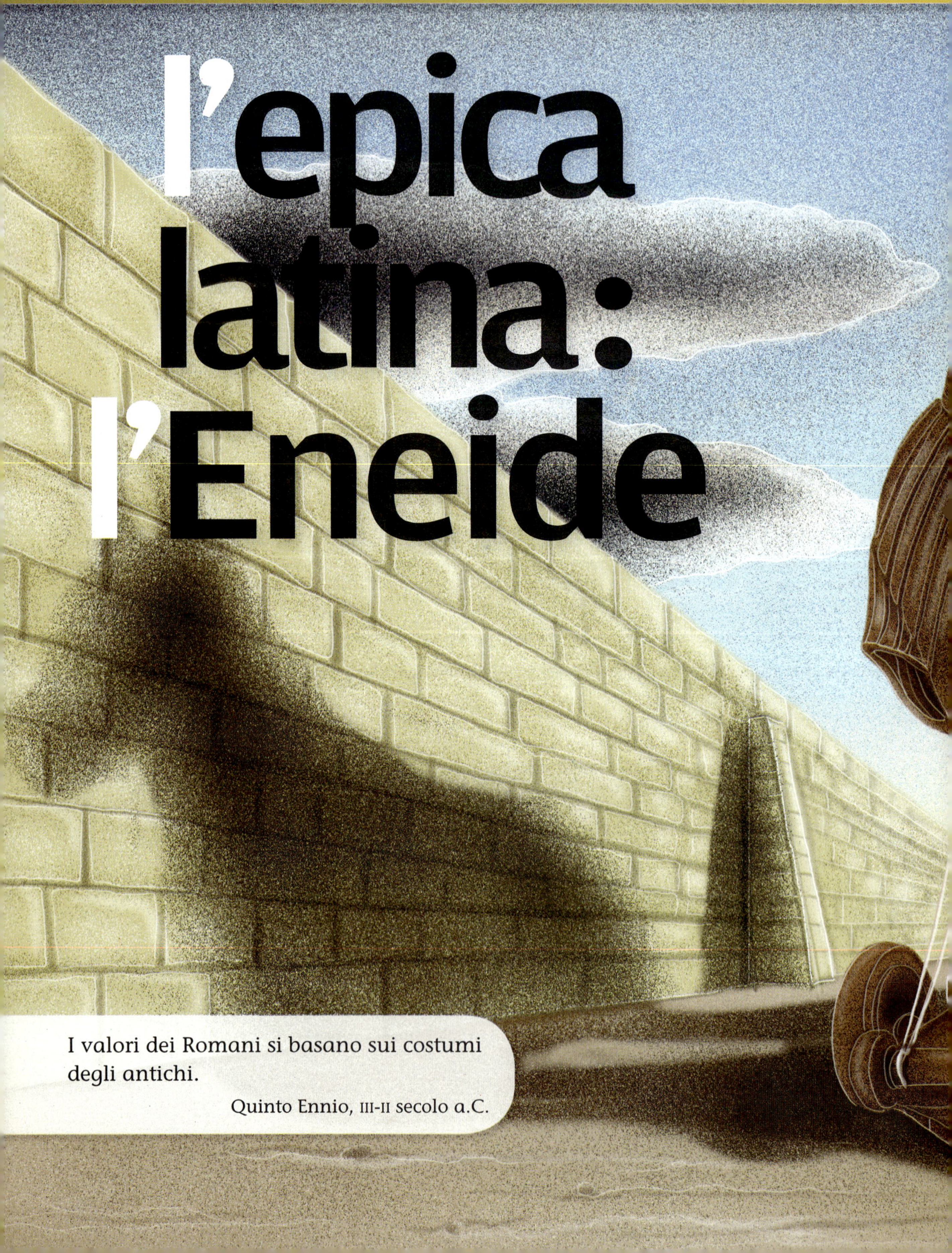

I valori dei Romani si basano sui costumi degli antichi.

Quinto Ennio, III-II secolo a.C.

Così come ogni individuo prova il desiderio di conoscere le proprie radici familiari, che costituiscono la fonte della sua storia personale, anche i popoli manifestano spesso un bisogno analogo al quale danno risposta elaborando la storia delle origini della propria civiltà.

Molto spesso l'iniziativa di dare la forma di un racconto lineare a una serie molto intricata di miti e leggende viene presa da un'autorità politica: è il caso dell'*Eneide*, che nasce quando il principe Ottaviano Augusto incarica il poeta mantovano Virgilio di comporre un poema sulle origini di Roma.

Nella sua opera, Virgilio collega la nascita di Roma alle vicende di Enea, l'eroe troiano figlio della dea Venere, e in questo modo nobilita le origini del popolo romano, assicurando fama e immortalità a tutti i personaggi che hanno contribuito alla formazione della potenza romana, ivi compreso il principe Augusto che ha commissionato il poema.

L'Eneide

Le caratteristiche dell'epica latina

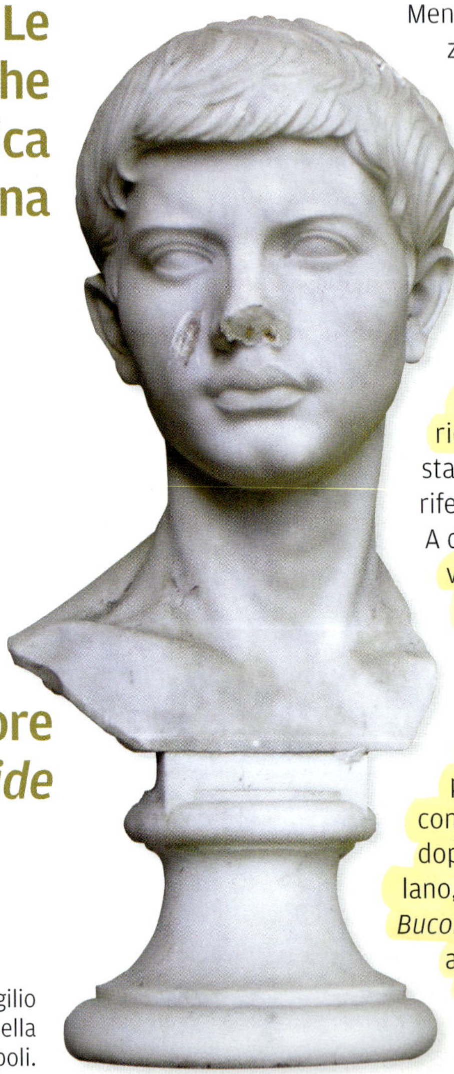

Busto di Publio Virgilio Marone, all'ingresso della sua tomba a Napoli.

Mentre i poemi omerici affondano le radici nella tradizione orale (vedi pag. 112), raccontando vicende in larga parte note al pubblico allo scopo di divulgare informazioni e conoscenze e presentare modelli condivisi di comportamento attraverso le vicende di personaggi leggendari, l'epica latina nasce in un contesto culturale in cui la scrittura è molto diffusa e chi compone versi sa che essi verranno letti e non soltanto recitati. Il più grande poema epico in lingua latina è l'**Eneide**, un'opera composta nel I secolo a.C. dal poeta **Virgilio** e basata sulle avventurose vicende del guerriero troiano Enea. La fortuna di questo poema è stata tale che, parlando di epica latina, di fatto ci si riferisce sempre al poema virgiliano.

A differenza di Omero, Virgilio è una figura reale la cui vita si intreccia costantemente con la storia del suo tempo di cui egli è protagonista, oltre che attento osservatore.

L'autore dell'*Eneide*

Publio Virgilio Marone nasce ad *Andes*, nei pressi di Mantova, nel 70 a.C. da una famiglia di piccoli proprietari terrieri. Grazie alla sua agiata condizione economica riceve una buona istruzione e dopo aver compiuto i primi studi a Cremona e a Milano, si reca a Roma. Tra il 42 e il 39 a.C. compone le *Bucoliche* o *Egloghe*, dieci poemetti di ambientazione agreste e pastorale che vengono molto apprezzati e gli permettono di entrare nel circolo culturale del potente *Gaio Mecenate*, che raccoglie intorno a sé i migliori letterati del tempo.

Il contesto storico e le finalità dell'opera

Al termine delle guerre civili che hanno dilaniato lo Stato romano per oltre cinquant'anni, prende il potere Cesare Ottaviano che assume il titolo di **Augusto** e si presenta come un pacificatore, esprimendo la volontà di restaurare i valori tradizionali che hanno reso Roma grande e potente.

Per coinvolgere gli intellettuali in questo ambizioso progetto, l'amico e sostenitore di Ottaviano **Gaio Mecenate** crea un circolo culturale al quale partecipano i più valenti letterati dell'epoca.

Tra essi c'è Virgilio, al quale Ottaviano stesso chiede di scrivere un'opera che legittimi il suo potere e celebri la grandezza di Roma.

A differenza dei poemi omerici, l'*Eneide* non ha più la finalità di istruire ed educare chi ascolta, ma ha soprattutto lo scopo di celebrare le personalità e gli eventi storici che hanno contribuito a rendere Roma una grande potenza. Il poema nasce dunque

con un'esplicita **finalità celebrativa**: Virgilio fa risalire le origini della civiltà romana all'eroe troiano Enea, figlio della dea Venere e del troiano Anchise. Dal figlio di Enea, Ascanio o Iulo, avrà origine la *gens Iulia* cui appartiene Augusto: l'imperatore viene dunque presentato come l'uomo che ha portato a compimento il disegno del Fato al quale molti secoli prima Enea aveva obbedito.

Cammeo d'onice, risalente al 10-20 d.C., raffigurante la glorificazione di Augusto, incoronato con l'alloro, simbolo del potere universale (Vienna, Kunsthistorisches Museum).

Enea e i valori del cittadino romano

Anche il personaggio di Enea, mitico protagonista del poema, nasce dalla necessità di **consolidare i valori morali** del popolo romano.
L'epiteto con cui il poeta definisce Enea è *pius* (pio), cioè dotato di *pietas*, termine che indica allo stesso tempo il senso del dovere, la devozione verso gli dèi, il rispetto della famiglia e delle leggi che regolano i rapporti umani e, soprattutto, la capacità di anteporre il bene collettivo a quello personale. Ogni scelta di Enea è determinata dalla sua sottomissione alla volontà del Fato di cui egli intende realizzare i disegni portando a termine la missione affidatagli, e per questo motivo l'eroe troiano diviene il simbolo dei più alti valori della civiltà latina.

La fortuna dell'opera

Poiché non è riuscito a terminare la revisione dell'*Eneide*, prima di morire, Virgilio ordina ai suoi esecutori testamentari di distruggere il poema, ma è proprio Ottaviano Augusto a opporsi, assegnando a Vario, un amico del poeta, il compito di curarne la pubblicazione che viene accolta con molto entusiasmo.
Il successo dell'opera cresce con il passare degli anni, ma è soprattutto durante il Medioevo che l'*Eneide* conosce una straordinaria fortuna: importanti scrittori cristiani come san Girolamo e sant'Agostino considerano Virgilio, vissuto in età pagana, come un anticipatore delle nuove esigenze religiose e, addirittura, come un **profeta della venuta di Gesù Cristo** poiché nel libro IV delle *Egloghe* ha parlato dell'imminente nascita di un "bambino divino" che darà inizio a una nuova era di pace.
Nel XIII secolo lo scrittore fiorentino Dante Alighieri giudica l'*Eneide* come il più alto modello di stile e di perfezione formale e trae spunto dal viaggio di Enea negli Inferi per raccontare il suo percorso attraverso i tre regni dell'aldilà descritto nella *Divina Commedia*, scegliendo proprio Virgilio come guida morale nel suo difficile cammino.
Nel corso dei secoli l'ammirazione per l'opera di Virgilio dà origine anche a numerose traduzioni, la più celebre delle quali è quella curata da *Annibal Caro* nel Cinquecento.
Anche in tempi più recenti l'*Eneide* è stata oggetto di studio e sono molte le versioni dell'opera realizzate nel corso del Novecento: i brani proposti in questa unità sono frutto di traduzioni diverse che colgono vari aspetti della grande ricchezza espressiva di questo poema.

Dante e Virgilio, miniatura fiorentina, seconda metà del XIV secolo (Parigi, Biblioteca Nazionale).

L'EPICA LATINA: L'ENEIDE

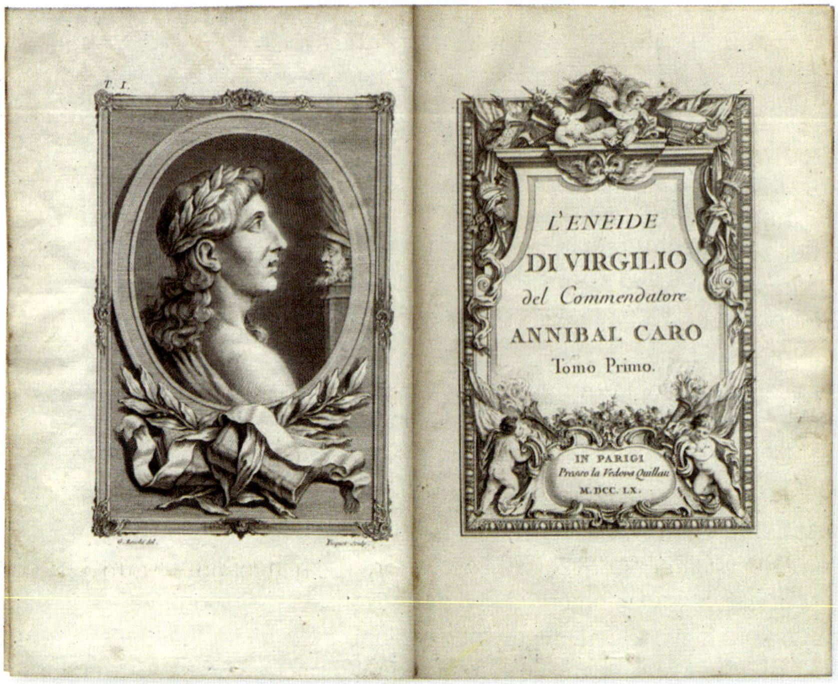

Versione a stampa del 1760 dell'*Eneide* tradotta da Annibal Caro (Vicenza, Biblioteca Bertoliana).

Le caratteristiche del poema

L'*Eneide* è un poema epico in dodici libri – la metà di quelli che compongono l'*Iliade* e l'*Odissea* –, ciascuno dei quali è costituito da ventiquattro canti in versi esametri. L'opera racconta il lungo viaggio affrontato da Enea, dal momento in cui abbandona Troia in fiamme diretto verso l'Italia fino a quello in cui, giunto in Lazio, uccide il capo dei Rutuli Turno.

Può essere suddivisa in due parti. La prima, che va dal libro I al libro V, ha come tema principale il **racconto delle peripezie** del protagonista, mentre la seconda, che comprende i libri VII-XII, descrive la **guerra** che i Troiani combattono contro le popolazioni italiche ostili; funge da raccordo tra i due nuclei il libro VI, nel quale l'eroe scopre le conseguenze future della sua missione compiendo un **viaggio nell'aldilà**.

Analogie e differenze con i poemi omerici

L'*Eneide* presenta diversi **aspetti di continuità narrativa** con i poemi omerici, il primo dei quali è costituito dalla figura del protagonista: nell'*Iliade*, infatti, Enea è uno dei prìncipi che difendono la città di Troia.

Inoltre, i poemi di Virgilio e di Omero hanno in comune diversi **temi**: le peregrinazioni di Enea nel Mediterraneo richiamano i viaggi di Odisseo, mentre gli scontri, le battaglie e i duelli descritti nella seconda parte dell'*Eneide* si ispirano alla società guerriera presentata nell'*Iliade*.

In realtà, dal punto di vista psicologico il personaggio di Enea è piuttosto distante dai protagonisti dell'*Iliade* e dell'*Odissea*, mentre i temi del viaggio e della guerra vengono sviluppati da Virgilio in modo nuovo: a differenza di quanto accade a Odisseo e ad Achille, infatti, Enea affronta un viaggio interminabile e una guerra lunga e sanguinosa spinto non dal desiderio di conoscenza o dalla sete di gloria e di bottino, ma soprattutto dal forte **senso del dovere** che gli fa accettare ogni decisione del Fato, anche quando ciò comporta dolori e lutti.

Lo stile

Le vicende narrate nell'*Eneide* non sono esposte in ordine cronologico ma cominciano nel momento in cui la tempesta scatenata da Eolo scaraventa i Troiani sulle coste di Cartagine.
Gli eventi precedenti sono rievocati da Enea stesso, che racconta i suoi precedenti spostamenti, durati ben sette anni, nel corso del banchetto allestito per lui dalla regina Didone in una scena che richiama l'analogo episodio dell'*Odissea* nel quale il protagonista Odisseo narra le sue disavventure al re dei Feaci Alcìnoo (vedi pag. 160).
Dopo la partenza da Cartagine, invece, la storia si sviluppa secondo un regolare andamento cronologico la cui durata non è però definibile in modo preciso.
Virgilio utilizza in modo più limitato alcune forme stilistiche tipiche del poema epico greco come i **versi formulari** e gli **epiteti**, che non hanno più la funzione pratica di aiutare la memoria del cantore, ma servono soprattutto a dare rilievo a particolari aspetti della personalità dei protagonisti e a mettere in evidenza passaggi narrativi determinanti.
Infine, Virgilio manifesta spesso la propria commossa **partecipazione** rispetto alla materia narrata poiché non si limita a riferire i fatti in modo asciutto e oggettivo ma a volte li commenta e li giudica in modo esplicito.

La flotta di Enea, miniatura di un codice dell'*Eneide*, v secolo d.C. (Città del Vaticano, Biblioteca Apostolica Vaticana).

Il contenuto dell'*Eneide*

Libri I-II La fine della città di Troia

La notte in cui Troia viene distrutta dagli Achei, gli dèi impongono a Enea di fuggire per fondare una nuova città e dare una discendenza al suo popolo.
Quando la dea Giunone chiede a Eolo di ostacolare il viaggio di Enea, il dio dei venti scatena una tempesta che spinge le navi troiane verso Cartagine, la città che la regina fenicia Didone sta in quel momento fondando sulle coste dell'Africa settentrionale.

Banchetto di Enea e Didone a Cartagine, miniatura del VI secolo d.C. dal "Virgilio Romano" (Città del Vaticano, Biblioteca Apostolica Vaticana).

Didone accoglie benevolmente Enea, che durante il banchetto inizia a raccontare i suoi sette anni di peregrinazione partendo dall'ultima notte di Troia, distrutta con l'inganno dai Greci, che nascondono i loro migliori guerrieri nel ventre di un imponente cavallo di legno lasciato davanti alla città assediata.
Il sacerdote Laocoonte cerca di mettere in guardia gli abitanti di Troia, ma il greco Sinone con le sue menzogne li convince che il cavallo è un dono degli Achei alla dea Atena e che, portandolo all'interno della città, essa non potrà essere mai più espugnata (vedi pag. 208).
Accecati dagli dèi, i Troiani aprono un varco nelle mura per far entrare il gigantesco animale e iniziano a festeggiare la fine della guerra; durante la notte però Sinone libera i soldati greci che spalancano le porte della città al resto dell'esercito, rimasto nei paraggi dopo aver finto la partenza.
Mentre tutti dormono, la città viene saccheggiata e gran parte della popolazione viene uccisa: muoiono anche il re Priamo e Astianatte, il figlioletto di Ettore.

Avvertito in sogno da Ettore di ciò che sta accadendo, Enea cerca di difendere Troia, ma quando comprende che non c'è più nulla da fare tenta di fuggire con la moglie Creusa e il figlio Ascanio, portando sulle spalle il vecchio padre Anchise.
Durante la fuga, Enea perde di vista la moglie, ma quando torna sui suoi passi l'ombra della donna, ormai morta, gli annuncia che egli dovrà affrontare da solo un lungo viaggio verso Occidente perché il Fato gli ha assegnato il compito di fondare una nuova città.

La ricerca di una nuova patria

Libro III

Così, insieme ai pochi sopravvissuti Enea comincia il suo cammino: la prima tappa è la Tracia, poi le navi troiane proseguono verso Delo, dove l'oracolo di Apollo suggerisce all'eroe di dirigersi verso l'*antica madre*, cioè la terra da cui ha avuto origine il suo popolo.
Ritenendo che si tratti di Creta, Enea sbarca con i suoi uomini sull'isola, ma qui molti segni lo convincono che la vera destinazione delle navi troiane è l'Esperia (antico nome della penisola italica).
Ripreso il mare, i naviganti approdano prima alle isole Strofadi, dove vengono attaccati dalle Arpie, poi raggiungono l'Epiro e infine toccano l'isola Trinacria, dove il vecchio Anchise muore.
Il racconto di Enea si conclude con la rievocazione della tempesta provocata da Eolo che li ha sospinti verso Cartagine.

Un amore tragico

Libro IV

Dopo aver ascoltato le parole del Troiano, Didone si innamora perdutamente di lui tanto da infrangere il giuramento di eterna fedeltà fatto al marito Sicheo, morto tempo prima per mano di suo fratello.
Enea ricambia la passione della donna ma dopo pochi giorni il dio Mercurio gli ricorda la sua missione, spingendolo a ripartire al più presto.
Quando Enea lascia Cartagine, in preda alla disperazione Didone si uccide e lancia contro l'amato una maledizione che preannuncia le future ostilità tra Romani e Cartaginesi.

Giambattista Tiepolo, *Mercurio compare a Enea*, 1757, affresco (Vicenza, Villa Valmarana).

Libri V-VI Il regno dei morti

La flotta di Enea approda nuovamente in Sicilia dove vengono celebrati giochi funebri in onore di Anchise, che in sogno spiega al figlio che se vuole conoscere il suo futuro dovrà scendere nell'Averno (*oltretomba*).

Ripresa la navigazione, Enea giunge a Cuma dove la Sibilla, una celebre profetessa, lo accompagna negli Inferi. Qui incontra molte anime: tra esse ci sono quella di Didone che, ancora sdegnata contro di lui, non risponde neanche alle sue parole, e quella di Anchise da cui viene a sapere che il suo destino è essere il progenitore dei futuri governanti di Roma, una città da cui nascerà un grande impero che porterà la pace nel mondo.

Tra i grandi personaggi che discenderanno da Enea spiccano le figure di Giulio Cesare e di Ottaviano Augusto.

Libri VII-XII La guerra tra Rutuli e Troiani

Riemerso dall'Averno, Enea riprende il suo viaggio e giunge alla foce del Tevere, nel regno di Latino al quale una profezia ha rivelato che sua figlia Lavinia, promessa in sposa al principe dei rutuli Turno, in realtà si unirà a uno straniero: ritenendo che si tratti di Enea, Latino lo invita ad allearsi con lui e gli offre in moglie la fanciulla.

scheda

Le tappe del viaggio di Enea

Ma l'irata Giunone continua a contrastare Enea e, servendosi della Furia Aletto, semina odio tra Troiani e Latini e fa scoppiare la guerra tra i due popoli.
Mentre gli eserciti si preparano, Enea risale il Tevere per chiedere aiuto al re Evandro, un Greco che ha creato una piccola colonia sul colle Palatino; questi concede a Enea quattrocento cavalieri guidati dal figlio Pallante e gli suggerisce di allearsi anche con gli Etruschi.
Mentre Enea è lontano, Turno attacca i Troiani e accampa il proprio esercito nei pressi dello schieramento nemico, ma durante la notte i guerrieri troiani Eurialo e Niso si infiltrano tra i Rutuli addormentati e compiono un massacro.
Sorpresi dai nemici, i due giovani vengono brutalmente uccisi (vedi pag. 220), e il giorno dopo gli scontri riprendono.
L'arrivo degli alleati risolleva le sorti dei Troiani e Turno, per vendicarsi di Evandro, sfida a duello il figlio Pallante e poi lo uccide, sottraendogli le armi e la cinghia della spada.
Dopo numerosi combattimenti che provocano morti in entrambi gli schieramenti, Enea e Turno si fronteggiano in un duello che deciderà le sorti della guerra.
Ferito dal guerriero troiano, Turno chiede misericordia: Enea è incerto, ma quando vede sulle spalle del nemico la cinghia della spada di Pallante, in preda allo sdegno non riesce a trattenersi e lo uccide (vedi pag. 224).

1 Antandro (Troia)
Enea parte con venti navi da Antandro, poco a sud di Troia.
2 Tracia
Sbarca in Tracia dove scopre che il più giovane dei figli di Priamo, Polidoro, è stato ucciso a tradimento dal cognato cui era stato affidato.
3 Delo
Consulta l'oracolo di Apollo che indica la rotta da seguire per trovare la sua antica patria.
4 Creta
Approdato nell'isola, comprende che deve proseguire il viaggio verso Occidente.
5 Strofadi
Viene attaccato con i suoi uomini dalle *Arpie* (vedi pag. 205).
6 Epiro
Incontra Andromaca ed Eleno, il suo nuovo sposo.
7 Trinacria orientale
Con i suoi uomini sfugge a stento al Ciclope Polifemo.
8 Trinacria occidentale
Muore il vecchio Anchise.
9 Cartagine
Dopo la tempesta scatenata da Eolo, naufraga sulle coste africane dove viene accolto benevolmente dalla regina fenicia Didone che si innamora di lui.
10 Erice
Si celebrano giochi funebri in onore di Anchise che appare in sogno a Enea e gli suggerisce di scendere nell'Averno per conoscere il suo destino.
11 Cuma
Consulta la Sibilla che lo accompagna nel suo viaggio agli Inferi.
12 Averno (Regno dei morti)
Incontra le ombre di Didone e Anchise e vede la propria discendenza.
13 Lazio
Accolto dal re Latino, che gli promette in sposa la figlia Lavinia, combatte e sconfigge le popolazioni italiche ostili.

scheda

I protagonisti dell'*Eneide*

Esseri umani

Enea, figlio della dea Venere e di Anchise, discende dalla stirpe dei Dàrdani, un popolo originario del monte Ida. Abbandona Troia in fiamme con il vecchio padre Anchise e il figlio Ascanio e affronta un lungo viaggio verso Occidente per fondare una nuova città.
Simboleggia la *pietas* romana poiché è sottomesso alla volontà del Fato, rispetta gli dèi e la famiglia ed è leale verso gli alleati.

Anchise, figlio di Capi e Temisto e padre di Enea. Anziano e zoppo, viene portato in spalla dal figlio durante la fuga da Troia. Muore in Sicilia, ma durante la discesa agli Inferi svela a Enea il significato della missione affidatagli dal Fato.

Ascanio, chiamato anche Iulo, è figlio di Enea e della principessa troiana Creusa, morta durante la fuga dalla città. Viene considerato il leggendario fondatore della città di Albalonga; dalla sua stirpe ha origine la *gens Iulia* cui appartiene Ottaviano Augusto.

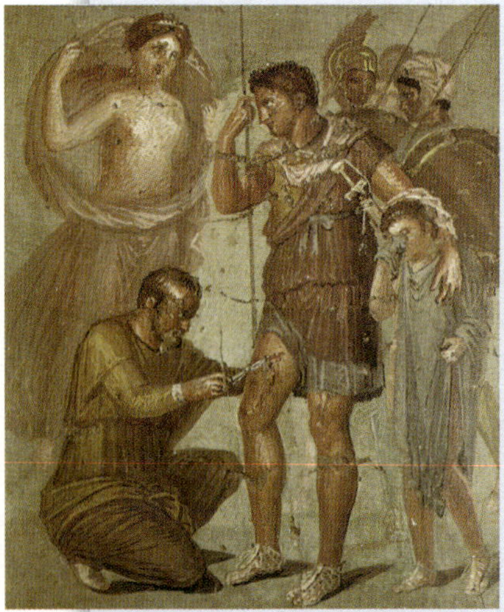

Enea ferito insieme al figlio Ascanio e alla madre Venere, affresco del I secolo d.C., da Pompei, Casa di Siriaco (Napoli, Museo Archeologico Nazionale).

Didone, figlia del re di Tiro, è la regina di Cartagine. Suo fratello Pigmalione le uccide il marito Sicheo per impadronirsi del trono e la costringe a fuggire in Africa: qui la donna fonda la città di Cartagine di cui diventa regina. Si innamora di Enea, ma dopo la partenza del Troiano si suicida, lanciando una maledizione che condanna Romani e Cartaginesi a un'eterna inimicizia.

Alessandro Tiarini, *La morte di Didone*, 1620 circa (Collezione privata).

Eurialo e Niso, giovani guerrieri troiani che muoiono durante una spedizione notturna nel campo dei Rutuli mentre tentano di avvisare Enea dell'imminente attacco.
Rappresentano il coraggio e l'amicizia fraterna.

Sibilla Cumana, sacerdotessa di Apollo. Interpreta i responsi degli dèi presso l'oracolo di Cuma e accompagna Enea agli Inferi.

Domenico Zampieri detto il Domenichino, *La Sibilla Cumana*, 1610 circa (Roma, Galleria Borghese).

Turno, re della popolazione italica dei Rutuli. È un pretendente di Lavinia, figlia del re Latino, e quando la giovane viene offerta in sposa a Enea dichiara guerra ai Troiani.
Violento e aggressivo, viene ucciso da Enea durante il duello conclusivo.

Divinità

Fato, rappresenta la forza del destino, che impone le proprie decisioni anche sugli dèi e che determina il corso degli eventi storici.

Giove (Zeus), è il padre degli dèi. Nell'*Eneide* non parteggia per nessuno, ma si adopera affinché Enea porti a termine la missione assegnatagli dal Fato.

Giunone (Era), moglie di Giove. È ostile ai Troiani sin da quando Paride le ha negato il titolo di più bella tra le dèe (vedi pag. 116) e perseguita in modo particolare Enea perché sa che i discendenti dell'eroe distruggeranno Cartagine, città che ella protegge.
Per realizzare i suoi piani talvolta chiede aiuto a divinità minori come **Eolo**, il dio dei venti, che scatena una tempesta contro la flotta troiana, e la **furia Aletto**, che spinge le popolazioni italiche a dichiarare guerra a Enea.

Giuturna, ninfa delle sorgenti, è una divinità italica. Cerca di evitare il duello tra suo fratello Turno ed Enea perché sa che il Troiano è destinato a vincere.

Venere (Afrodite), madre di Enea. Poiché desidera che il figlio trovi riparo e protezione dopo tanti pericoli, fa in modo che Didone si innamori di lui.

Giambattista Tiepolo, *Venere appare a Enea sul lido di Cartagine*, 1757, affresco (Vicenza, Villa Valmarana).

Creature mostruose e infernali

Nel suo viaggio negli Inferi Enea incontra molte creature mostruose e straordinarie che successivamente il poeta Dante Alighieri inserirà tra i personaggi della *Divina Commedia*. Tra esse ci sono:

Arpie, creature con il corpo di uccello e la testa di donna che vivono nelle isole Stròfadi. Inizialmente si pensa che siano rapitrici di bambini e di anime, in seguito che rubino tutto ciò che vedono imbrattando di escrementi ciò che non riescono a portare via.

Caronte, nocchiero del mondo infernale. Ha il compito di traghettare attraverso le paludi dell'Acheronte (fiume infernale) le anime di coloro che sulla terra hanno ricevuto degna sepoltura.

Cerbero, mostruoso cane a tre teste. Custodisce l'entrata dell'Averno (oltretomba) per impedire ai vivi di entrare nel mondo dei morti.

William Blake, *Cerbero*, 1824-27 (Londra, Tate Gallery).

Minosse, mitico re di Creta. Poiché in vita ha esercitato la giustizia con severità e fermezza, è considerato il giudice dei morti.

Antonio Canova,
Testa di Calliope, 1812
(Firenze, Palazzo Pitti).

Proemio

Seguendo le regole del poema epico, anche Virgilio inizia la sua opera con un proemio nel quale riassume l'argomento che tratterà, introduce il protagonista e invoca la musa della poesia.
Fin dai primi versi emergono però alcuni aspetti originali del testo di Virgilio, tra cui la convinzione che la storia umana sia caratterizzata da dolore e sofferenza e l'interpretazione della missione di Enea come fattore determinante per la nascita di una nuova e superiore civiltà: quella romana.
Un altro elemento di novità è costituito dalle caratteristiche morali e psicologiche dell'eroe troiano, che non è aggressivo e feroce come il protagonista dell'*Iliade* Achille, né astuto e sagace come il greco Odisseo, ma è soprattutto dotato di *pietas*, un insieme di devozione religiosa, amore per la patria, rispetto verso la famiglia e capacità di anteporre il bene comune al proprio interesse personale.

Canto le armi[1] e l'uomo[2] che per primo dalle terre di Troia
raggiunse esule l'Italia per volere del fato[3] e le sponde
lavinie[4], molto per forza di dèi travagliato in terra
e in mare[5], e per la memore ira della crudele Giunone[6],
e molto avendo sofferto in guerra, pur di fondare
la città, e introdurre nel Lazio i Penati[7], di dove la stirpe
latina, e i padri albani e le mura dell'alta Roma[8].
O Musa[9], dimmi le cause, per quali offese al suo nume[10],
di cosa dolendosi, la regina degli dèi[11] costrinse un uomo
insigne per pietà[12] a trascorrere tante sventure, ad imbattersi
in tanti travagli? Tali nell'animo dei celesti le ire[13]?

da Virgilio, *Eneide*, trad. di L. Canali, Mondadori

1 **le armi**: le imprese militari.

2 **l'uomo**: Enea, il protagonista dell'opera.

3 **fato**: per i latini il *fato* è la forza che regola e determina ogni cosa, alla quale anche gli dèi devono sottostare.

4 **raggiunse ... le sponde lavinie**: approdò sulle coste del Lazio dove sarebbe sorta la città di Lavinio.

5 **molto per forza di dèi travagliato in terra e in mare**: a lungo sospinto per terra e per mare dall'ostilità degli dèi.

6 **per la memore ira della crudele Giunone**: e dalla tenace ira di Giunone, ostile verso tutti i Troiani e in particolare nei confronti di Enea.

7 **i Penati**: divinità che proteggono la famiglia e la patria (vedi *Scheda* Le divinità familiari, nella pagina a fianco).

8 **di dove la stirpe latina, e i padri albani e le mura dell'alta Roma**: dal quale sarebbero discesi il popolo dei Latini e i capostipiti della città di Albalonga e della potente città di Roma. Il poeta si riferisce ad Ascanio, figlio di Enea e fondatore di Albalonga, la città da cui proverranno Romolo e Remo.

9 **O Musa**: come già nell'*Iliade* e nell'*Odissea*, la divinità cui si rivolge Virgilio è la musa della poesia epica Calliope.

10 **al suo nume**: alla sua volontà.

11 **la regina degli dèi**: Giunone, moglie di Giove e quindi regina degli dèi.

12 **insigne per pietà**: esemplare per il suo rispetto verso gli dèi e la famiglia. Sin dai primi versi vengono messe in luce le alte qualità morali del protagonista del poema.

13 **Tali nell'animo dei celesti le ire?**: tanto grande è la furia degli dèi (*celesti*)?

scheda

Le divinità familiari

Accanto alle divinità maggiori come Giove, Giunone, Venere ecc., per le quali si celebrano solenni cerimonie nei templi pubblici, i Romani attribuiscono grande importanza ad alcune divinità minori, di solito di origine italica, che tutelano la casa e la famiglia.
Tra esse ci sono i **Penati**, che vengono rappresentati sempre come un gruppo: essi proteggono il focolare domestico e vengono onorati in casa con offerte di sale e farro (varietà di frumento).

Enea sacrifica ai Penati, ricostruzione virtuale a colori di un pannello dell'*Ara Pacis* (Roma).

Allo stesso modo delle abitazioni private, anche lo Stato romano ha i suoi particolari Penati protettori, simboleggiati dalle statue di due giovani seduti che, secondo la leggenda, sono quelli portati da Enea nella sua fuga da Troia.

competenze alla prova

LEGGO E...

... COMPRENDO

1. **Secondo Virgilio, da che cosa è determinato l'allontanamento di Enea da Troia?**
   - ☐ Dalla volontà del fato
   - ☒ Dall'ira degli dèi
   - ☐ Dal tentativo dell'eroe di salvarsi
   - ☐ Dal desiderio di Enea di iniziare una nuova vita

2. **Il lungo e difficile viaggio del Troiano dipende** dalla sua volontà

3. **Nel proemio sono elencati diversi eventi che sono destinati a verificarsi in un futuro lontano, molto tempo dopo il viaggio di Enea. Quali sono?**

... RICAVO DAL TESTO

4. **Virgilio anticipa rapidamente, con un breve accenno, alcune vicende di Enea, che saranno poi trattate nel corso dell'*Eneide*. Individuale ed elencale.**

... ANALIZZO E INTERPRETO

5. **Secondo te, gli eventi che si verificheranno dopo l'arrivo di Enea, citati da Virgilio nei versi 5-7, sono fatti storici o leggende?**

6. **Quale caratteristica morale distingue Enea dagli altri uomini? Sottolinea l'espressione utilizzata da Virgilio.**

7. **Dalle parole che usa, quale giudizio ti pare che Virgilio abbia nei confronti dell'ira degli dèi contro Enea?**

ORA SCRIVO IO

8. **Con l'aiuto delle note, fai la parafrasi del proemio.**

UN MONDO DI PAROLE

9. **La convinzione di Virgilio che la vita e la storia umana siano soprattutto *dolore* emerge anche da numerose espressioni che richiamano il concetto di sofferenza e difficoltà: sottolineale e trascrivile.**

10. **Nel testo si parla di "travagli". Trova almeno due sinonimi di questo termine. Conosci parole di lingue diverse dall'italiano che abbiano la stessa radice?**

L'inganno del cavallo

Approdato sulle coste di Cartagine dopo una violenta tempesta, durante un banchetto alla corte della regina Didone, Enea racconta le sue avventure, soffermandosi in modo particolare sulle ultime vicende di Troia, caduta non per la forza dei nemici ma per la loro astuzia.
I Greci costruiscono un enorme cavallo di legno nel cui ventre nascondono alcuni guerrieri, lo abbandonano sulla spiaggia, poi fingono di ripartire lasciando a terra il soldato Sinone, che ha il compito di guadagnare la fiducia dei Troiani e convincerli a portare nella città il gigantesco animale.
Il sacerdote Laocoonte, che considera l'insolito dono come l'ennesimo inganno dei Greci, viene punito dal dio Nettuno che lo fa morire atrocemente insieme ai suoi figli, persuadendo così gli incerti a trasportare il cavallo dentro le mura.
In questo drammatico episodio, che Enea racconta con tono commosso e colmo di amarezza, la fine di Troia appare come un evento inevitabile poiché è stata decisa dal fato al quale nessuna forza umana è in grado di opporsi.

Esausti di guerra, dai fati respinti[1]
i capi dei Dànai[2] (così numerosi perdendosi gli anni[3])
simile a monte un cavallo – arte divina di Pallade –
fanno[4], con assi d'abete connettono i fianchi:
voto per il ritorno lo fingono[5], quella fama si spande[6].
Ma corpi eletti d'eroi, tratti a sorte, in segreto
chiudono nel cieco fianco[7], profondamente le grandi
caverne del ventre riempiono d'uomini armati.
C'è Tenedo in faccia[8], isoletta notissima
e ricca, fin tanto che il regno di Priamo durava:
ora un golfo, un approdo e nient'altro, mal fido alle navi[9].

1 Esausti di guerra, dai fati respinti: stanchi della guerra, ostacolati dal destino che non ha permesso loro di conquistare la città con le armi. Il soggetto è *i capi dei Dànai*, al verso successivo.

2 Dànai: Greci.

3 così numerosi perdendosi gli anni: trascorsi ormai tanti anni.

4 simile a monte un cavallo – arte divina di Pallade – fanno: costruiscono un cavallo alto come una montagna, per ispirazione della dea Minerva. *Pallade* è l'epiteto che di frequente definisce questa divinità.

5 voto per il ritorno lo fingono: fingono che sia un'offerta (*voto*) per ottenere un tranquillo ritorno in patria.

6 quella fama si spande: si diffonde questa notizia.

7 nel cieco fianco: nella cavità oscura del cavallo.

8 C'è Tenedo in faccia: di fronte a Troia c'è l'isola di Tenedo.

9 mal fido alle navi: poco sicuro per le navi.

Giandomenico Tiepolo, *Trasporto in città del cavallo di Troia*, 1773 (Londra, National Gallery).

Qui giunti, si appiattano in ancoraggi deserti[10].
E noi li pensammo fuggiti, diretti col vento a Micene[11].
Tutta dal lutto lungo la Troade si scioglie[12]:
s'apron le porte, piace andare e il dorico campo
e deserti quei luoghi vedere[13], e abbandonata la spiaggia.
Qui le schiere dei Dolopi, là s'attendava Achille crudele[14],
qui delle navi era il sito[15], qui a guerra schierarsi solevano[16].
Guardano attoniti alcuni il dono fatale di Pallade vergine,
stupiti di quel cavallo alla mole[17]. [...]

Incerta fra opposti pareri è divisa la gente.
E là, primo fra tutti, seguito da grande codazzo,
ardente[18] giù dalla rocca Laocoonte[19] correva,
e di lontano: «O miseri, ma che pazzia, cittadini?
Credete partiti i nemici? Potete pensare che un dono
dei Dànai sia senza insidia? Così Ulisse v'è noto[20]?
O in questo legno racchiusi si nascondono Achei,
o questa è macchina contro le nostre mura innalzata,
e spierà le case, e sulla città graverà[21]:
un inganno v'è certo. Non vi fidate, Troiani.
Sia ciò che vuole[22], temo i Dànai, e più[23] quand'offrono doni».
E detto così, con tutte le forze la sua grande asta
scagliò nel fianco del mostro, nel ventre ricurvo,
compatto. Si conficcò l'asta vibrando, sonarono,
percosso il ventre, le vaste caverne e gemettero[24]. [...]

10 si appiattano in ancoraggi deserti: si nascondono in insenature deserte.

11 Micene: Micene è la patria di Agamennone, comandante dell'esercito greco, ma in questo caso indica tutto il territorio greco.

12 Tutta dal lutto lungo la Troade si scioglie: tutta la terra dei Troiani si libera dalla lunga sofferenza.

13 piace andare e il dorico campo e deserti quei luoghi vedere: tutti vogliono vedere gli accampamenti nemici abbandonati.

14 Qui le schiere dei Dolopi, là s'attendava Achille crudele: qui c'era l'esercito dei Dolopi, alleati degli Achei, là c'era l'accampamento del crudele Achille.

15 qui delle navi era il sito: questo era il luogo dove si trovavano le navi.

16 qui a guerra schierarsi solevano: qui di solito si schieravano per combattere.

17 di quel cavallo alla mole: dalla grandezza dell'animale.

18 ardente: adirato.

19 Laocoonte: sacerdote di Apollo a Troia.

20 Così Ulisse v'è noto: non sapete com'è davvero Ulisse? Ulisse è il nome latino dell'astuto Odisseo.

21 e sulla città graverà: sorprenderà la città dall'alto.

22 Sia ciò che vuole: qualunque cosa sia.

23 e più: soprattutto.

24 sonarono, percosso il ventre, le vaste caverne e gemettero: e il colpo fece risuonare e cigolare cupamente le cavità nascoste.

Ma ecco un giovane, intanto, mani al dorso legate[25],
con gran clamore al re trascinavan pastori
dardani[26], uno che ignoto, da sé, mentr'essi passavano,
per macchinar questo, appunto, aprire Troia agli Achivi[27] –
s'era dato[28], un audace, pronto ugualmente alla sorte,
o riuscir nell'insidia, o incontrar certa morte.

da Virgilio, *Eneide*, libro II, trad. di R. Calzecchi Onesti, Principato

25 mani al dorso legate: il prigioniero con le mani legate è il soldato greco Sinone.

26 dardani: troiani.

27 Achivi: Greci.

28 uno che ignoto, da sé, mentr'essi passavano, – per macchinar questo, appunto, aprire Troia agli Achivi – s'era dato: uno sconosciuto che mentre passavano si era consegnato a loro spontaneamente, allo scopo di aprire la città ai Greci.

Troia alla vigilia della caduta, miniatura del VI secolo d.C. dal "Virgilio Romano" (Città del Vaticano, Biblioteca Apostolica Vaticana).

Il prigioniero è il greco Sinone che, affermando di essere sfuggito a un'ingiusta condanna a morte causata dalle false accuse di Ulisse, suscita la commozione dei Troiani. Una volta conquistata la loro fiducia, Sinone spiega che il cavallo di legno è un dono degli Achei alla dea Minerva e che è stato costruito così alto per impedire ai Troiani di portarlo all'interno della città: un oracolo aveva infatti predetto che se il cavallo si fosse trovato sulla rocca di Troia i Greci sarebbero stati sconfitti. Le menzognere parole di Sinone vengono rafforzate da un fatto incredibile che accade sotto gli occhi dei Troiani.

Allora un altro evento molto più spaventoso
sopraggiunse improvviso a turbarci: infelici!
Eletto sacerdote di Nettuno[29], Laocoonte
sacrificava ai piedi dell'altare solenne
del Dio un enorme toro. Ed ecco (inorridisco
nel dirlo) due serpenti, venendo da Tenedo
per l'alta acqua tranquilla, si levano sull'oceano

29 Eletto sacerdote di Nettuno: Laocoonte è sacerdote di Apollo ma è stato scelto a sorte per celebrare un sacrificio al dio del mare Nettuno in quanto il precedente sacerdote era stato ucciso per non aver saputo prevedere l'attacco dei Greci.

con spire[30] immense e s'avviano insieme verso la spiaggia:
i loro petti svettano[31] tra i flutti, le sanguigne
creste[32] sorpassano l'onde, il resto del loro corpo
sfiora la superficie dell'acqua: enormi groppe
che s'attorcono[33] in cerchi sul mare che, frustato
dalle code, spumeggia fragoroso. E approdarono
a riva: gli occhi ardenti iniettati di sangue
e di fuoco, lambivano con le vibranti lingue
le bocche sibilanti. Fuggiamo qua e là,
pallidi a tale vista. Senza esitare, i serpenti
puntano su Laocoonte. E anzitutto[34], avvinghiati
con molte spire viscide i suoi due figli piccoli,
ne straziano le membra a morsi. Poi si gettano
su Laocoonte che armato correva in loro aiuto
stringendolo coi corpi enormi: già due volte
in un nodo squamoso gli han circondato vita
e collo: le due teste stan alte sul suo capo.
Sparse le sacre bende di bava e di veleno[35]
Laocoonte si sforza di sciogliere quei[36]
con le mani ed intanto leva sino alle stelle
grida orrende, muggiti simili a quelli d'un toro
che riesca a fuggire dall'altare, scuotendo
via dal capo la scure che l'ha solo ferito.
Infine[37] i due serpenti se ne vanno strisciando
sino ai templi più alti, raggiungono la rocca
della crudele Minerva, rifugiandosi ai piedi

30 spire: gli anelli che i serpenti formano quando si avvolgono su se stessi.

31 svettano: spiccano.

32 sanguigne creste: le punte aguzze e rosse del loro corpo.

33 s'attorcono: si attorcigliano.

34 anzitutto: per prima cosa.

35 Sparse le sacre bende di bava e di veleno: con le bende utilizzate nelle cerimonie religiose intrise della velenosa bava dei serpenti.

36 quei: i due figli.

37 Infine: una volta uccisi Laocoonte e i figli.

Laocoonte e i figli catturati dal serpente, miniatura del VI secolo d.C. dal "Virgilio Romano" (Città del Vaticano, Biblioteca Apostolica Vaticana).

della Dea sotto il cerchio del suo concavo scudo.
Nuovo terrore s'insinua nelle anime tremanti
di tutti noi: molti dicono che meritatamente
Laocoonte ha pagato il suo grave delitto,
egli che con la lancia colpì la statua di quercia[38]
scagliandole nel dorso la punta scellerata.
Gridano tutti che occorre trascinare il cavallo
a Troia, supplicando la santità di Minerva[39].

da Virgilio, *Eneide*, libro II, trad. di C. Vivaldi, Edisco

38 la statua di quercia: il cavallo.

39 supplicando la santità di Minerva: invocando la dea Minerva.

competenze alla prova

LEGGO E...

... COMPRENDO

1 Riordina le affermazioni seguenti in modo da ottenere una breve sintesi dell'episodio.

☐ Sinone convince i diffidenti Troiani che il cavallo è un dono per la dea Minerva.
☐ Il sacerdote Laocoonte è molto diffidente nei confronti del cavallo di legno.
☐ Successivamente essi uccidono anche il sacerdote, che urla disperato.
☐ I Greci costruiscono un gigantesco cavallo di legno nel cui ventre si nascondono alcuni soldati.
☐ I Troiani si convincono che occorre portare il cavallo all'interno delle mura della città.
☐ I Troiani catturano un soldato greco che dice di essere sfuggito alla morte.
☐ Successivamente lasciano il cavallo sulla spiaggia di Troia e fingono di partire.
☐ Nel frattempo due enormi serpenti marini escono dalle onde e stritolano i figli di Laocoonte.

2 Dove si nascondono i Greci quando fingono di partire?

3 Perché Sinone viene abbandonato a Troia?

☐ Perché i Greci non si fidano più di lui
☐ Perché ha il compito di conquistare la fiducia dei Troiani
☐ Perché c'è stato uno scambio di prigionieri
☐ Perché è un disertore

... RICAVO DAL TESTO

4 Quando Laocoonte scaglia la lancia contro il cavallo, in realtà vuole:

☐ abbattere il cavallo
☐ manifestare concretamente la sua ostilità verso il dono degli Achei
☐ dimostrare che nel ventre del cavallo ci sono soldati nemici
☐ colpire qualcuno dei soldati nemici nascosti nel cavallo

5 Perché i Troiani, dopo la morte di Laocoonte e dei figli, supplicano Minerva e non un'altra dea?

... ANALIZZO E INTERPRETO

6 In che cosa consiste il segreto del cavallo di Troia?

7 La caratteristica più evidente di Laocoonte è la sua diffidenza nei confronti dei Greci: sottolinea i versi in cui ciò emerge con chiarezza.

8 La fine di Troia è voluta dal Fato, ma anche in questo episodio una divinità partecipa attivamente agli eventi: di chi si tratta? Che cosa fa?

9 Secondo te perché, conclusa la loro missione, i serpenti marini si rifugiano sotto lo scudo di Minerva? Come interpretano i Troiani questo gesto?

scheda

Ipotesi sul cavallo di Troia

Alcuni studiosi hanno cercato di scoprire che cosa ci sia di vero dietro l'immagine del cavallo di legno di cui parlano i poemi epici.
Una prima ipotesi è che il *cavallo di Troia* sia in realtà una specie di macchina da guerra utilizzata negli assedi, poiché da antichi documenti sappiamo che già nel XVIII secolo a.C. esistevano macchine di questo genere che venivano definite con nomi di animali come *asino selvaggio* o *unicorno di legno*: se questa teoria fosse vera, affermare che un *cavallo di legno* provocò la fine di Troia significherebbe dire che la città fu distrutta da una macchina da guerra.
Secondo un'altra ipotesi, invece, l'espressione *cavallo di Troia* sarebbe una metafora del dio Poseidone, che nella mitologia greca spesso viene rappresentato come un cavallo ed è chiamato "*lo scuotitore della terra*" in quanto gli si attribuisce la facoltà di provocare i terremoti: poiché gli archeologi hanno dimostrato che la città di Troia rinvenuta al livello VI degli scavi fu distrutta da un terremoto, l'espressione *cavallo di Troia* potrebbe riferirsi all'evento naturale che ne provocò la fine.

ORA SCRIVO IO

10 **Ricava dal testo gli elementi fisici relativi ai due serpenti marini e tracciane una breve descrizione.**

C'È STILE E STILE

11 **In diversi punti del brano, Virgilio usa delle similitudini. Individua nei seguenti passi:**

- a che cosa viene paragonato il cavallo di legno (v. 15)?
- a quale animale viene paragonato Laocoonte quando si dibatte per non morire (vv. 227-229)?

UN MONDO DI PAROLE

12 **Scegli dall'elenco gli aggettivi che meglio definiscono la personalità di Sinone, poi trova un sinonimo per ciascuno di essi.**

- ☐ Astuto ➲ ....
- ☐ Coraggioso ➲ ....
- ☐ Infido ➲ ....
- ☐ Sincero ➲ ....
- ☐ Bugiardo ➲ ....
- ☐ Leale ➲ ....
- ☐ Avido ➲ ....
- ☐ Spericolato ➲ ....

ANALIZZO L'IMMAGINE

13 **Questo gruppo marmoreo del I secolo a.C. illustra uno dei momenti più drammatici dell'episodio: individua i versi corrispondenti, poi riassumine il contenuto.**

Laocoonte (Città del Vaticano, Musei Vaticani).

Enea e Didone nell'aldilà

Tra Didone, regina di Cartagine, e il troiano Enea era divampato un grande amore. Ma poi l'eroe, costretto dal volere divino, era dovuto partito per la missione voluta dagli dèi: raggiungere il Lazio e porre le basi della futura fondazione di Roma. Didone si era sentita tradita: travolta da una passione inarrestabile, si era unita all'eroe violando la promessa che aveva fatto al defunto marito Sicheo, di non tradire mai la sua memoria. Per questo, alla partenza di Enea, si era tolta la vita. Nel libro VI dell'*Eneide*, quando l'eroe troiano scende negli Inferi, tra i tanti personaggi che incontra c'è anche Didone, che con il suo comportamento dimostra di non aver dimenticato l'offesa subita.

Tra di esse[1], fresca della ferita, la fenicia Didone
errava nella vasta selva; appena l'eroe
troiano le ristette[2] vicino e la riconobbe tra le ombre,
indistinta, quale si vede sorgere la luna
al principio del mese, o si crede di averla veduta tra le nubi,
gli sgorgarono lacrime e parlò con dolce amore:
«Infelice Didone, vera notizia mi giunse,
che avevi cessato di vivere e cercato la fine col ferro?
Ahimè, ho provocato la tua morte? Giuro per le stelle
pei[3] celesti, e per la fede se ve n'è nel profondo
della terra, a malincuore, o regina, partii dal tuo lido.
Ma il volere degli dèi, che ora mi costringe ad andare
tra le ombre, per luoghi squallidi di desolazione e per
[la notte profonda,
mi spinse con i suoi comandi; non potevo credere
di darti con la mia partenza un dolore così grande.
Ferma il passo, non sottrarti al mio sguardo. Chi
[fuggi?
Questa è l'ultima volta che il destino mi concede
[di parlarti.»
Con tali parole Enea cercava di lenire[4]
quell'anima ardente, dal torvo sguardo,
[e piangeva.
Ella, rivolta altrove, teneva
[gli occhi fissi

1 **Tra di esse**: si riferisce ad altre eroine che Enea vede.
2 **ristette**: stette, rimase.
3 **pei**: per i.
4 **lenire**: addolcire, mitigare.

al suolo, e il volto immobile all'intrapreso discorso,
più che se fosse dura selce[5] o roccia marpesia[6].
Infine si strappò da lì, e fuggì ostile
nel bosco pieno di ombra, dove l'antico sposo
Sicheo le corrisponde l'affanno e ne uguaglia l'amore.

da Virgilio, *Eneide*, libro VI, trad. di L. Canali, Mondadori

5 selce: pietra.
6 marpesia: dell'isola di Paro in Grecia. Il Marpesso è infatti un monte di quest'isola, famosa per la qualità del marmo che vi si trova.

scheda

La leggenda di Elissa-Didone

Il personaggio di Didone, creato da Virgilio, trae spunto da questa antica leggenda.
Mutto, re della città fenicia di Tiro, aveva due figli, Pigmalione ed Elissa (nome fenicio di Didone).
Quando Mutto morì gli successe Pigmalione, che era ancora un bambino, mentre Elissa sposò il sacerdote di Eracle Sicarba.
Una volta cresciuto, Pigmalione fece assassinare Sicarba per impadronirsi dei suoi tesori ed Elissa fu costretta a fuggire: caricò le ricchezze del marito sulla nave e cercò una nuova terra accompagnata da alcuni nobili di Tiro.
Quando i fuggitivi giunsero sulle coste africane, gli abitanti li accolsero bene e permisero a Elissa di occupare tanta terra quanta avesse potuto contenerne una pelle di bue: la donna tagliò la pelle in strisce molto sottili e ne fece una lunghissima cintura con cui circondò un territorio abbastanza ampio da permettere la costruzione di una città.
Non tutti i popoli confinanti furono altrettanto benevoli e accoglienti nei loro confronti e Iarba, re dei Getuli, minacciò di invadere la città se Elissa non avesse accettato di sposarlo: la regina chiese tre mesi di tempo per celebrare dei sacrifici in onore del marito ma al termine di questo periodo si uccise.
Virgilio è fedele a molti elementi presenti nella leggenda come l'origine fenicia di Didone, l'uccisione del marito – di cui trasforma il nome in Sicheo – da parte di Pigmalione, l'ostilità degli abitanti di Tiro e le minacce di Iarba, mentre attribuisce il suicidio della regina al dolore e alla vergogna causati dall'abbandono di Enea.

Antoine Coypel, *Morte di Didone*, 1717 circa (Montpellier, Museo Fabre).

competenze alla prova

LEGGO E...

... COMPRENDO

1 **Dove avviene l'incontro fra Enea e la regina di Cartagine Didone?**

2 **Che cosa dice Enea a Didone?**

- ☐ Che è contento di rivederla
- ☐ Che non si aspettava di trovarla lì
- ☐ Che gli dispiace di trovarla lì
- ☐ Che pensava di non rivederla più

3 **Quale atteggiamento ha Didone alle parole di Enea?**

... RICAVO DAL TESTO

4 **Didone ha perdonato Enea per averla abbandonata? Motiva la tua risposta.**

5 **Chi sono i "celesti" del v. 459?**

6 **Che cosa intende Enea quando dice "*Questa è l'ultima volta che il destino mi concede di parlarti*"?**

... ANALIZZO E INTERPRETO

7 **Nel suo tentativo di placare l'offesa, secondo te Enea è sincero? Motiva la tua risposta.**

8 **Indica se le seguenti affermazioni sono vere V o false F:**

- Ormai Didone ha superato il dolore dell'abbandono da parte di Enea. V F
- L'ombra di Didone si vede in modo incerto, poco nitido. V F
- Enea capisce bene l'offesa da lui fatta a Didone. V F
- Enea dà la colpa dell'accaduto al volere degli dèi. V F
- Didone cerca il marito Sicheo, che però per gelosia non è dolce con la sua antica sposa. V F

ORA SCRIVO IO

9 **Svolgi la parafrasi del brano.**

C'È STILE E STILE

10 **Per descrivere l'apparizione dell'ombra di Didone, è usata una similitudine. Sottolineala nel testo.**

11 **A che cosa è paragonata, con una similitudine, la durezza di Didone? Sottolinea il passo nel testo.**

ANALIZZO L'IMMAGINE

12 **Questo dipinto del 1640, conservato al Paul Getty Museum di Los Angeles, è del pittore fiammingo Peter Paul Rubens e raffigura il suicidio di Didone. Quale particolare presente nella tela si può ritrovare anche nelle parole che Enea rivolge alla donna nel brano che hai appena letto?**

La morte di Pallante

Il giovane Pallante è figlio di Evandro, un esule arcade (dunque, di origine greca) che viveva proprio nella zona su cui in futuro sarebbe stata fondata Roma. Costui, dopo aver accolto e ospitato Enea, gli aveva fornito un piccolo contingente di truppe sotto la guida del figlio, ma soprattutto gli aveva consigliato di risalire il Tevere e di allearsi con gli Etruschi di Tarconte per affrontare la guerra contro Turno.
Nel passo qui proposto Virgilio descrive la morte di Pallante, massacrato senza pietà da Turno: si tratta di un momento decisivo per lo sviluppo dell'opera, perché sarà proprio il ricordo di questo episodio a costare la vita a Turno per mano di Enea.

Intanto la divina sorella[1] esorta a subentrare a Lauso[2]
Turno, che attraversa con il carro volante la schiera.
Appena vide i compagni: «È tempo di cessare la battaglia;
io solamente assalgo Pallante; a me solamente
spetta Pallante; vorrei che vi fosse suo padre[3] ad assistere».
Così disse, e i compagni s'allontanarono dallo spazio vietato.
Quando i Rutuli si ritrassero, il giovane stupito ai superbi comandi
fissa meravigliato Turno e volge gli occhi sul corpo
immane[4], e squadra tutto da lontano con sguardo fiero,
e contrasta le parole del superbo re[5] con queste parole:
«Avrò la gloria di averti strappato le ricche spoglie,
o d'una nobile morte; il padre accetta entrambe le sorti.
Cessa le minacce». E parlato così, avanza
in mezzo al campo: agli arcadi[6] si gela il sangue rappreso nel cuore.
Turno balza dalla biga; si appresta al combattimento a piedi.
Come un leone, che scorge dall'alta vedetta
ergersi lontano nel piano un toro mentre prepara lo scontro,
si avventa: tale è l'immagine di Turno che si avvicina.
Quando credette che fosse a tiro di lancia, Pallante
muove per primo, sperando che la sorte aiuti l'audacia
della sua impari forza, e parla così al grande cielo:
«Per l'ospitalità del padre e per la mensa a cui giungesti straniero,
ti prego, Alcide[7], assistimi nell'ardua impresa.
Mi veda strappargli agonizzante le armi insanguinate,
e gli occhi morenti di Turno sopportino me vincitore».
Ercole ode il giovane, e soffoca un grande gemito
nel profondo del petto, e versa lagrime[8] vane.

1 la divina sorella: Giuturna, sorella di Turno, è detta divina, perché, amata da Giove, è stata da lui resa immortale.
2 Lauso: figlio di Mezenzio, è un condottiero alleato di Turno.
3 suo padre: Evandro.
4 immane: immenso, enorme.
5 del superbo re: di Turno.
6 agli arcadi: sono i soldati di Pallante, pure lui arcade.
7 Alcide: nipote di Alceo, che era considerato nonno putativo di Ercole.
8 lagrime: forma antiquata per "lacrime".

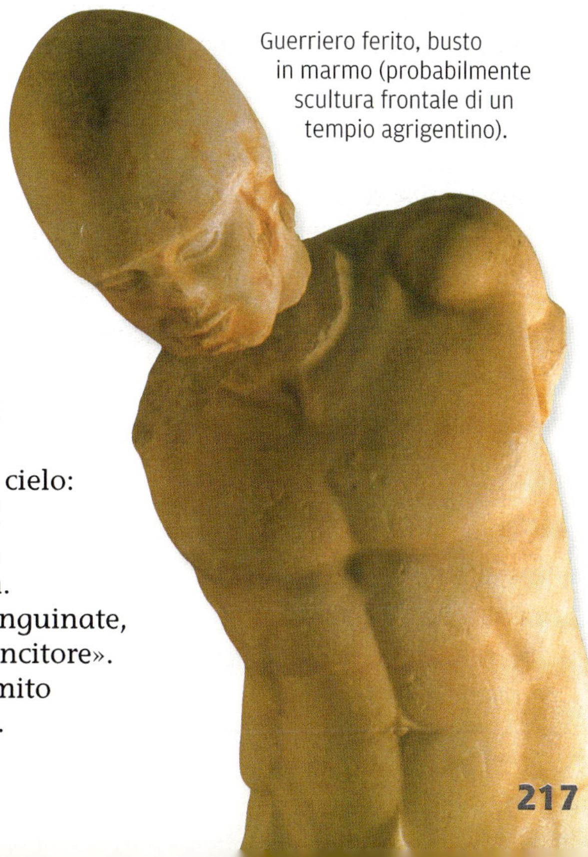

Guerriero ferito, busto in marmo (probabilmente scultura frontale di un tempio agrigentino).

Allora il padre parla al figlio[9] con parole amiche:
«A ciascuno è fissato il suo giorno, breve e irreparabile tempo
per tutti è la vita; ma estendere la fama con le imprese,
questo è il compito del valore. Sotto le alte mura di Troia,
caddero tanti figli di dei, e perì con quelli
Sarpedone, mio figlio. Il proprio destino chiama
anche Turno, che giunge alla meta del tempo assegnato».
Così disse, e distolse gli occhi dai campi dei Rutuli.
Pallante scaglia l'asta con grande forza,
strappa dalla cava guaina la spada fulgente.
L'asta volando colpisce dove culmina il riparo
dell'omero, e apertasi la via nell'orlo dello scudo,
infine sfiora il grande corpo di Turno.
Allora Turno, vibrando a lungo l'asta
munita di aguzzo ferro, la scaglia contro Pallante,
e dice: «Guarda se la mia arma non penetri meglio».
Parlò, e la grande cuspide[10] attraversa con un colpo vibrante
il centro dello scudo, tante superfici di ferro,
tante di bronzo, la pelle di toro che lo avvolge più volte,
e perfora l'ostacolo della corazza e il petto.

9 il padre... al figlio: Giove parla al figlio Ercole per consolarlo.

10 cuspide: punta.

competenze alla prova

LEGGO E...

... COMPRENDO

1. Chi è il primo, tra Turno e Pallante, a lanciare la sfida all'avversario?
2. Giove ricorda che sotto le mura di Troia è morto suo figlio. Di chi si tratta?
3. Che esito ha il lancio dell'asta da parte di Pallante?
   - ☐ Non centra per nulla il bersaglio
   - ☐ Sfiora il bersaglio
   - ☐ Centra solo in parte il bersaglio
   - ☐ Centra in pieno il bersaglio

... RICAVO DAL TESTO

4. Perché alle parole di Pallante, al v. 452, "*agli arcadi si gela il sangue*"?
5. Perché Ercole, alla preghiera di Pallante, "*soffoca un grande gemito nel profondo del petto, e versa lagrime vane*" (vv. 464-465)?
6. Che cosa lascia intendere Virgilio, quando ai vv. 503-505 dice: "*Verrà il tempo per Turno, in cui desidererà riscattato / ad alto prezzo e vivo Pallante, e odierà queste spoglie / e questo giorno*"?

... ANALIZZO E INTERPRETO

7. Perché Pallante rivolge la sua preghiera proprio a Ercole?
8. Giove dice che a nessuno, nemmeno agli eroi, è concesso prolungare la propria vita, ma che questi hanno un compito preciso. Quale?
9. Che cosa vuol dire precisamente, secondo te, ai

Pallante strappa invano dalla ferita la calda arma:
per la stessa via sgorgano insieme il sangue e la vita.
Crollò sulla ferita; le armi sopra tuonarono,
e morendo percosse la terra ostile con il volto insanguinato.
Turno levato su lui così parla:
«Arcadi» disse, «riportate memori a Evandro
queste parole: Pallante, quale egli meritò, gli rimando;
qualunque onore del tumulo[11], qualunque conforto del sepolcro,
concedo. Non gli costerà poco l'ospitalità ad Enea».
E detto così, calcò con il piede sinistro
l'esanime[12], strappandogli la pesante cintura
e il delitto che v'era inciso: in un'unica notte nuziale[13]
una schiera di giovani turpemente uccisi, e i talami insanguinati,
che Clono figlio di Eurito aveva cesellato[14] in molto oro;
Turno trionfa della spoglia, ed esulta di possederla.
O mente degli uomini inconsapevole del fato e del futuro,
e di serbare la misura, esaltata dagli eventi propizi!
Verrà il tempo per Turno, in cui desidererà riscattato
ad alto prezzo e vivo Pallante, e odierà queste spoglie
e questo giorno.

da Virgilio, *Eneide*, libro X, trad. di L. Canali, Mondadori

11 tumulo: tomba.
12 esanime: moribondo.
13 nuziale: di nozze.
14 aveva cesellato: aveva costruito lavorando con il cesello (piccolo scalpello che serve specialmente per lavorare i metalli).

vv. 471-472 Giove, quando afferma "*Il proprio destino chiama / anche Turno, che giunge alla meta del tempo assegnato*"?

10 Qual è l'atteggiamento di Turno, quando dà il colpo finale a Pallante? Motiva la tua risposta.

....

ORA SCRIVO IO

11 Riassumi il duello tra Turno e Pallante.

C'È STILE E STILE

12 Quando descrive Turno che scende dalla biga e si prepara allo scontro, il poeta usa una similitudine. Individuala e sottolineala nel testo.

UN MONDO DI PAROLE

13 Spiega, con sinonimi o parole tue, il significato dei seguenti termini o espressioni:

- a subentrare a Lauso ➲ ....
....
- con il carro volante ➲ ....
....
- della sua impari forza ➲ ....
....
- agonizzante ➲ ....
....
- serbare la misura ➲ ....
....

Eurialo e Niso

Quando sbarcano sulle coste del Lazio, i Troiani entrano in conflitto con il popolo dei Rutuli, guidato dal re Turno. Appena Enea si allontana dal suo accampamento per cercare alleati tra le altre popolazioni italiche, Turno ordina di attaccare gli stranieri. I due eserciti combattono tutto il giorno e a sera si ritirano nei rispettivi campi, pronti a riprendere lo scontro la mattina successiva, ma durante la notte i giovani guerrieri troiani Eurialo e Niso, spinti dal desiderio di gloria, decidono di attraversare le linee nemiche per raggiungere Enea e informarlo dell'accaduto. Approfittando del sonno dei nemici, i due penetrano nell'accampamento rutulo e fanno una strage, ma mentre tentano di allontanarsi vengono avvistati da una pattuglia avversaria: Eurialo viene catturato e ucciso e Niso sacrifica la propria vita nel vano tentativo di salvare il compagno.
L'episodio ha come tema principale l'esaltazione della lealtà e dell'amicizia che lega i due soldati, due valori morali che caratterizzano il popolo romano e che Virgilio intende celebrare nel suo poema.

Intanto, mentre il grosso dell'esercito indugia[1] schierato in campo,
cavalieri mandati in avanscoperta dalla città latina
si recavano da Turno per portare le risposte del re:
trecento, tutti armati di scudo e guidati da Volcente[2].
Ormai vicini al campo, già sotto le mura,
scorgono da lontano i due[3] piegare[4] verso un sentiero a sinistra:
aveva tradito l'incauto Eurialo il bagliore dell'elmo[5],
luccicante nell'ombra della notte ai raggi della luna.
Non passa inosservato. Dalla sua schiera Volcente grida:
«Fermi, uomini; che fate per strada in armi?
chi siete? dove andate?» Non rispondono,
affidandosi alla notte, e nel bosco tentano in fretta la fuga.
In ogni luogo, dove a loro è noto un bivio[6], i cavalieri
fanno barriera e di guardie circondano qualsiasi varco.
Era la selva vasta, irta di cespugli e d'elci[7] nere
e d'ogni parte assiepata di densi rovi[8];

1 indugia: aspetta, attende.

2 Volcente: il capo della pattuglia di soldati rutuli.

3 i due: Eurialo e Niso, che si stanno allontanando dall'accampamento rutulo dove hanno fatto strage di nemici.

4 piegare: svoltare.

5 aveva tradito l'incauto Eurialo il bagliore dell'elmo: l'imprudente Eurialo viene tradito dalla lucentezza dell'elmo di Messapo, uno dei soldati nemici che ha ucciso durante la spedizione notturna.

6 dove a loro è noto un bivio: dove sanno che c'è una biforcazione tra le strade.

7 elci: l'*elce* o *leccio* è una quercia sempreverde diffusa nella macchia mediterranea.

8 assiepata di densi rovi: circondata da fitti cespugli spinosi.

solo qualche sentiero biancheggiava[9] tra l'intrico dei passaggi.
L'oscurità dei rami e il peso del bottino[10] impacciano
Eurialo e il timore l'inganna sulla retta via[11].
Niso s'allontana. Imprudentemente oltrepassa i nemici
e i luoghi che dal nome d'Alba furono chiamati Albani
(allora a pascoli incolti li possedeva il re latino),
quando s'arresta, volgendosi invano a cercare l'amico:
«Eurialo, ahimè, dove mai t'ho lasciato?
dove ti cerco?» Rifacendo tutto il tortuoso[12] cammino
dell'ingannevole selva e scrutando le orme dei suoi passi,
lo percorre a ritroso[13], errando tra le macchie silenziose[14].
Ode i cavalli, ode lo strepito e i richiami degli inseguitori:
non passa molto tempo, quando alle orecchie gli giunge un grido:
vede Eurialo sopraffatto ormai[15], per l'insidia dei luoghi
e della notte, per lo sconcerto[16] dell'assalto improvviso,
travolto da tutta la schiera, mentre invano tenta di difendersi.
Che fare? Con che forze, con quali armi potrà mai
salvare il giovane? O dovrà gettarsi tra le spade
pronto a morire, affrettando nel sangue una fine gloriosa?

Nascosto tra la vegetazione, Niso rivolge una preghiera alla dea Diana affinché lo aiuti a colpire i nemici; poi, senza che nessuno lo veda, scocca due frecce e uccide i guerrieri Sulmone e Tago.

S'agita come una furia Volcente, ma non v'è luogo in cui scorga[17]
l'autore del colpo o dove possa sfogare la sua rabbia.
«Pagherai intanto tu, col tuo caldo sangue
lo scotto[18] per entrambi», grida e, spada in pugno,
si getta contro Eurialo. Sbigottito[19], come un folle allora Niso,
che più a lungo non può celarsi[20] nelle tenebre
e sopportare simile dolore, lancia un urlo:
«Io, io, sono io che ho colpito, contro di me rivolgete il ferro[21],
o rùtuli! la colpa è mia; nulla ha osato costui,
né l'avrebbe potuto (chiamo a testimoni cielo e stelle);

9 **biancheggiava**: spiccava più chiaro.

10 **il peso del bottino**: oltre all'elmo, Eurialo indossa piastre di metallo cesellato e una cintura per portare a tracolla la spada che ha sottratto ai nemici uccisi in precedenza.

11 **il timore l'inganna sulla retta via**: la paura gli fa perdere la strada.

12 **il tortuoso**: l'intricato.

13 **a ritroso**: al contrario.

14 **errando tra le macchie silenziose**: vagando attraverso la fitta vegetazione silenziosa.

15 **sopraffatto ormai**: sul punto di essere catturato.

16 **sconcerto**: sorpresa.

17 **scorga**: riesca a vedere.

18 **lo scotto**: il prezzo, la punizione.

19 **Sbigottito**: sconvolto e sorpreso.

20 **celarsi**: nascondersi.

21 **il ferro**: le armi.

ha solo amato troppo l'infelice amico suo[22]».
Così gridava, ma la spada spinta a tutta forza
trafigge a Eurialo il costato[23], rompendo il suo candido petto.
Cade riverso nella morte, scorre il sangue
per il bel corpo e, reclinando[24], il capo s'abbandona sulla spalla:
come un fiore purpureo che, reciso[25] dall'aratro,
langue morendo, o come i papaveri che chinano il capo
sul collo stanco, quando la pioggia li opprime.
Niso allora si getta nella mischia e cerca in mezzo a tutti
solo Volcente, solo di Volcente si dà cura[26].
I nemici gli si stringono intorno, tentano con ogni mezzo
di respingerlo, ma lui imperterrito[27] li incalza, ruota
come un fulmine la spada, finché in gola del rutulo che grida
non la immerge, togliendo, ormai morente, la vita al nemico.
Ma poi, trafitto, sull'amico esanime[28] si getta
e nella placida morte trova alfine riposo.

da Virgilio, *Eneide*, libro IX, trad. di M. Ramous, Marsilio

22 ha solo amato troppo l'infelice amico suo: l'idea di penetrare nel campo nemico è stata di Niso ed Eurialo, più giovane, ha seguito l'amico.

23 trafigge a Eurialo il costato: colpisce Eurialo al torace.

24 reclinando: piegandosi.

25 reciso: tagliato.

26 si dà cura: si preoccupa.

27 imperterrito: senza paura.

28 esanime: privo di vita.

competenze alla prova

LEGGO E...

... COMPRENDO

1. **Da chi vengono inseguiti Eurialo e Niso?**
2. **Di chi è stata l'idea di penetrare nell'accampamento nemico?**
3. **Perché viene avvistato prima Eurialo?**
4. **Quali motivi impediscono a Eurialo di fuggire?**
5. **Che cosa fa Niso per salvare la vita all'amico?**
6. **Ora completa queste affermazioni:**

   Eurialo viene ucciso da ....
   che lo colpisce ....
   Volcente viene ucciso da ....
   che ....
   Niso viene ucciso ....
   ....

... RICAVO DAL TESTO

7. **Niso, ai vv. 390-391, si domanda: «*Eurialo, ahimè, dove mai t'ho lasciato? dove ti cerco?*». Questa domanda:**
   - ☐ non ha un particolare scopo
   - ☐ ha lo scopo di ottenere un'indicazione utile da parte di Eurialo
   - ☐ ha lo scopo di dimostrare al lettore lo stato d'animo preoccupato di Niso
   - ☐ ha lo scopo di richiamare l'attenzione di Volcente
8. **Perché Volcente uccide Eurialo?**
   - ☐ Ha l'ordine di uccidere tutti i Troiani
   - ☐ Vuole vendicare la morte dei suoi uomini
   - ☐ È un uomo malvagio e crudele
   - ☐ Eurialo ha rubato delle armi nell'accampamento nemico

... ANALIZZO E INTERPRETO

9. **Alcune scelte del poeta riguardanti l'ambientazione dell'episodio aumentano le emozioni che esso suscita. Tra le seguenti, indica quali elementi risultano particolarmente efficaci (puoi segnare più di una risposta).**
   - ☐ Il costante senso di oscurità, che provoca paura
   - ☐ Il verso degli animali notturni
   - ☐ I frequenti rumori nel buio
   - ☐ La presenza della luna

scheda

La breve storia di Eurialo e Niso

Dei due protagonisti dell'episodio il più giovane è Eurialo, figlio di Ofelte. Egli è poco più che un ragazzo e quando, stanche del lungo viaggio, quasi tutte le donne troiane si fermano nella città siciliana di Segesta, sua madre, pur di non abbandonarlo, è una delle poche a seguire Enea.
Maggiore di età è Niso, il nobile figlio di Irtaco e Arisbe: è lui l'ideatore del piano, che inizialmente vorrebbe realizzare da solo, e per questo si sente responsabile della vita dell'amico.
I due compaiono insieme anche in un precedente episodio dell'*Eneide*, quando sono protagonisti della gara della corsa a piedi che si svolge durante i giochi funebri celebrati in onore di Anchise, il defunto padre di Enea.
Anche dopo la morte sono accomunati dallo stesso destino poiché i Rutuli conficcano le loro teste mozzate e sanguinanti sulla cima di due lance che portano in battaglia per spingere gli uomini a combattere.

10 **Scegli nell'elenco gli aggettivi che, secondo te, meglio definiscono la personalità e il comportamento dei due soldati troiani. Spiega poi i motivi della tua scelta.**

Eurialo è:

- ☐ imprudente
- ☐ generoso
- ☐ spaventato
- ☐ ingenuo
- ☐ leale
- ☐ crudele
- ☐ coraggioso
- ☐ astuto

infatti: ....
....
....
....

Niso è:

- ☐ imprudente
- ☐ generoso
- ☐ spaventato
- ☐ ingenuo
- ☐ leale
- ☐ crudele
- ☐ coraggioso
- ☐ astuto

infatti: ....
....
....
....

ORA SCRIVO IO

11 **La vicenda di Eurialo e Niso simboleggia l'amicizia vera, che è capace di affrontare qualunque prova. Racconta un episodio basato su questo tema, traendolo dalla tua esperienza personale o da libri e film che conosci.**

C'È STILE E STILE

12 **Individua e sottolinea le due similitudini utilizzate da Virgilio per descrivere la morte di Eurialo: a quali elementi della natura viene paragonato il giovane troiano? Perché, secondo te, il poeta fa questa scelta?**

UN MONDO DI PAROLE

13 **Anche l'ambiente influisce sulla tragica fine di Eurialo: sottolinea tutti gli elementi descrittivi (nomi, aggettivi, verbi) con cui l'autore definisce il paesaggio naturale in cui si svolge l'episodio.**

14 **Con quale aggettivo viene definita la morte di Niso? Quale idea comunica?**

La morte di Turno

Mentre Enea e Turno si affrontano nel duello finale, le divinità intervengono più volte per condizionare l'esito dello scontro finché Giove convince Giunone ad accettare la volontà del fato, che vuole la vittoria di Enea, promettendole che una volta fondata la città di Roma il nome degli odiati Troiani sarà dimenticato per sempre e sarà cancellata ogni traccia dell'antica Troia.
Durante il combattimento, che costituisce l'episodio conclusivo del poema, prevalgono i temi della lotta e del furore guerriero considerati da Virgilio non tanto come un'espressione di eroismo e coraggio, quanto come la causa di un'ininterrotta catena di orrori e sofferenze che nessuno riesce a spezzare.
Ti presentiamo l'ultima parte dello scontro che terminerà con l'uccisione di Turno, la cui conseguenza è la fine del lungo e sanguinoso conflitto tra Troiani e Rutuli.

E senza dire altro, rivolge[1] lo sguardo a un grande macigno,
a un grande, antico macigno che giaceva sul campo,
posto come confine al terreno, per dirimere le agresti contese[2].
A malapena dodici uomini scelti avrebbero potuto sollevarlo
di quelli che la terra nutre[3], dai corpi robusti;
egli, con mano tremante, di fretta lo scaglia contro il nemico,
ergendosi[4] alto e correndo, affannato.
Ma non si riconosce più[5] nella corsa, non nel muovere i passi,
né ad alzare le braccia e a scagliare quel masso smisurato;
gli si piegano le ginocchia, si gela il sangue per il terrore.
Allora la pietra, vanamente scagliata nel vuoto,
non percorse tutto lo spazio, non portò il colpo a bersaglio.
Come nel sonno, quando languida grava gli occhi
la quiete notturna[6], invano ci sembra di slanciarci
rapidi in corsa, ma a mezzo dello sforzo[7], sfiniti,
cediamo (non ha forza la lingua, non risponde il noto
vigore del corpo, non la voce, non le parole troviamo):
così a Turno, qualunque via cerchi il suo coraggio,
la perfida dea[8] vieta il successo. Allora in petto si agitano

1 rivolge: il soggetto sottinteso è Turno, il re dei Rutuli.

2 posto come confine al terreno, per dirimere le agresti contese: collocato sul terreno per segnare il confine e risolvere i contrasti sorti tra i contadini per la proprietà dei campi.

3 di quelli che la terra nutre: degli uomini attuali. Virgilio intende dire che ci vorrebbero dodici uomini del suo tempo per sollevare l'enorme macigno che un eroe come Turno era in grado di sostenere da solo.

4 ergendosi: sollevandosi.

5 non si riconosce più: non è più lo stesso.

6 quando languida grava gli occhi la quiete notturna: quando la stanchezza appesantisce gli occhi.

7 a mezzo dello sforzo: a metà dello sforzo.

8 la perfida dea: una delle Furie inviate da Giove per togliere le forze a Turno.

pensieri diversi: ai Rutuli volge lo sguardo e alla città,
esita, impaurito, e trema ad avventarsi in armi[9],
non sa dove volgersi, con che coraggio andare contro il nemico.
E non scorge più il carro e la sorella, suo auriga[10].
Contro il nemico incerto, esitante, l'asta fatale Enea vibra[11],
scelta con lo sguardo la sorte[12] e con tutta la forza del corpo
da lungi[13] la scaglia. Mai, scagliate da una macchina,
tanto fremono le pietre[14], né crepiti tanto stridenti
si levano da un fulmine. Vola come un fosco turbine[15],
morte malvagia arrecando, e lacera i bordi
della corazza e gli estremi giri dello scudo dai sette strati,
trapassa sibilando il femore[16]: si piega a terra
sotto il colpo, Turno possente, spezzato il ginocchio.
S'alzano con un grido i Rutuli, tutto riecheggia
intorno il monte[17], la voce diffondendo ovunque i boschi svettanti[18].
Ed umile, supplice lo sguardo[19], pregava[20] tendendo
la destra: «Meritai questa sorte, e non la rifiuto:
sfrutta la tua fortuna: ma se del padre infelice
ti può toccare il pensiero (anche tu un padre infelice
avesti) ti prego: abbi pietà della vecchiaia di Dauno[21],
e rendi me vivo, o il mio corpo privo di vita, se così preferisci,
ai miei. Hai vinto e vinto tender le supplici mani
mi videro gli Ausonii[22]; Lavinia[23] è tua moglie;
non spingere oltre il tuo odio!». Stette, crudele[24] nelle armi,
Enea, volgendo attorno lo sguardo e fermò la mano;

9 trema ad avventarsi in armi: ha paura di attaccare Enea.

10 la sorella, suo auriga: la sorella Giuturna, ninfa delle sorgenti e delle acque, ha guidato il carro da guerra di Turno ma si è allontanata quando ha capito che il destino del fratello è ormai segnato.

11 l'asta fatale Enea vibra: Enea scaglia la lancia destinata dal fato a colpire Turno.

12 scelta con lo sguardo la sorte: dopo avere individuato con lo sguardo l'obiettivo.

13 da lungi: da lontano.

14 Mai, scagliate da una macchina, tanto fremono le pietre: nessuna pietra scagliata da una macchina da guerra è in grado di provocare un tale rumore.

15 come un fosco turbine: come un nero vortice di vento.

16 femore: osso della gamba.

17 tutto riecheggia intorno il monte: tutte le montagne rimbombano delle loro grida.

18 la voce diffondendo ovunque i boschi svettanti: e gli ampi boschi diffondono ovunque le loro urla.

19 supplice lo sguardo: con lo sguardo implorante.

20 pregava: il soggetto è Turno.

21 Dauno: padre di Turno.

22 Ausonii: gli Italici.

23 Lavinia: la figlia di Lavinio, re dei Latini, che Turno ha chiesto in sposa ma che il padre ha promesso a Enea perché un oracolo gli ha preannunciato che lo sposo sarebbe giunto da una terra straniera.

24 crudele: fiero.

e già esitava, già le parole umili quasi lo avevano
piegato, quando sull'omero superbo apparve misero
il balteo, e brillò la cintura dalle note borchie,
la cintura del giovane Pallante[25], languente, che Turno
aveva finito: ora portava quella spoglia insigne.
Tutto quel ricordo di atroce dolore bevvero i suoi occhi,
quelle spoglie rivide Enea e tutto riarse il furore, l'ira

25 **quando sull'omero superbo apparve misero il balteo, e brillò la cintura dalle note borchie, la cintura del giovane Pallante**: quando sulle spalle del nemico vide la cinghia che sorreggeva la spada (*balteo*) di Pallante, ucciso in duello da Turno sotto gli occhi del padre Evandro, e riconobbe la sua cintura.

competenze alla prova

LEGGO E...

... COMPRENDO

1. **Da che cosa è provocata l'improvvisa debolezza di Turno?**
   - ☐ Sta combattendo da molte ore
   - ☐ È stato colpito dalla lancia di Enea
   - ☐ Ha paura di affrontare Enea
   - ☐ Una divinità ostile gli ha tolto le forze
2. **In che parte del corpo Turno viene colpito dall'asta di Enea?**
3. **Quale circostanza, invece, spinge Enea a uccidere Turno?**
4. **Dove subisce il corpo mortale Turno? Con che cosa è colpito?**
5. **Da che cosa Turno capisce di essere irrimediabilmente privo di forze e vulnerabile?**
   - ☐ Non riesce a sollevare il masso
   - ☐ Il masso scagliato non arriva a bersaglio
   - ☐ Lo prende all'improvviso il sonno
   - ☐ Si sente abbandonato dall'auriga e dalla sorella

... RICAVO DAL TESTO

6. **Virgilio afferma che nella sua epoca occorrerebbero .... persone per sollevare il masso che Turno afferra da solo. Con questo confronto tra gli eroi del passato e i suoi contemporanei il poeta intende dire che ....**

... ANALIZZO E INTERPRETO

7. **Qual è il senso delle ultime parole di Turno?**
   - ☐ Umiliare l'avversario
   - ☐ Fare una predizione sul suo destino
   - ☐ Inveire contro Enea
   - ☐ Ottenere pietà da Enea

ORA SCRIVO IO

8. **Enea esita per un attimo prima di uccidere Turno, ma quando vede la cintura di Pallante viene preso dall'ira. Che giudizio dai del suo comportamento?**
9. **Se dovessi essere il regista di un film sull'*Eneide*, quale attore sceglieresti per interpretare Turno e quale per Enea? Spiega perché.**

terribile: «Dunque tu, che vesti le spoglie di uno dei miei,
tu vorresti sottrarti a me? Pallante ti sferra questo colpo, Pallante
ti immola[26] e si vendica con tuo sangue infame».
Così dicendo la spada immerge nel petto
ardente; si sciolgono fredde le membra,
fugge sdegnata la vita alle ombre, gemendo.

da Virgilio, *Eneide*, libro XII, in *Epica antica*,
a cura di M. Belponer, Principato

26 ti immola: ti uccide.

C'È STILE E STILE

10 **A quale figura retorica ricorre il poeta per descrivere la sensazione provata dal re dei Rutuli quando il lancio del macigno va a vuoto (vv. 906-914)? Qual è il suo significato?**

UN MONDO DI PAROLE

11 **Le parole evidenziate nel testo si riferiscono allo stato d'animo di Turno durante il duello. Trascrivile, trova per ciascuna un sinonimo, infine spiega da quale sentimento è dominato il guerriero.**

ANALIZZO L'IMMAGINE

12 **A quale momento del brano si riferisce il dipinto? Descrivi la scena aiutandoti con le informazioni ricavate dal testo.**

Luca Giordano, XVII secolo
(Firenze, Galleria Corsini).

Verifica delle abilità

Ettore compare in sogno a Enea

Enea è ospite della regina di Cartagine, Didone, che durante il banchetto lo invita a raccontare la caduta di Troia: pur costretto a riaprire una dolorosa ferita, Enea rievoca i momenti più terribili di quella vicenda, con la finta fuga dei Greci e lo stratagemma del cavallo. Proprio nel momento in cui i Greci nascosti escono dal cavallo e aprono le porte agli altri che invadono la città, sepolta nel sonno, a Enea compare in sogno Ettore, che era stato ucciso da Achille poco tempo prima. Ettore gli spiega che la città ormai è destinata a cadere e che il suo compito, adesso, è di scappare da lì e di fondare una nuova patria.

Sembrava di udire ancora nell'aria le urla dell'audace sacerdote di Nettuno[1], e tutti noi sgomenti[2] interpretammo quell'atroce morte come il castigo divino per l'atto sacrilego da lui compiuto. Molti chiesero allora che si aprisse un varco nelle mura affinché quella imponente "macchina fatale"[3] potesse essere introdotta nella città. Trainato da funi, e scivolando su rulli, il cavallo avanzò minaccioso. Quattro volte si arrestò traballante sul limitare delle porte, e ogni volta dal suo ventre si udì levarsi un sinistro risuonare di bronzo. Ma la folla, oltre che accecata dalla gioia, era anche resa sorda dal timore dell'ira divina. Solo Cassandra, la sacerdotessa di Apollo destinata a non essere mai creduta, predisse terribili sventure, ma anche questa volta la sua voce restò inascoltata, mentre il popolo, in preda a una pazza euforia[4], esultava ormai soltanto per la fine della guerra e l'avvento d'una pace così a lungo desiderata. Il mostro infausto[5], seguìto da una folla festante, fu trainato fin sulla rocca della città. Dopo lunghe ore di smodata[6] allegria, calarono le tenebre della notte. Tutti giacevamo ebbri[7] di vino o vinti dal sonno, e in ogni caso ignari della tragedia che stava per abbattersi su di noi.

1 sacerdote di Nettuno: Laocoonte, che aveva invano cercato di opporsi all'ingresso del cavallo in Troia ed era stato ucciso da mostri marini inviati dal dio perché colpevole di essersi opposto alla volontà divina (vedi pag. 208).

2 sgomenti: sconvolti, increduli.

3 "macchina fatale": costruzione voluta dal fato, dal destino.

4 euforia: enorme gioia, esaltazione.

5 infausto: rovinoso.

6 smodata: senza misura ed equilibrio.

7 ebbri: ubriachi.

Un bagliore di fiamma s'innalzò ad un tratto dalla nave di Agamennone celata[8] con tutte le altre nella rada alle spalle di Tenedo[9]: era il segnale convenuto[10]. Sinone[11], lui sì ben desto, strisciò furtivo tra le case silenziose, raggiunse l'acropoli[12], e spalancò il varco celato da tavole impeciate[13] che si apriva sul ventre del cavallo. Da quell'ampia botola[14], simili a un fiume in piena che rompa gli argini, traboccò una schiera di guerrieri, che uniti a quelli sbarcati di nuovo dalle navi, si avventarono sulla città dormiente e indifesa. Mentre i Greci davano inizio al massacro, anch'io, stremato[15] da quella giornata di violente emozioni, dormivo d'un sonno di pietra, ma al tempo stesso pieno d'incubi: mi apparve il fantasma di Ettore, lordo[16] di sangue e di polvere, come lo avevamo visto dopo il colpo mortale infertogli da Achille. Queste, nel sogno o nell'incubo, furono le sue parole piene d'angoscia: "Fuggi dalla città, ormai preda della furia nemica e delle fiamme, porta in salvo i Penati[17], e cerca una nuova patria". Mi destai di soprassalto, e scorsi ovunque altissime lingue di fuoco che si riflettevano fin nel mare lontano. Incurante dell'esortazione di Ettore, e obbedendo a un disperato impulso guerriero, mi cinsi delle armi, e radunato un gruppo di uomini destati anch'essi dal ruggito delle fiamme e dalle urla della strage, decisi di tentare insieme a essi un'estrema difesa.

da *Luca Canali racconta l'Eneide*, libro II, Mondadori

La profetessa Cassandra, affresco (Klagenfurt, Landesmuseums fur Karnten).

8 celata: nascosta.

9 Tenedo: una piccola isola di fronte al litorale di Troia.

10 convenuto: pattuito, stabilito.

11 Sinone: è il Greco che, fingendosi fuggiasco perché vittima di un'ingiusta accusa di Ulisse, con l'inganno è riuscito a convincere i Troiani a portare il cavallo all'interno delle mura.

12 acropoli: rocca, parte più alta e fortificata di una città antica.

13 impeciate: cosparse di pece (sostanza bituminosa ottenuta dalla distillazione del catrame).

14 botola: piccola apertura, chiusa con uno sportello ribaltabile, che mette in comunicazione due ambienti o spazi, uno sopra l'altro.

15 stremato: sfinito.

16 lordo: sporco.

17 i Penati: sono le divinità protettrici della casa, della famiglia e dello stato.

VERIFICA

Leggi con attenzione il brano, poi rispondi alle domande.

totale punti: 29 **sufficienza punti: 17**

1 **Le vicende della caduta di Troia sono raccontate in prima persona. Chi è il narratore?** (1 punto)

....

2 **A chi si riferisce l'espressione "*tutti noi*" all'inizio del brano?** (2 punti)

- ☐ Ai Troiani
- ☐ Ai Greci
- ☐ Ai Cartaginesi
- ☐ A Enea e alla sua famiglia

3 **Per quale ragione si dice che il cavallo avanza "*minaccioso*"?** (fino a 2 punti)

....

....

....

4 **Nelle parole "*accecata*" e "*sorda*", riferite alla folla che non comprende il pericolo nascosto nel cavallo, puoi trovare due figure retoriche chiamate:** (2 punti)

- ☐ similitudini
- ☐ personificazioni
- ☐ metafore
- ☐ metonimie

5 **Chi profetizza la sventura, ma rimane inascoltata?** (1 punto)

....

6 **Qual è il destino riservato a Cassandra?** (2 punti)

- ☐ Predire terribili sventure
- ☐ Essere derisa dalla folla
- ☐ Non essere mai creduta
- ☐ Predire sempre fatti che non si avverano

7 **Durante la notte i Troiani:** (1 punto)

- ☐ annullano quasi completamente la sorveglianza
- ☐ diminuiscono la sorveglianza
- ☐ mantengono la stessa sorveglianza di prima
- ☐ aumentano la sorveglianza

8 **Quale di questi sentimenti descrive meglio lo stato d'animo dei Troiani dopo la partenza dei Greci?** (1 punto)

- ☐ Incertezza per il futuro
- ☐ Euforia per l'avvento della pace
- ☐ Stanchezza per i lunghi anni di guerra
- ☐ Tristezza per le numerose vittime dei combattimenti

9 **Dove si tengono nascosti i Greci fuori dalle mura di Troia?** (1 punto)

....

10 **Qual è il segnale convenuto tra i Greci?** (1 punto)

....

11 **Qual è il significato dell'aggettivo "*furtivo*", riferito al modo in cui Sinone raggiunge l'acropoli di Troia, e da quale sostantivo deriva?** (fino a 3 punti)

....

....

....

....

12 **Quale figura retorica è contenuta nell'espressione "*simili a un fiume in piena che rompa gli argini*"?** (2 punti)

....

13 **Mentre i Greci danno inizio al massacro dei Troiani, che cosa sta facendo Enea?** (2 punti)

- ☐ Sta dormendo di un sonno ignaro e tranquillo
- ☐ Sta dormendo di un sonno profondo e pieno di incubi
- ☐ Sta vegliando perché teme un inganno dei Greci
- ☐ Sta radunando i suoi familiari per scappare da Troia

14 **Che aspetto ha il fantasma di Ettore che compare a Enea?** (1 punto)

- ☐ Sereno e tranquillo
- ☐ Dolce e calmo
- ☐ Nervoso e agitato
- ☐ Sconvolto e sofferente

15 **Che cosa di particolare deve portare via con sé Enea, secondo le indicazioni di Ettore?** (2 punti)

....

16 **Da quale verbo deriva la forma "*scorsi*", nella frase "*Mi destrai di soprassalto, e scorsi ovunque altissime lingue di fuoco...*"? Da quale altro verbo potrebbe, fuori da questo contesto, anche derivare?** (fino a 3 punti)

....

....

17 **Enea dà subito retta alle indicazioni di Ettore? Motiva la tua risposta.** (fino a 2 punti)

....

....

....

....

il poema epico-cavalleresco

Tre parole riassumono i valori della cavalleria: *lealtà*, *prodezza* e *saggezza*.
La *lealtà* è la capacità di mostrarsi fedele verso tutti gli uomini a cui il cavaliere è legato, per sangue o giuramento.
La *prodezza* è l'insieme delle qualità fisiche e morali che fanno l'ardimento di un guerriero.
La *saggezza* è il necessario complemento del coraggio e consiste nella capacità di reprimere gli eccessi di collera, invidia, odio, cupidigia rimanendo padroni di sé nel furore dell'azione.

adatt. da G. Duby, *L'avventura di un cavaliere medievale*, Laterza

Nell'alto Medioevo, quando l'impero romano di Occidente è definitivamente tramontato, nascono nuovi regni in cui elementi culturali di origine romana si fondono con gli apporti delle diverse culture barbariche, preparando il terreno alla formazione delle future monarchie nazionali che determineranno poi le sorti dell'Europa moderna e contemporanea: queste profonde trasformazioni interessano l'economia, la società, il diritto e le tecniche militari.

Tra il VII e l'VIII secolo, ai confini dell'Europa si affacciano due popolazioni nuove, gli **Arabi**, che attraverso lo stretto di Gibilterra sbarcano in Spagna e minacciano il continente, e gli **Ávari**, che muovendosi dall'Asia centrale verso Occidente determinano lo spostamento verso l'Europa centrale di molti altri gruppi seminomadi, tra cui i Longobardi.

Pur essendo civiltà diversissime tra loro, Arabi e Ávari sono accomunati dall'uso del cavallo negli scontri bellici e ciò costringe le popolazioni europee che entrano in conflitto con loro – in primo luogo i Franchi – a trasformare il proprio modo di combattere per potersi opporre efficacemente agli invasori: negli scontri militari viene utilizzata massicciamente la **cavalleria** e dall'VIII secolo il **cavaliere** diviene la figura centrale di ogni azione militare.

IL POEMA EPICO-CAVALLERESCO

Il contesto storico e culturale

Dopo la caduta dell'Impero romano nascono i nuovi regni romano-barbarici, il cui patrimonio di miti e leggende viene trasmesso in forma poetica utilizzando le **lingue volgari**, ossia le lingue locali che progressivamente sostituiscono il latino.
Riprende così vigore in Europa la tradizione dei **poemi epici**, che ora celebrano la nascente società feudale e sono dominati dalla figura del **cavaliere**, un personaggio che agisce sulla spinta di alti ideali come la difesa dei deboli, delle donne e della fede cristiana.
È per questo motivo che nel Medioevo si parla di **epica cavalleresca**, anche se i diversi poemi assumono di volta in volta caratteristiche specifiche in relazione alla realtà storica e culturale all'interno della quale vengono elaborati.

Le *chanson de geste*: all'origine del poema cavalleresco

Tra l'VIII e il XIII secolo in tutta Europa si diffondono le ***chanson de geste*** (canzoni di gesta), narrazioni in cui si mescolano elementi mitici, fiabeschi e religiosi e che hanno come argomento il racconto di eventi storici o imprese militari compiute da cavalieri.
Inizialmente queste storie leggendarie vengono trasmesse oralmente dai **giullari**, girovaghi che si spostano di città in città intrattenendo il pubblico con versi accompagnati da semplici melodie, motivo per cui esse sono definite *chanson*.
Con il passare degli anni queste narrazioni vengono trascritte nelle diverse **lingue volgari** e spesso vengono raggruppate in **cicli di storie** che hanno come elemento unificante un personaggio o una famiglia nobile: nascono così i **poemi epico-cavallereschi**, che quasi sempre sono giunti a noi in forma anonima poiché sono frutto di un lungo e sotterraneo lavoro di rielaborazione di antiche leggende.
Le *chanson de geste* nascono in aree geografiche diverse: il più antico poema epico-cavalleresco spagnolo è il ***Cantare del Cid***, un'opera composta tra l'XI e il XII secolo e basata sulla figura storica di Rodrigo Diza de Vivar, detto il *Cid campeador* (cioè il signore delle battaglie), mentre in territorio germanico intorno al XIII secolo un autore ignoto compone la ***saga dei Nibelunghi*** (vedi pag. 243), una raccolta di miti e racconti tradizionali che celebrano la forza e il coraggio dell'eroe Sigfrido.
La più celebre tra le *chanson de geste* è la ***Chanson de Roland*** (la Canzone di Orlando), che appartiene al **ciclo carolingio** poiché i suoi protagonisti sono i cavalieri al seguito di Carlo Magno - il cui nome latino è *Carolus* - che combattono contro gli Arabi invasori della Spagna.

Cavalieri catalani, al tempo delle imprese militari del Cid; miniatura da un codice dell'XI secolo (Monastero di Santa Isadora nel Leon).

scheda

I luoghi dei poemi cavallereschi medievali

1 Saragozza
Città spagnola dominata dal re musulmano Marsilio.

2 Roncisvalle
Stretto passaggio sui monti Pirenei dove la retroguardia di Carlo Magno viene sbaragliata e Orlando è ucciso.

3 Bretagna
Regione anticamente abitata dai Celti, dall'VIII secolo sotto il controllo dei Franchi.

4 Camelot (Cornovaglia)
Capitale del regno di Artù.

5 Avalon (coste del Galles)
Luogo dove Artù attende di tornare a regnare.

6 Fiume Reno
Territorio abitato dai Burgundi, una tribù germanica proveniente forse dalla Penisola scandinava.

7 Islanda
Regno di Brunilde.

Il poema cavalleresco in Francia

La *Chanson de Roland*

La *Chanson de Roland*, composta tra l'XI e il XII secolo, è suddivisa in 291 lunghe strofe, chiamate lasse, costituite da versi decasillabi (ossia formati da dieci sillabe). Essa è scritta da un autore anonimo e viene trascritta da un certo Turoldo in **lingua d'oïl**, il volgare che in quel tempo viene parlato nel nord della Francia.
Lo stile della *Chanson de Roland* è semplice e diretto e questa scelta, insieme alle numerose ripetizioni e ai frequenti epiteti che definiscono i personaggi, dimostra che essa, come molte altre *chanson de geste* medievali, in origine veniva trasmessa solo oralmente.

Il contenuto della *Chanson de Roland*

Dopo aver condotto il suo esercito in Spagna per combattere contro il re musulmano di Saragozza Marsilio, Carlo Magno fa ritorno in Francia e affida la retroguardia dell'esercito a Orlando e ad altri undici *paladini* (cavalieri).
Giunti sui monti Pirenei, i soldati franchi cadono in un'imboscata dei Saraceni che li bloccano al passo di Roncisvalle seguendo le indicazioni del conte Gano di Magonza, che tradisce il suo schieramento per invidia nei confronti di Orlando.
A causa della loro inferiorità numerica i paladini vengono rapidamente sopraffatti e nonostante il conte Oliviero chieda a Orlando di richiamare l'esercito di Carlo Magno, il cavaliere si rifiuta per non essere disonorato. Solo poco prima di morire Orlando suona l'*olifante*, il suo corno magico, ma Carlo giunge a Roncisvalle quando è ormai troppo tardi: dopo aver sepolto Orlando, il re vendica la morte dei suoi paladini facendo strage dei nemici, poi attacca e conquista Saragozza costringendo alla fuga Marsilio.
Il poema si conclude con il ritorno di Carlo in Francia e l'annuncio alla promessa sposa di Orlando della morte dell'eroe, la cui anima è ascesa in paradiso.

Orlando morente offre a Dio il guanto, miniatura del XIII secolo (Tubinga, Biblioteca universitaria).

Dalla storia alla leggenda

L'episodio narrato nella *Chanson de Roland* ha un fondamento storico poiché effettivamente nell'estate del 778 l'esercito di Carlo Magno viene attaccato sui Pirenei mentre ritorna in Francia da una spedizione.
Nonostante gli storici ritengano che gli aggressori non fossero soldati arabi ma briganti baschi e che il combattimento abbia avuto uno scarsissimo peso militare e politico, con il passare del tempo lo scontro di Roncisvalle viene trasfigurato assumendo un'importanza leggendaria.
Se nella realtà storica i paladini di Carlo Magno sono guerrieri appartenenti alla nobiltà feudale e quindi piuttosto inclini a servirsi della violenza per risolvere i conflitti, dopo lo scontro di Roncisvalle essi vengono considerati un **modello morale** di comportamento e un **simbolo della cristianità**, a causa del loro alto senso dell'onore che li spinge a prestare fedeltà al signore e a rispettare i patti, e della loro capacità di sacrificare la vita combattendo contro gli infedeli, ossia coloro che praticano un'altra religione.

scheda

I personaggi della *Chanson de Roland*

Nella *Chanson de Roland* si mescolano personaggi creati dalla fantasia dell'autore, come il musulmano **Marsilio**, a personaggi storici, come **Carlo Magno** e il marchese di Bretagna **Orlando**, che vengono trasformati in figure leggendarie.
I cavalieri dei due eserciti non hanno caratteristiche psicologiche individuali ben definite: essi agiscono all'interno del loro gruppo secondo **schemi fissi e ripetitivi** e le loro doti morali dipendono dallo schieramento cui appartengono, per cui l'autore considera gli **Arabi** sempre malvagi e vili, per il solo fatto di non praticare la religione cristiana, mentre tutti i **Franchi** – e soprattutto Orlando – sono onesti, leali e coraggiosi.
L'unica eccezione è costituita da **Gano di Magonza** che, pur appartenendo ai Franchi, è una figura meschina che si macchia del più grave dei delitti, il tradimento, poiché non rispetta il vincolo di fedeltà che lo lega al re e al nipote Orlando.

Suonatore di corno, dalla *Chanson de Roland*, manoscritto di San Gallo, XIII secolo (Collezione privata).

La morte di Orlando

Dopo aver combattuto strenuamente contro i Saraceni, Orlando è ormai in procinto di morire e rivolge gli ultimi pensieri a ciò che sta più a cuore a ogni cavaliere medievale degno di questo nome: la sua spada, che non vuole lasciare nelle mani dei nemici, il suo re, di cui ricorda la straordinaria potenza, e la sua anima, che raccomanda a Dio.

Vetrata che raffigura due episodi della *Chanson de Roland*: a sinistra il paladino, la cui testa è circondata da un'aureola, cerca di rompere la spada; a destra suona l'olifante (Cattedrale di Chartres).

CLXX

Orlando sente che la vista ha perduta:
si mette in piedi, si sforza più e più;
anche il colore nella faccia ha perduto.
Davanti a lui sorge una pietra scura.
Egli vi dà dieci colpi con cruccio[1]:
stride l'acciaio, non si scheggia per nulla.
«Ah», dice il conte «Santa Maria, qui aiuto!
Ah, Durendala[2], aveste assai sfortuna!
Ora che muoio, di voi non avrò cura.
Per voi sul campo tante vittorie ho avute
e contro tanti paesi ho combattuto,
che tiene or Carlo[3], che ha la barba canuta!
Non v'abbia un uomo che innanzi ad altri fugga[4].
Per lungo tempo un prode vi ha tenuta!
La Francia santa così non ne avrà più!».

CLXXI

Colpisce Orlando la pietra di Cerdagna[5]:
stride l'acciaio, ma non si rompe affatto.
Quando egli vede che non può proprio infrangerla,
dentro se stesso così comincia a piangerla:
«Ah! Durendala, come sei chiara e bianca!
Quanto risplendi contro il sole e divampi!

1 con cruccio: con dolore e disperazione.

2 Durendala: è il nome della spada magica che Carlo Magno, il re dei Franchi, ha donato a Orlando. In altre traduzioni viene chiamata anche *Durendal* o *Durlindana*.

3 che tiene or Carlo: che ora possiede Carlo Magno.

4 Non v'abbia un uomo che innanzi ad altri fugga: Orlando non vuole che alla sua morte un uomo vile possa impossessarsi della sua gloriosa spada.

5 la pietra di Cerdagna: la pietra della regione di Ceritania (*Cerdagna*) nei Pirenei.

Fu nelle valli di Moriana[6] che a Carlo
Iddio dal cielo per mezzo del suo angelo
disse di darti a un conte capitano:
e a me la cinse il re nobile e grande.
Con te gli presi allora Angiò e Bretagna,
con te gli presi il Pittavo e la Mania,
la Normandia, la quale è terra franca;
con te gli presi Provenza ed Aquitania
e Lombardia e tutta la Romània,
con te gli presi la Baviera e le Fiandre,
la Bulgaria, la terra dei Polacchi,
Costantinopoli, che gli prestò l'omaggio[7],
mentre in Sassonia fa quello che gli garba;
con te gli presi e la Scozia e l'Irlanda,
e l'Inghilterra, che diceva sua stanza.
Preso ho per lui tante terre e contrade
che tiene Carlo, che or ha la barba bianca.
Per questa spada ho dolore ed affanno:
meglio morire che ai pagani lasciarla.
Dio, non permettere che si umilii la Francia!».

CLXXIII

Orlando sente che la morte lo prende,
che dalla testa sopra il cuore gli scende.
Se ne va subito sotto un pino correndo
e qui si corica, steso sull'erba verde:
sotto, la spada e l'olifante[8] mette;
verso i pagani[9] poi rivolge la testa:
e questo fa perché vuole davvero
che dica Carlo con tutta la sua gente
che il nobil conte è perito[10] vincendo.
Le proprie colpe va spesso ripetendo[11],
e a Dio per esse il suo guanto protende[12].

6 nelle valli di Moriana: nella regione di Maurienne in Savoia.

7 Con te gli presi allora Angiò e Bretagna ... Costantinopoli, che gli prestò l'omaggio: il lungo elenco di terre conquistate ha il duplice scopo di dimostrare la prodezza di Orlando e il potere di Carlo, anche se in realtà la Polonia e Costantinopoli non sono mai state sottomesse ai Franchi.

8 olifante: il corno da caccia ricavato da una zanna di elefante, da cui deriva il nome, che può essere sentito da Carlo dovunque si trovi Orlando.

9 pagani: i soldati saraceni sono detti *pagani* perché non praticano la religione cristiana.

10 perito: morto.

11 Le proprie colpe va spesso ripetendo: Orlando confessa a Dio i propri peccati.

12 e a Dio per esse il suo guanto protende: conferma la propria fedeltà a Dio. Nel Medioevo *offrire il guanto* significa giurare fedeltà.

Richiamato dal suono dell'olifante, Carlo Magno giunge finalmente a Roncisvalle, dove scopre la terribile disfatta della retroguardia franca e decide di vendicare la morte dei suoi uomini.

CLXXVI

È morto Orlando; ne ha Dio l'anima in cielo.
L'imperatore a Roncisvalle viene.
Non vi si trova né strada né sentiero
né terra vuota, nemmeno un braccio o un piede[13],
dove non siano Saracini[14] o Francesi.
E Carlo grida: «Bel nipote, ove siete?
e l'arcivescovo ed il conte Oliviero?
dov'è Gerino e il compagno Genero?
e dove Ottone? e Berengario ov'è?
ed Ivo e Ivorio, che io prediligevo?
Che cos'è ora il guascone Engeliero,
Sansone il duca ed Anseigi il fiero?
Dov'è Gerardo di Rossiglione il vecchio,
dove i miei dodici Pari, lasciati indietro?»
Ma a che gridare, se nessun rispondeva?
«Dio!» disse il re «tanto affligger mi debbo,
che non ci fui, quando a lottar si prese[15]!».
Tutta la barba si strappa per lo sdegno.
Piangono i suoi valenti cavalieri [...]

13 nemmeno un braccio o un piede: nemmeno un piccolo spazio. Il *braccio* e il *piede* sono antiche unità di misura che corrispondono all'incirca a 30-50 centimetri.

14 Saracini: Arabi.

15 quando a lottar si prese: quando cominciò il combattimento.

Carlo Magno piange i suoi paladini caduti a Roncisvalle, miniatura dalle *Grandes Chroniques de France* (Bruxelles, Biblioteca Reale).

CLXXVIII

L'imperatore fa le trombe suonare,
poi col suo grande esercito cavalca.
Voltato il dorso hanno quelli di Spagna[16];
e tutti i Franchi dànno insieme la caccia.
Quando il re vede il vespro declinare[17],
sull'erba verde smonta in mezzo ad un prato,
si stende a terra e incomincia a pregare
perché il Signore faccia il sole fermarsi,
tardar la notte e il giorno prolungarsi.
Ed ecco un angelo che suol con lui parlare[18]
questo comando rapido viene a dargli:
«Carlo, cavalca; la luce non ti manca.
Dio sa che il fiore hai perduto[19] di Francia:
puoi vendicarti della razza malvagia».

rid. e adatt. da *La Canzone di Orlando*, a cura di C. Segre, trad. di R. Lo Cascio, Rizzoli

16 Voltato il dorso hanno quelli di Spagna: i nemici si sono dati alla fuga.

17 il vespro declinare: il sole al tramonto.

18 suol con lui parlare: è l'arcangelo Gabriele che protegge e consiglia il re di Francia.

19 il fiore hai perduto: hai perso i migliori cavalieri.

scheda

La spada del cavaliere medievale

Nel Medioevo le spade sono rare e preziose e sono oggetto di un'attenta cura: gli scudieri dei cavalieri passano ore ad affilarle, lucidarle per proteggerle dalla ruggine e raddrizzarle, e quando sono irreparabilmente danneggiate esse vengono fuse per recuperare il metallo ed essere riplasmate.

Le spade sono lunghe più di un metro, pesano due o tre chili e hanno un'impugnatura che può essere afferrata con entrambe le mani; esse sono il migliore strumento per il combattimento a piedi corpo a corpo perché sono pensate per penetrare le difese dell'avversario con la punta (*stoccata*) e per squarciarne il corpo con il taglio (*fendente*).

La spada è l'emblema del potere del cavaliere, che la tratta come una persona attribuendole addirittura un nome, e la sua forma simile a una croce le conferisce una certa sacralità: per questo motivo nel pomo della spada di Orlando sono racchiuse alcune reliquie di santi come il *dente di san Pietro*, il *sangue di san Basilio*, i *capelli di san Dionigi* e un pezzo di *vestito della Vergine Maria*.

L'investitura di un cavaliere.

competenze alla prova

LEGGO E...

... COMPRENDO

1. Chi ha donato a Orlando la spada?
2. Che cosa tenta di fare il paladino della sua arma? Per quale motivo?
3. In quale modo miracoloso Carlo riesce a portare a termine la sua vendetta?

... RICAVO DAL TESTO

4. Che cosa lascia intendere l'espressione in cui si dice che Orlando "*anche il colore nella faccia ha perduto*" (v. 2299)?
5. Come si chiama la spada di Orlando?
6. Perché Orlando, prima di morire, pone sotto il suo corpo la spada e l'olifante?

... ANALIZZO E INTERPRETO

7. Che cosa indica il fatto che Orlando si rivolge direttamente alla sua spada, chiamandola per nome?
8. Perché prima di morire Orlando rivolge il viso in direzione dei nemici (v. 2360)?
   - ☐ Perché vuole guardarli in faccia per l'ultima volta
   - ☒ Perché vuole dimostrare al suo re di non essere fuggito
   - ☐ Perché spera di suscitare la loro pietà
   - ☐ Perché ha paura che si impossessino della sua spada

ANALIZZO L'IMMAGINE

15. Descrivi l'immagine individuando in essa personaggi e oggetti nominati nel testo.

9. Come tutti i paladini, anche Orlando è profondamente religioso: quali espressioni, gesti e situazioni lo dimostrano?
10. Il conte Orlando definisce *santa* la Francia, mentre l'arcangelo che parla a Carlo chiama i nemici ....: per quale motivo i due popoli sono giudicati in modo tanto diverso?

ORA SCRIVO IO

11. Nel brano citato, è stata omessa la strofa che comprende i versi 2416-2442: prova a immaginare quale può essere il suo contenuto.

C'È STILE E STILE

12. Secondo lo stile tipico dei poemi epici, nel brano sono presenti epiteti e versi che si ripetono uguali: sottolineali e spiega a quale personaggio e situazione si riferiscono.

UN MONDO DI PAROLE

13. Nell'episodio ci sono due lunghe elencazioni, la prima delle quali riguarda i territori sottomessi dai Franchi: quali sono? Quali di essi hanno ancora lo stesso nome?
14. La seconda elencazione riguarda i paladini che costituiscono la retroguardia di Carlo sterminata dagli Arabi: quanti sono? Quali sono i loro nomi?

Jean Fouquet Muerte, *La morte di Orlando*, in *Grandi cronache di Francia*, 1455-1460 (Parigi, Biblioteca Nazionale).

Il poema epico germanico

La *Canzone dei Nibelunghi*

Sull'esempio delle *chanson de geste* francesi, in area germanica viene composta la *Canzone dei Nibelunghi*, un poema in versi redatto nel XIII secolo in volgare tedesco da un autore anonimo che riprende e organizza antichi miti e leggende: nell'area nord europea queste narrazioni leggendarie di carattere epico basate su tradizioni popolari vengono dette **saghe**.

La Canzone dei Nibelunghi, miniatura, XV secolo.

L'opera è suddivisa in 39 canti costituiti da quartine (strofe di quattro versi) in rima baciata (AA BB) ed è ambientata nel V secolo d.C. nel territorio che costeggia il corso del fiume Reno. Essa è strutturata in due ampi nuclei narrativi, il primo dei quali ha come protagonista l'**eroe Sigfrido** e si conclude con la sua uccisione, mentre il secondo ruota intorno alla moglie **Crimilde** e al suo progetto di vendicare la morte dell'amato.

La *Canzone dei Nibelunghi* ha una grande diffusione popolare, e grazie al ritrovamento di antichi manoscritti la sua fama cresce a partire dal XVIII secolo raggiungendo il suo apice nel Novecento, quando il compositore Richard Wagner si ispira a essa per il suo ciclo di quattro drammi musicali intitolato *L'anello del Nibelungo*.

Schnorr von Carolsfed, *Sigfrido ucciso da Hagen*, 1831-1867 (Monaco, Residenz Museum).

scheda

I protagonisti della *Canzone dei Nibelunghi*

A differenza dei personaggi delle *chanson de geste* francesi, i protagonisti della *Canzone dei Nibelunghi* appaiono psicologicamente complessi e sono caratterizzati da passioni violente e intense che spingono le loro azioni alle estreme conseguenze.

Brunilde è una delle valchirie di Odino, le fanciulle guerriere che affiancano il re degli dèi. Regna in Islanda, è dotata di poteri magici, è un'esperta guerriera e sottopone i suoi pretendenti a prove durissime. Quando scopre l'inganno di Sigfrido si vendica in modo terribile.

Crimilde è la sorella del re dei Burgundi Gunther. Sposa Sigfrido nonostante una profezia le abbia predetto la fine prematura dell'uomo e alla sua morte accetta le nozze con il re degli Unni Etzel (Attila).
Inizialmente timida e gentile, dopo l'uccisione di Sigfrido è animata da un violento spirito di vendetta.

Gunther è re dei Burgundi e fratello di Crimilde. Ottiene la mano di Brunilde grazie all'aiuto di Sigfrido a cui dà in sposa la sorella, ma tradisce l'antico compagno per sottrargli il tesoro dei Nibelunghi.
È un uomo debole, insicuro e molto avido.

Hagen, vassallo di Gunther, si fa rivelare da Crimilde il punto debole di Sigfrido e lo uccide a tradimento, poi seppellisce il tesoro dei Nibelunghi nel Reno per evitare che la donna lo usi per realizzare la sua vendetta.

Sigfrido è un discendente del capo degli dèi Odino. Quando si immerge nel sangue del drago Fafnir diventa invulnerabile in tutto il corpo tranne che in un punto della schiena su cui si è posata una foglia. Aiuta Gunther a conquistare Brunilde, sposa Crimilde e viene ucciso da Hagen.
È giovane e bello e simboleggia il coraggio, la lealtà, la generosità e l'altruismo.

Ferdinand Eeke, *L'addio di Wotan alla figlia Brunilde*, 1895 circa, incisione ispirata a *L'anello del Nibelungo* di Richard Wagner.

Il contenuto della *Canzone dei Nibelunghi*

Sigfrido, figlio del re della regione del basso Reno, parte per impossessarsi dell'immenso tesoro dei Nibelunghi, una stirpe di nani che vive sotto terra e conosce i segreti della fusione del ferro: nel corso della sua impresa Sigfrido sottrae al nano Alberico un cappuccio magico che lo rende invisibile e gli dà la forza di dodici guerrieri, uccide il drago Fafnir e si bagna nel suo sangue diventando quasi completamente invulnerabile.

Conquistato il tesoro dei Nibelunghi, Sigfrido giunge alla corte dei Burgundi (stanziati lungo il corso del fiume Reno), dove cerca di ottenere la mano di Crimilde, la sorella del re Gunther nota per la sua bellezza. Per raggiungere il suo scopo promette a Gunther di aiutarlo a conquistare la crudele regina d'Islanda Brunilde, che sottopone i suoi pretendenti a terribili prove di forza e di coraggio.

Durante il torneo Sigfrido si rende invisibile e sconfigge Brunilde, costringendola a sposare Gunther che crede il vero vincitore della sfida. Grazie alla sua impresa anche Sigfrido può sposare Crimilde e tornare con lei nella sua terra.

Trascorsi dieci anni, le due coppie si ritrovano, ma nel corso di una violenta lite Crimilde rivela a Brunilde l'inganno che si cela dietro le sue nozze, suscitando in lei un furioso spirito di vendetta.

L'odio nei confronti di Sigfrido dilaga e coinvolge anche Gunther, che vuole eliminare l'antico alleato per impadronirsi del suo tesoro; quando il vassallo Hagen scopre il suo punto debole, Sigfrido viene ucciso e i due rubano il tesoro dei Nibelunghi, nascondendolo nel letto del fiume Reno.

Rimasta vedova, Crimilde accetta di sposare il re degli Unni Etzel (Attila) ma non riesce a vendicare la morte del primo marito; dodici anni dopo, in occasione della nascita del primogenito, invita i Burgundi alla sua corte e durante i festeggiamenti li fa sterminare tutti. Solo Hagen e Gunther vengono risparmiati e sono condotti da Crimilde che, dopo aver fatto decapitare il fratello, chiede ad Hagen di svelarle il luogo dove è nascosto il tesoro.

Al suo rifiuto, Crimilde decapita Hagen con la spada di Sigfrido, ma viene uccisa a sua volta da Ildebrando, un maestro d'armi degli Unni indignato dalla crudeltà della donna: la conclusione del poema realizza un'antica profezia secondo cui l'oro dei Nibelunghi è maledetto e procura morte e rovina a chi cerca di possederlo.

Sigfrido uccide Fafnir, che sotto le sembianze di un drago custodisce il tesoro usurpato dai Nibelunghi.

Mito e storia nella *Canzone dei Nibelunghi*

Nel poema gli elementi mitici e leggendari risalenti alla tradizione germanica e scandinava si intrecciano a un nucleo storico che viene rielaborato in modo fantasioso.
Nella prima metà del V secolo il popolo dei Burgundi conquista la riva sinistra del Reno in precedenza controllata dai Romani e vi si insedia stabilmente. Qualche decennio dopo i Burgundi vengono attaccati e sconfitti dagli Unni, una popolazione nomade e guerriera proveniente dall'Asia e guidata da Attila. I superstiti sono costretti a spostarsi verso ovest, nel territorio dell'attuale Francia che da loro prende il nome di Borgogna.
Lo sterminio dei Burgundi durante i festeggiamenti alla corte degli Unni rappresenterebbe quindi in modo simbolico la **fine dell'egemonia burgunda** e l'affermarsi nel loro territorio di un nuovo popolo di dominatori.

Le caratteristiche della società germanica

Nella *Canzone dei Nibelunghi* ritroviamo diversi temi tipici dei poemi cavallereschi, quali l'esaltazione del coraggio e della forza fisica e l'intervento di forze magiche e soprannaturali nelle vicende umane. Tuttavia nell'opera sono riconoscibili anche aspetti che evidenziano valori culturali specifici delle antiche popolazioni germaniche, come lo **spirito di vendetta** che spinge Brunilde a far uccidere Sigfrido e Crimilde a provocare lo sterminio del suo stesso popolo.
La legge germanica prevede infatti che chi ritiene di essere stato danneggiato da qualcuno possa vendicarsi con un'azione personale, per costringere chi gli ha procurato il danno a espiare la propria colpa. Questo meccanismo si chiama **faida** e può coinvolgere due individui, ma anche due *clan* (famiglie allargate) o addirittura due territori: per questo motivo le azioni compiute da Brunilde e Crimilde, che a noi paiono crudeli ed eccessivamente violente, sono invece perfettamente coerenti con i valori e la cultura della società in cui esse vivono.

Henry Le Groux, *La morte di Sigfrido*, 1899 (Collezione privata).

L'inganno di Sigfrido

Per conquistare la mano di Brunilde, la crudele regina d'Islanda che sottopone i suoi pretendenti a difficilissime prove di forza e agilità, il re dei Burgundi Gunther si serve dell'aiuto di Sigfrido: utilizzando il cappello magico sottratto ai Nibelunghi l'eroe diventa invisibile e riesce a sconfiggere Brunilde, costringendola ad accettare la proposta di matrimonio di Gunther.
Come in altri episodi del poema, anche in questo caso i protagonisti si servono dell'inganno per avere la meglio sui loro avversari, senza che ciò venga considerato sbagliato dal punto di vista morale.
Nel brano, inoltre, vengono sottolineate alcune delle più spiccate caratteristiche di Brunilde, quali il temperamento altero e sprezzante e la forza straordinaria, determinata dalla sua origine divina.

Nicolai Roerich, *Ospiti d'Oltremare*, 1902 (San Pietroburgo, Museo Nazionale Russo).

L'arrivo degli stranieri

Scesero dalla nave solamente quattro cavalieri[1]. Sigfrido teneva alla briglia un cavallo riccamente bardato; resse anche la staffa al re che vi salì in sella. Così lo servì Sigfrido.
Brunilde, la bellissima fanciulla, vide i quattro cavalieri, notò le loro splendide vesti, i loro cavalli, gli scudi, i pettorali stretti, da cui pendevano sonagli di oro rosso, le aste affilate da poco, le belle spade larghe e acuminate.
Gli eroi, forti e arditi, cavalcarono verso il castello; le porte erano spalancate. I guerrieri di Brunilde corsero loro incontro per riceverli. Uno dei servi chiese le spade e le lucide corazze. Hagen si rifiutò di consegnare le armi, ma poi dovette farlo, come gli altri, perché quello era l'uso del paese.
Fu offerto agli ospiti il vino e furono condotti a riposare. La corte era popolata da valorosi guerrieri riccamente vestiti; tutti guardavano con curiosità gli stranieri.
La regina volle sapere chi fossero quegli sconosciuti dall'aspetto così nobile e perché avessero affrontato il viaggio. Disse uno del seguito:
– Vi devo confessare che non ne ho mai visto nessuno, però uno di loro assomiglia a Sigfrido. Vi consiglio di riceverlo. L'altro compagno ha il nobile aspetto di un re. Il terzo ha di certo un animo cattivo: bello di corpo, ha ferocia negli occhi. Il più giovane di essi ha atteggiamento dignitoso e un aspetto molto amabile. Il suo corpo è così ben fatto, che, se l'ira lo assale, potrebbe far piangere molte fanciulle[2].

1 quattro cavalieri: sono il re Gunther, Sigfrido, Hagen, il vassallo di Gunther che in seguito ucciderà Sigfrido a tradimento, e Dankwart, suo fratello.

2 potrebbe far piangere molte fanciulle: potrebbe uccidere molti guerrieri e quindi far piangere di dolore altrettante fanciulle.

La regina rispose:
– Portami l'armatura. Se il prode Sigfrido è venuto fin qui per amor mio, riceverà la morte. Io non lo temo al punto di diventare sua moglie.
La bella Brunilde in poco tempo fu armata e, accompagnata da numerose fanciulle e guerrieri, si presentò agli stranieri. Appena vide Sigfrido disse:
– Benvenuto, Sigfrido, in questo paese. Vorrei sapere qual è lo scopo del vostro viaggio.
– Vi ringrazio, mia regina, che vi preoccupiate di salutarmi prima di questo nobile cavaliere che sta davanti a me: egli è il mio signore. Il suo paese è sul Reno ed è venuto fin qui perché vuole amarvi, qualunque cosa gli accada. Pensateci bene, perché egli non rinunzierà al suo disegno. Si chiama Gunther ed è un re fiero e potente. Desidera solamente avere il vostro amore. Per ordine suo ho affrontato questo viaggio. Se egli non fosse il mio signore, non lo avrei seguito.
Ella disse:
– S'egli è il tuo signore, e tu sei un vassallo, mostri il suo valore. Se scaglierà la pietra per poi riprenderla con un balzo, se mi vincerà all'asta io sarò sua moglie. Ma se io sarò vincitrice a voi tutti sarà tolta la vita.
Il prode Sigfrido si avvicinò al re e, dopo aver promesso di aiutarlo, lo spinse ad accettare la sfida.
Il re Gunther si dichiarò disposto ad affrontare qualsiasi prova e Brunilde fece preparare il torneo.
La fanciulla ordinò anche che le si portasse l'armatura d'oro rosso e un forte scudo e indossò una maglia di acciaio tutta orlata di lucide borchie.
Dankwart e Hagen ardevano di rabbia per essere stati privati delle armi.
Sentì i loro lamenti la regina che, spavalda, ordinò che ai guerrieri stranieri fossero restituite le armi.

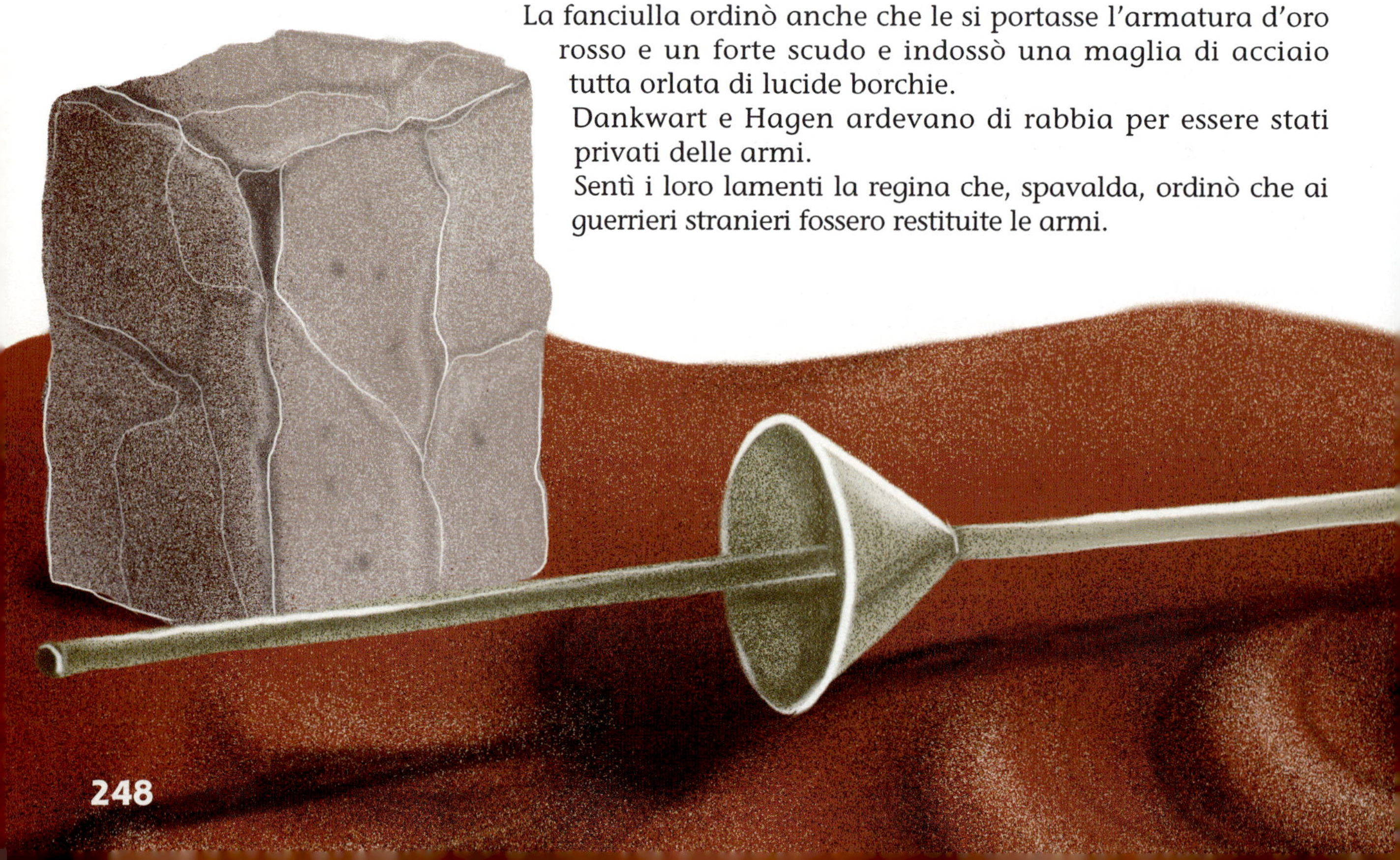

Il torneo

Frattanto Sigfrido andò di nascosto alla nave e prese il cappuccio fatato[3], lo indossò e divenne invisibile. Tornò indietro subito e trovò molti guerrieri armati, settecento e anche più. Essi dovevano assistere al torneo per giudicare chi fosse il vincitore.

Brunilde apparve armata di tutto punto, come se dovesse combattere per tutti i regni della terra. Lo scudo era spesso tre spanne[4] e i servi lo reggevano a fatica. L'asta era affilata, molto lunga e larga e così pesante che a fatica la sostenevano tre guerrieri. Infine fu portata una pietra enorme, massiccia, pesantissima: la trasportavano in dodici a stento, ed erano forti guerrieri. Brunilde era solita scagliarla, dopo aver lanciato l'asta.

Il nobile Gunther era pensieroso, Hagen e Dankwart, seppur pronti a difendere l'onore, pensarono che Brunilde fosse sposa degna del demonio.

La regina, rimboccate le maniche, afferrò lo scudo e impugnò la lancia: il duello aveva inizio.

Gunther e Sigfrido ne furono spaventati. Se non fosse venuto in suo aiuto Sigfrido, Gunther vi avrebbe perso la vita.

Sigfrido, reso invisibile dal cappuccio fatato, toccò Gunther che, guardatosi attorno, non riusciva a vedere alcunché. Allora il re del Niederland[5] disse:

– Sono io, Sigfrido, il tuo compagno. Non avere alcun timore della spavalda regina. Ricorda bene. Tu farai solo i gesti, io compirò l'impresa. Ma tu nascondi il mio inganno e sarà bene per entrambi.

In quel momento, con tutta forza la splendida fanciulla lanciò l'asta e solo l'aiuto di Sigfrido consentì a Gunther di parare il colpo. Lo stesso Sigfrido rilanciò indietro l'asta che produsse grande stridio nel colpire lo scudo di Brunilde. La fanciulla cadde a terra ma balzò subito in piedi e ringraziò lo straniero per il bel colpo.

Adirata, s'allontanò e rapidamente sollevò la pietra e la scagliò lontano; poi con un balzo riprese la stessa pietra, caduta dodici braccia[6] lontano.

3 il cappuccio fatato: si tratta del copricapo sottratto da Sigfrido al nano Alberico, che ha il potere di rendere invisibile chiunque lo indossi.

4 spanne: la *spanna* è una misura che corrisponde circa alla distanza tra la punta del mignolo e quella del pollice della mano completamente aperta e distesa.

5 Niederland: Sigfrido, re del territorio del Niederland.

6 braccia: il *braccio* è un'unità di misura pari a circa 30-50 cm.

Il re Sigfrido corse dov'era la pietra, Gunther finse di prenderla, ma l'eroe la lanciò. Il forte Sigfrido gettò la pietra più lontano e più lontano saltò, sollevando nel salto anche re Gunther. Il salto era compiuto, la pietra giaceva a terra e si vedeva soltanto Gunther il guerriero. Brunilde era rossa di collera. Sigfrido aveva salvato la vita del re.

La regina quando vide il guerriero sano e salvo disse:
– Amici e vassalli, d'ora in poi re Gunther sarà il vostro signore.
Tutti, deposte le armi, si prostrarono davanti al re dei Burgundi. Pensavano che avesse vinto la gara con le proprie forze.

da *I Nibelunghi*, trad. di L. di san Giusto, UTET

scheda

Le sfide dei cavalieri medievali

I cavalieri medievali utilizzano le armi in ogni occasione: per difendere il proprio signore, per conquistare nuove terre, per questioni d'onore ma anche per motivi molto meno importanti.
Le guerre si svolgono tra la primavera e l'estate e vengono sospese in autunno quando la pioggia rende difficile indossare la corazza e scarseggia il foraggio per i cavalli, ma nei lunghi periodi di inattività militare i cavalieri si mantengono in esercizio partecipando a combattimenti "regolamentati" che sono la *tenzone*, il *torneo* e la *giostra*.
La **tenzone** è uno scontro tra due cavalieri armati di lance che si affrontano pubblicamente, e si conclude quando uno degli avversari si dichiara vinto.
Nel **torneo**, invece, due schiere di cavalieri si affrontano in ampi spazi aperti fuori dalle città impugnando lance e spade senza punta per limitare i rischi di morte.
Un particolare tipo di torneo è la **giostra**, nella quale i cavalieri sono raggruppati in schiere ma combattono singolarmente uno contro l'altro soprattutto per dimostrare alla donna amata la loro fedeltà e devozione.
Questi combattimenti sono estremamente apprezzati e spesso intorno al terreno di scontro vengono allestiti palchi e tribune per ospitare il pubblico, che giudica la gara e attribuisce la vittoria.

Miniatura raffigurante un torneo cavalleresco.

competenze alla prova

LEGGO E...

... COMPRENDO

1. **Come si chiamano i quattro cavalieri che giungono alla corte di Brunilde?**

2. **Per quale motivo sono sbarcati in quel lontano paese?**
   - ☐ Per conquistare il territorio d'Islanda
   - ☐ Per vendicarsi della crudele regina Brunilde
   - ☐ Per conquistare la mano di Brunilde
   - ☐ Per appropriarsi delle armi invincibili della donna

3. **Come vengono accolti i quattro cavalieri al loro arrivo nel paese di Brunilde?**

4. **In che cosa consiste la prova cui Brunilde sottopone Gunther?**

5. **Che cosa accadrà ai Burgundi in caso di sconfitta?**

6. **In che modo Sigfrido aiuta Gunther ad affrontare il torneo?**
   - ☐ Facendogli coraggio con parole convincenti
   - ☐ Distraendo Brunilde con il racconto dei loro viaggi
   - ☐ Rendendosi invisibile e gareggiando al suo fianco
   - ☐ Suggerendogli che cosa fare

... RICAVO DAL TESTO

7. **Uno dei cavalieri del seguito descrive a Brunilde l'aspetto dei quattro stranieri appena sbarcati: abbina a ciascuna descrizione il nome del personaggio corrispondente.**

   Il primo cavaliere assomiglia a .... L'altro ha il nobile aspetto di un re ed è .... Il terzo, dal corpo bello e gli occhi feroci, è .... Il più giovane di essi, che ha un atteggiamento dignitoso e un aspetto molto amabile, è ....

... ANALIZZO E INTERPRETO

8. **L'abbigliamento dei quattro cavalieri richiama l'aspetto dei protagonisti delle *chanson de geste* francesi: come sono vestiti Gunther e i suoi uomini? Quali armi utilizzano?**

9. **Come reagisce Gunther quando vede Brunilde scendere in campo?**
   - ☐ Si tranquillizza perché la donna ha un aspetto mite e debole
   - ☐ Si spaventa perché ella è più forte di molti guerrieri messi insieme
   - ☐ Si inorgoglisce perché Brunilde è un avversario fiero e leale
   - ☐ Si rallegra perché sa che vincerà la sfida

10. **Diversi elementi delle sue armi fanno capire la forza straordinaria di Brunilde. Individuali nel testo.**

11. **Nel testo ci sono molti elementi esagerati, al limite del credibile, con uno che va oltre la realtà. Quale?**

ORA SCRIVO IO

12. **Il brano è stato suddiviso in quattro sequenze: completa inserendo i titoli mancanti, poi riassumine il contenuto.**

    1. L'arrivo degli stranieri: ....
    ....
    ....
    ....

    2. ....: ....
    ....
    ....
    ....

    3. Il torneo: ....
    ....
    ....
    ....

    4. ....: ....
    ....
    ....
    ....

Il romanzo cavalleresco

L'origine del romanzo cavalleresco

Nel XII secolo, negli stessi anni in cui si diffondono le *chanson de geste*, nascono i *romanzi cavallereschi* che si affermano principalmente nel nord della Francia.
Non si tratta di romanzi come li intendiamo noi oggi, ma di lunghi componimenti in versi ottonari (composti da otto sillabe) a rima baciata: il termine francese *romanz* definisce infatti un **testo in versi di argomento amoroso scritto in lingua volgare**.
A differenza di quanto accade per le *chanson de geste*, i romanzi cavallereschi sono privi di riferimenti storici ma sono ricchissimi di **elementi magici, fantastici e fiabeschi** che derivano soprattutto dalle antiche leggende dei popoli celti stanziati in Francia e Inghilterra.
Essi nascono per essere letti dal pubblico colto ed elegante che vive nelle corti feudali e sono caratterizzati da uno stile rapido e avvincente che appassiona il lettore.

Le caratteristiche del romanzo cavalleresco

Argomento principale di questi romanzi sono le **imprese compiute da eroici cavalieri** che, mossi da un irrefrenabile spirito di avventura, partono in cerca di gloria, spesso senza una meta precisa, e affrontano situazioni difficili e pericolose per mettere alla prova il coraggio, la forza e la lealtà di cui sono dotati.
Rispetto alle tematiche esclusivamente guerresche delle *chanson de geste*, nel romanzo cavalleresco assume grande rilievo il **sentimento amoroso** che lega il cavaliere a una donna: pur non aspettandosi che la sua passione venga ricambiata, il cavaliere mostra verso l'amata un'assoluta dedizione, affrontando per lei le avventure più pericolose.

Il ciclo bretone

Appartengono al *ciclo bretone* i romanzi cavallereschi basati sulla figura di **Artù**, mitico re di Britannia, e dei suoi dodici eroici cavalieri che si riuniscono nel castello di Camelot, in Inghilterra, attorno a una **tavola rotonda** alla quale ciascuno siede con pari onore. L'autore più noto e rappresentativo di testi appartenenti al ciclo bretone è **Chrétien de Troyes**, che nel XII secolo scrive cinque romanzi in lingua d'oïl dedicati ai cavalieri di Artù: tra questi c'è *Lancelot o il cavaliere della carretta*, un'opera in cui viene celebrato l'amore segreto tra il cavaliere Lancillotto e la regina Ginevra, moglie di re Artù.

Miniatura del XIV secolo con un cavaliere accompagnato da due dame, dal *Salterio di Sir Goffrey Luttrel*, 1340 circa (London, British Library).

Il contenuto di *Lancelot* *o il cavaliere della carretta*

Ginevra, la bella moglie di re Artù, viene rapita dal perfido Meleagant e condotta nel regno di Gorre, un misterioso territorio nel quale è difficile entrare e impossibile uscire.
Tra i molti cavalieri partiti per salvare la donna c'è Lancillotto, che si sottopone a prove pericolose e umilianti, come salire sulla carretta dei condannati a morte, pur di liberare la donna di cui è segretamente innamorato.
Superato il temibile ponte della Spada, Lancillotto giunge a Gorre, dove sconfigge in duello il malvagio Meleagant, ma mentre la regina e gli altri prigionieri vengono liberati, con l'inganno Meleagant cattura Lancillotto.
Per rivedere un'ultima volta la regina, Lancillotto ottiene dal suo carceriere il permesso di partecipare in incognito a un torneo nel corso del quale Ginevra, che lo ha riconosciuto, lo sottopone a molte prove di devozione.
Una volta vinto il torneo Lancillotto, fedele alla promessa fatta a Meleagant, torna al castello: qui viene rinchiuso in una torre inaccessibile da cui si libera con l'aiuto di una fanciulla.
Dopo essere tornato alla corte di Artù, Lancillotto sfida a duello Meleagant e lo uccide.

Re Artù e la regina Ginevra.

scheda

Re Artù tra storia e leggenda

Tra i molti personaggi che popolano il ciclo bretone – Galvano, Perceval e Lancillotto – un posto di spicco è occupato da re Artù, una figura molto popolare nella tradizione orale del popolo celtico, che con il nome di Artù designa un valoroso guerriero di eccezionale statura vissuto nel VI secolo d.C. e noto per aver combattuto contro l'invasione dei Sassoni al fianco dei Bretoni, uccidendo quasi mille nemici.
Nel XII secolo questo personaggio leggendario comincia a essere considerato una figura storica, e nella sua *Storia dei Re di Britannia*, Goffredo di Monmouth sostiene che Artù è nato dal re Uther Pendragon e da Ingerna grazie ai filtri magici del mago Merlino ed è l'ultimo discendente di una stirpe romano-barbarica che ha regnato sulla Britannia. Incoronato re all'età di quindici anni, Artù combatte contro diversi popoli dell'Europa occidentale, giungendo a conquistare la Gran Bretagna, le isole del Nord e il continente fino ai Pirenei; ritornato dai campi di battaglia, uccide poi il nipote Mordred che in sua assenza gli ha sottratto la moglie e il regno, ma mortalmente ferito durante il combattimento viene trasportato sulla mitica isola di Avalon, al largo delle coste del Galles, dove attende di tornare tra gli uomini per riprendere possesso del suo regno e dei suoi domini.

La spada di re Artù

Un'antica leggenda diceva che sarebbe stato re d'Inghilterra chi fosse riuscito a estrarre la spada conficcata in un blocco di marmo. Molti si erano già cimentati nel tentativo, invano. Ecco che un giorno, un giovane, evidentemente guidato dalla volontà del destino, riesce inaspettatamente a estrarre la spada e a salire sul trono.

Il giorno di Capodanno, una volta terminata la sacra funzione, cavalieri e baroni si recarono a cavallo sul campo ove alcuni avrebbero giostrato[1] – due uomini con corazze cavalcando in singolar tenzone[2] e ognuno tentando di disarcionare l'avversario. Altri si iscrissero al torneo, una prova militaresca nella quale gruppi scelti di uomini armati a cavallo si impegnavano in una mischia generale. Mediante questi esercizi, cavalieri e baroni si mantenevano temprati e allenati per la guerra, e inoltre conquistavano onore e rinomanza[3] per il loro coraggio e la loro perizia[4] nel cavalcare, con scudo, lancia e spada, poiché tutti, baroni e cavalieri, erano guerrieri.
Si diede il caso che Ser Ector, il signore delle terre nelle vicinanze di Londra, fosse venuto per giostrare, e lo avesse accompagnato suo figlio Ser Kay, fatto cavaliere appena ad Ognissanti[5] di quell'anno; insieme a loro venne inoltre il giovane Artù, che, cresciuto nella casa di Ser Ector, era il fratello di latte[6] di Ser Kay. Mentre cavalcavano verso il campo del torneo, Ser Kay si accorse di aver dimenticato la spada nella dimora del padre e pregò il giovane Artù di tornare indietro a cavallo per prenderla.
«Lo farò volentieri» disse Artù, e voltò il destriero e tornò indietro al galoppo per portare la spada al fratello adottivo. Ma quando giunse alla dimora, la trovò deserta e chiusa, perché tutti erano andati ad assistere al torneo.
Allora Artù si adirò e disse a se stesso: «Benissimo, cavalcherò fino al cimitero della chiesa ed estrarrò la spada che sporge dal marmo laggiù. Non voglio che mio fratello, Ser Kay, rimanga oggi senza spada». Una volta giunto nel cimitero, Artù smontò, legò il destriero al palo, si diresse verso la tenda e non vi trovò alcuno dei cavalieri di guardia, poiché anch'essi si erano recati al torneo. Afferrò allora la spada per l'impugnatura e facilmente e fieramente la estrasse dall'incudine e dal marmo, e risalì a cavallo e rapido cavalcò finché, raggiunto Ser Kay, non gli ebbe dato la spada.

1 **giostrato**: combattuto in una giostra o in un torneo.

2 **singolar tenzone**: duello testa a testa, tra due soli contendenti.

3 **rinomanza**: fama.

4 **perizia**: esperienza, abilità.

5 **Ognissanti**: festività dedicata a tutti i santi, che si celebra il 1° novembre.

6 **fratello di latte**: fratelli di latte sono coloro che, senza essere veri fratelli di sangue, sono stati allevati dalla stessa balia o nutrice. Artù in effetti è fratello adottivo di Sir Kay.

Non appena veduta la spada, Ser Kay si rese conto che proveniva dal blocco di marmo e, subito avvicinatosi al padre, gliela mostrò. «Signore, guarda qui! Ho la spada del blocco di marmo e pertanto devo essere Re d'Inghilterra».
Ser Ector riconobbe la spada, chiamò a sé Artù e Ser Kay e tutti e tre rapidamente fecero ritorno alla chiesa. Là Ser Ector fece giurare da Ser Kay come si fosse procurato la spada.
«Mio fratello, Artù, me l'ha portata» rispose Ser Kay.
Ser Ector si rivolse allora ad Artù. «E come hai avuto tu questa spada?»
Artù disse: «Tornato indietro a prendere la spada di mio fratello, non ho trovato nessuno in casa, e pertanto mi è stato impossibile prenderla. Non volevo che mio fratello rimanesse senza una spada, per cui sono venuto qui e ho tolto la spada dal marmo per lui».
«Non c'erano cavalieri qui a custodirla?» domandò Ser Ector.

Cavalieri brandiscono la spada nella mischia, particolare di miniatura medievale.

«No, signore» rispose Artù. «Non c'era nessuno qui».
Ser Ector tacque per qualche momento, poi disse: «Capisco ora che devi essere tu il re di questo paese».
«Perché mai?» domandò Artù. «Per quale ragione dovrei essere re?».
«Mio signore» disse Ector «Dio ha voluto che soltanto l'uomo capace di estrarre questa spada dal blocco di marmo fosse il re di diritto[7] del nostro paese. Ora mostrami se sei capace di rimettere la spada com'era e di estrarla poi di bel nuovo[8]».
«Questo non è difficile» disse Artù, e conficcò la spada nell'incudine. Ser Ector tentò allora di estrarla, ma non vi riuscì e disse a Ser Kay di tentare. Ser Kay fece forza sulla spada con tutte le sue energie, ma non riuscì a smuoverla.
«Ora è la tua volta» disse Ser Ector ad Artù.
«Lo farò» rispose Artù. E facilmente estrasse la spada.
Ser Ector e Ser Kay si inginocchiarono allora dinanzi a lui.
E Artù gridò: «Cos'è mai questo? Il mio caro padre e mio fratello, perché vi inginocchiate davanti a me?»
Ser Ector disse: «Mio signore Artù, io non sono tuo padre e non ho il tuo stesso sangue. Credo che tu sia di più nobile sangue di me». Ser Ector narrò poi ad Artù come lo avesse accolto e cresciuto per ordine di Uter[9]. E gli disse come tutto ciò fosse stata opera di Merlino[10].

da J. Steinbeck, *Le gesta di Re Artù e dei suoi nobili cavalieri*, Fabbri Editori

7 fosse il re di diritto: avesse il diritto di essere re.

8 di bel nuovo: di nuovo.

9 Uter: Uter (o Uther) Pendragon è il vero padre di Artù; lo aveva avuto con l'inganno da Ingerna, sposa di Gorlois.

10 Merlino: mago che aveva aiutato Uter a salire sul trono d'Inghilterra e che protegge sempre Artù.

competenze alla prova

LEGGO E...

... COMPRENDO

1. In quale giorno dell'anno si svolge l'episodio?
2. Perché i cavalieri si cimentano nei tornei? Puoi indicare più di una risposta.
   - ☒ Perché si mantengono temprati e allenati per la guerra
   - ☐ Perché vogliono divertirsi
   - ☒ Perché acquistano considerazione e fama
   - ☐ Perché vogliono farsi ammirare dalle spettatrici
3. Che legame familiare c'è tra Ser Ector e Ser Kay?
4. Che legame familiare c'è tra Artù e Ser Kay?
5. Per quale motivo Artù cerca per Ser Kay una spada che non è la sua?

... RICAVO DAL TESTO

6. In quale epoca, secondo te, è ambientata la leggenda?
   - ☐ All'epoca degli antichi Greci
   - ☐ All'epoca degli antichi Romani
   - ☒ Nel Medioevo
   - ☐ Subito dopo il Medioevo
7. Per quale ragione Ser Ector e Ser Kay si inginocchiano davanti ad Artù?

... ANALIZZO E INTERPRETO

8. Si può affermare che Artù è molto affezionato a Ser Kay e perché?
9. Che cosa significa, secondo te, il fatto che Artù estrae facilmente la spada, a differenza degli altri?
10. Perché Ser Ector chiede ad Artù di rimettere a posto la spada?

ORA SCRIVO IO

11. Descrivi l'aspetto fisico e l'abbigliamento del giovane Artù come lo immagini, sfruttando liberamente la tua fantasia.

FILOFILE

12. La spada che qui prende Artù non è l'unica che compare nella sua leggenda. Cerca informazioni su un'altra spada di Artù: indica con quale nome è conosciuta, quali caratteristiche ha e da chi la riceve Artù, ricavando eventualmente altre notizie che ti paiono interessanti su questa spada leggendaria. Componi poi un breve testo, riassumendo il tutto in 500 battute circa.

ANALIZZO L'IMMAGINE

13. Osserva questa miniatura francese del XIV secolo, che rappresenta re Artù e i cavalieri della tavola rotonda. Come vengono raffigurati i cavalieri? E re Artù? Secondo te, questa immagine interpreta bene lo scopo della "tavola rotonda", il fatto cioè che tutti i cavalieri abbiano la stessa dignità e riconoscimento?

Verifica delle abilità

La visione del Santo Gral

I cavalieri della tavola rotonda.

A Camelot, alla corte di re Artù, i cavalieri prendono tutti posto alla tavola rotonda, ma lasciano per tradizione libero un posto, chiamato Seggio Periglioso: come Merlino spiega, lì è destinato a sedersi un uomo particolarmente coraggioso e puro di animo, ovvero chi avrà la capacità e l'onore di trovare il Santo Gral (o Graal), la leggendaria coppa in cui avrebbe bevuto nell'ultima cena Gesù Cristo.

Un giorno, e s'avvicinava la Pentecoste[1], festa che veniva celebrata sempre con un grande torneo, Merlino uscì dalle sue stanze con il volto atteggiato a grande severità, e senza sorridere a nessuno andò su una torre, donde[2] lo sguardo spaziava sui campi e sui boschi e sui fiumi che scintillavano come l'argento sotto il sole. Là, lo vide il menestrello[3] Wiligelmo (che veniva dalla Longobardia[4] e che, vagando di castello in castello con la sua asina bianca, era giunto a Camelot e là si era fermato, soltanto per i begli occhi della regina Ginevra), il quale gli domandò:

– Ah, messer Merlino, perché coteste[5] nubi sul vostro volto?

– Ho trascorso la notte sui miei libri, Wiligelmo – rispose il mago – ma non è il non aver dormito, che mi turba.

– E che cosa dunque? Qualche triste storia che avete letto?

Il mago replicò: – No. Ma ho scoperto una profezia[6] che riguarda il Seggio Periglioso[7]. Devi infatti sapere che ho trovato scritto così: «Dopo quattrocento e cinquantaquattro inverni trascorsi dalla Passione di nostro Signore Gesù Cristo dovrà questo seggio essere occupato».

– Questa è cosa meravigliosa e avventurosa! – esclamò Wiligelmo.

– Sì. E nel nome di Dio, contando i termini indicati nella scrittura, dalla nascita di nostro Signore sino a oggi, una delle prossime Pentecosti sarà la Pentecoste dopo quei quattrocento e cinquantaquattro anni. Quindi forse assai presto, qualcuno siederà sul Seggio Periglioso.

1 **Pentecoste**: festa che, nella tradizione cristiana, è fissata cinquanta giorni dopo la Pasqua.

2 **donde**: da cui, da dove.

3 **menestrello**: cantore di corte di epoca medievale.

4 **Longobardia**: terra dei Longobardi.

5 **coteste**: codeste (queste).

6 **profezia**: predizione di fatti che accadranno in futuro.

7 **Periglioso**: pericoloso.

– E questo – domandò allora il menestrello – non vi rende felice?
– Ah, vedo bene che dovrei esserlo; ma ho come un peso sul cuore.
– Perché mai?
Mestamente sorridendo il mago disse: – Ho indagato gli astri, Wiligelmo, cercato nelle viscere[8] della Terra; ho sfogliato antichi codici e appreso scienze dimenticate; posso talvolta leggere nel futuro, e conosco il passato, e posso operare magie: ma non posso leggere nel mio stesso cuore! Andiamo dunque, perché il suono di questa campana annuncia che qualche cavaliere è tornato; andiamo a udire il racconto delle sue imprese.
Erano infatti tornati dal nord ser Kay il Siniscalco[9] insieme con ser Gaheris e ser Gareth e ser Villiers il Valente, e altri; e narravano, seduti alla Tavola Rotonda, quali avventure avessero trovato, battendosi contro i selvaggi Calèdoni.
Venne infine la regina Ginevra, che aveva guance bianche come la neve e occhi verdi come prati in primavera; ella non voleva che si parlasse di guerra. Invitò il menestrello Wiligelmo a intonare una sua canzone e poi, camminando tutto attorno alla tavola, e per ogni cavaliere avendo una parola gentile, andò a fermarsi accanto al Seggio Periglioso e domandò, guardando Merlino:
– Ah, Merlino, voi tutto sapete: potete dirmi chi ha scritto queste parole[10]?
– Non posso dirvelo, mia regina, perché non lo so; ma anche se lo sapessi non ve lo direi.
– E perché mai?
– Non certo per scortesia; ma perché è giusto che esistano incantesimi, segreti e misteri.
– Voi dite cose giuste, o Merlino, nostro consigliere e padre – disse allora re Arturo[11]; e chiese: – Ma vivrà mai un cavaliere degno di occupare questo seggio?
– Forse, egli già vive.
– E che gloria gli verrà, a essere senza peccato, oltre a quella del Paradiso? – domandò la regina Ginevra. Rispose Merlino:
– Forse, quella di ritrovare il Santo Gral.
A tale parola si fece grande silenzio, e ser Dinas dai Begli Occhi domandò:
– Ah, parlateci dunque del Santo Gral, perché se ne sente mormorare, e tuttavia nessuno di noi ne conosce la vera storia!
– Sì, parlateci di esso, ché[12] poco ne sappiamo – dissero in coro gli altri cavalieri. Merlino allora sedette e raccontò quanto noi sappiamo. Tutti ascoltarono con molta attenzione; e quando il racconto fu concluso, molti cavalieri erano commossi, altri pensosi, altri come spaventati. Re Arturo si carezzava lentamente la barba brizzolata[13], senza sapere che cosa dire.
Ma ser Hebes il Bello, che era cavaliere spensierato e sempre disposto al sorriso, esclamò: – Ah, Merlino, cotesta sembra piuttosto una storia da menestrello, che da uomo sapiente come siete voi!
– Che intendete dire?
– Che mi pare un romanzo o una leggenda – rispose ser Hebes.

8 viscere: parti interne (nel corpo umano, gli organi interni).
9 il Siniscalco: importante carica onorifica nella corte del re in età medievale.
10 queste parole: sul seggio è riportata la seguente scritta: "Qui siederà un cavaliere senza peccato".
11 Arturo: più noto come Artù.
12 ché: perché
13 brizzolata: con alcuni peli scuri e altri grigi o bianchi.

E ser Galvano aggiunse:
– Sì, credo che sia una fiaba.
– Io penso che il Gral non sia mai esistito – disse da parte sua ser Lancillotto; e altri cavalieri, come se le parole di questi tre avessero spezzato un silente[14] incantesimo, cominciarono a dire che doveva certo trattarsi d'una leggenda o di un romanzo. Merlino, severo in volto, taceva; e taceva anche il re, e anche la regina.
Ed ecco, una gran luce riempì la sala, come se il sole, anziché nel cielo, fosse sorto in essa; e s'udì come uno squillare di trombe d'oro, e il castello tremò quasi avesse un cuore, e provasse paura. Le coppe di vetro tintinnarono, tintinnarono i vasi d'oro e d'argento; le dame, come colombe verso il loro nido, corsero a stringersi attorno alla regina. Non osando parlare, a uno a uno i cavalieri s'alzarono in piedi, guardandosi l'un l'altro senza tuttavia nulla chiedersi; e la luce, pur vivissima, non li abbagliava né li costringeva a chiudere gli occhi. Poi il tremare del castello si placò, il suono delle trombe si fece come più lontano, fino a sparire; e al suo posto, ecco venire dall'alto un celestiale[15] coro di angeli: e proprio al centro della Tavola, apparve sospeso in aria un velo candidissimo e fulgente[16], che sembrava nascondere qualcosa. Tutto attorno, intanto, veniva spandendosi un profumo così soave che nessuno, mai, nonché aspirato, aveva immaginato che potesse esistere.
Il fulgore di quel velo vinceva mille volte quello del sole; e nessuno fu capace di sostenerlo se non per pochi istanti. Tutti dunque abbassarono gli occhi: ma avevano visto che, sotto il velo, si disegnava come la forma di un calice.
Ancora qualche istante, e poi la visione scomparve; svanì la luce, non spirò più il profumo, e tutto tornò esattamente come prima.
I cavalieri si guardavano smarriti l'un l'altro; e il primo a trovare la voce, in tale smarrimento, fu re Arturo che disse: – Ah, abbiamo visto bene che il Santo Gral esiste! Esso si è mostrato a noi, ad ammonirci!
– Confesso la mia colpa! – esclamò ser Hebes il bello, battendosi il pugno sul petto; e lo stesso dissero e fecero coloro che come lui avevano sorriso e parlato.
– Sì – disse Merlino – il Santo Gral esiste, e si è mostrato. Grande ventura[17] è questa! Ma, lo avete visto, s'è mostrato velato!
– E perché mai? – chiese Arturo.
– Perché non siamo degni d'avere la perfetta visione. Non siamo infatti puri nel cuore, non siamo infatti senza peccato.
Allora ser Galvano esclamò:
– Sire, non è questo un richiamo al quale un cavaliere non possa rispondere! Se il Santo Gral s'è mostrato, Esso ci invita ad andarlo a cercare per restituirlo agli uomini. Sì, Merlino, voi avete detto il vero: il Santo Gral esiste, nascosto chissà dove. Ma se riusciamo a trovarlo, e a riportarlo tra gli uomini, che possano ricevere la sua luce e la sua benedizione, noi avremo avvicinato il Regno di Gesù!
Tutti dissero che ser Galvano aveva detto parole nobili e vere. Tutti

14 silente: silenzioso.
15 celestiale: del cielo, paradisiaco.
16 fulgente: splendente.
17 ventura: fortuna.

si dichiararono pronti a partire subito alla ricerca del Santo Calice. Da parte sua, re Arturo solennemente promise che avrebbe dato licenza d'allontanarsi da Camelot, dal suo servizio e quindi dalla guerra, a tutti coloro che avrebbero fatto voto d'impegnarsi nella ricerca. Solo Merlino, in quella commozione, stava muto e pensoso:
– Che avete, Merlino? – gli chiese allora il re. – Perché tacete così? Non credete che la cerca[18] del Santo Gral sia una buona impresa?
Guardandolo severo in volto, il mago rispose:
– Certo lo è. Ma non è impresa che tutti i tuoi cavalieri possano tentare, Arturo.
– Come? Non sono forse i più nobili e i più coraggiosi cavalieri sotto il sole?
– Certo lo sono. Ma non sono i più puri. Ma non sono senza peccato: e ricorda, Arturo, e ricordatelo tutti, fratelli cavalieri, che è grave presunzione credersi degni di cercare e di trovare il Santo Gral. La sua luce è tale da accecare chiunque non è degno di guardarlo.
A queste parole seguì un lungo silenzio; e poi ser Lancillotto disse:
– La santità dell'impresa, Merlino, santificherà e purificherà chi vuol compierla. È vero, non siamo puri nel cuore; è vero, non siamo senza peccato. Ma chi lo è? Non lo siamo: cercando e trovando il Santo Gral potremo però divenirlo.
Tutti approvarono; e il menestrello Wiligelmo, che era presente, scrive nella sua Cronaca[19] che, in verità, e per quanto riguardava per lui, non avrebbe mai creduto che ser Lancillotto potesse trovare parole così nobili e belle, che sembravano ben più d'un poeta

18 cerca: ricerca.
19 Cronaca: opera storica tipica dell'età medievale.

Il cavaliere Lancillotto in adorazione del Sacro Graal, miniatura.

che d'un cavaliere. Replicò però Merlino: – Hai chiesto chi è senza peccato, Lancillotto; e io ti rispondo: ancora non lo sappiamo, ma sappiamo che verrà, un giorno. E sarà lo stesso cavaliere che potrà, senza timore dell'ira di Dio, sedere sul Seggio Periglioso.

da M. Milani, *La ricerca del Santo Gral*, Mursia

Leggi con attenzione il brano, poi rispondi alle domande.

totale punti: 28 **sufficienza punti: 17**

1 In che anno si svolge la vicenda? Motiva la tua risposta. (fino a 2 punti)

La vicenda si svolge 454 anni dopo la morte di Gesù

2 Quale delle seguenti figure retoriche puoi trovare nell'espressione "*sui fiumi che scintillavano come l'argento sotto il sole*"? (1 punto)

- ☐ Metafora
- ☒ Similitudine
- ☐ Personificazione
- ☐ Sineddoche

3 Perché Wiligelmo si è fermato a Camelot? (1 punto)

- ☒ Perché è stanco
- ☐ Per visitare la reggia
- ☐ Per conoscere re Artù
- ☐ Per la bellezza della regina Ginevra

4 Perché Merlino è preoccupato? (2 punti)

perchè qualcun altro sederà al trono

5 Quando si compirà la profezia che Merlino ha scoperto? (2 punti)

tra 454 anni

6 Qual è il limite che Merlino ha nella sua capacità di conoscenza? (2 punti)

....

7 Contro chi hanno combattuto ser Kay e i suoi compagni? (1 punto)

Contro i cavalieri

8 Quali caratteristiche ha la regina Ginevra dal punto di vista dell'aspetto fisico? (2 punti)

Bellezza e purezza

9 Chi, tra i seguenti personaggi, non mette in discussione la leggenda del Santo Gral? (2 punti)

- ☐ Hebes
- ☒ Lancillotto
- ☐ Merlino
- ☐ Galvano

10 **Che cosa significa la visione celestiale che appare ai cavalieri?** (2 punti)

- ☒ Che il calice esiste davvero
- ☐ Che il calice esiste solo in cielo
- ☐ Che il calice esiste solo nella loro fantasia
- ☐ Che il calice in effetti non esiste

11 **Quale, tra i seguenti, non è uno dei fenomeni che accompagnano la visione celestiale che appare ai cavalieri?** (2 punti)

- ☐ Si odono squilli di tromba
- ☐ Coppe e vasi tintinnano
- ☒ Si vede l'immagine di Gesù
- ☒ Compare un coro di angeli

12 **Nella frase "*il castello tremò quasi avesse un cuore e provasse paura*" puoi trovare la figura retorica detta:** (1 punto)

- ☐ similitudine
- ☐ personificazione
- ☒ metafora
- ☐ metonimia

13 **Quanto dura la visione celestiale che compare ai cavalieri?** (1 punto)

1 ora ....

14 **Perché nell'apparizione il Gral compare velato?** (1 punto)

....

15 **Chi riesce a dimostrare che è importante che i cavalieri cerchino il Gral? Qual è il suo ragionamento?** (1 punto)

....

....

16 **Per quale motivo, secondo te, la parola "*Esso*", nella frase "*Se il Santo Gral s'è mostrato, Esso ci invita ad andarlo a cercare...*" è scritta con la lettera iniziale maiuscola?** (2 punti)

- ☐ Perché si tratta di un errore di stampa
- ☐ Perché la parola si trova a inizio di frase
- ☒ Per nessuna ragione particolare
- ☐ Per il rispetto che si vuole attribuire all'oggetto che rappresenta

17 **Perché, secondo Lancillotto, la ricerca del Gral è importante per i cavalieri, anche se non ne sono pienamente degni, perché non sono né puri di cuore, né senza peccato? Sottolinea nel testo le parole di Lancillotto in proposito.** (2 punti)

....

....

18 **Secondo Wiligelmo, queste parole di Lancillotto sono:** (1 punto)

- ☒ belle come quelle di un poeta
- ☐ belle come quelle di un profeta
- ☐ dolci come quelle di un menestrello
- ☐ dolci come quelle di un angelo

Verifica delle conoscenze

1 Completa il testo scegliendo dall'elenco le definizioni giuste.

L'*Iliade*, l'*Eneide* e l'*Odissea* sono .... in versi ....;
la *Chanson de Roland* e la *Canzone dei Nibelunghi*, invece, sono ....,
mentre *Lancelot* è un ....
Probabilmente l'*Iliade* e l'*Odissea* sono stati scritti da .... in ....,
mentre l'*Eneide* è stata scritta da .... in ....
I poemi medievali, invece, sono stati composti nelle .... e di solito
sono ....; solo del *Lancelot* conosciamo l'autore, che è ....
I poemi greci derivano dalla poesia orale degli .... e hanno una ....,
mentre l'*Eneide* ha soprattutto lo scopo di ....
Inizialmente i poemi cavallereschi vengono trasmessi ....; essi celebrano
soprattutto la forza fisica e le gesta eroiche di ....

Virgilio; esametri; diverse lingue volgari; latino; poemi cavallereschi; funzione pedagogica; poemi epici; aèdi; Chrétien de Troyes; Omero; di autore anonimo; cavalieri e guerrieri; romanzo cavalleresco; esaltare il potere di Ottaviano Augusto; lingua greca; oralmente.

2 In quale area geografica sono ambientati i poemi epici classici? Dove si sviluppano, invece, le vicende narrate nei poemi cavallereschi?

....

....

3 I protagonisti dei poemi epici classici e medievali spesso simboleggiano vizi e virtù umane: associa a ogni concetto il personaggio/i personaggi che meglio lo rappresentano.

Fedeltà: ....
Astuzia: ....
Senso del dovere: ....
Spirito di vendetta: ....
Capacità di sacrificio: ....
Crudeltà: ....
Ira: ....

4 Quali valori ideali determinano le azioni dei cavalieri medioevali?

....

....

5 Molti poemi epici rielaborano in modo fantasioso reali fatti storici: abbina al titolo delle opere il corrispondente evento.

A La *Chanson de Roland*	**1** origine della civiltà romana
B *Eneide*	**2** controllo dello stretto dei Dardanelli
C *Iliade*	**3** guerra tra Unni e Burgundi
D *La Canzone dei Nibelunghi*	**4** invasione degli Arabi

6 Di frequente nei poemi epici intervengono forze soprannaturali o magiche: qual è il loro ruolo? (Fa' un esempio per sostenere la tua risposta).

7 In quasi tutti i poemi epici sono presenti figure femminili di una certa importanza: scegline una e fanne una breve presentazione.

8 Quale dei protagonisti dei poemi classici e medievali ti è sembrato più eroico e coraggioso? Per quale ragione?

9 Con quale dei personaggi epici presentati in questo capitolo ti sei maggiormente identificato? Per quali motivi?

Glossario